精神保健福祉士のための
スクールソーシャルワーク入門

子どもと出会い，寄り添い，
共に歩むプロセスを見つめて

大西 良 編著

へるす出版

はじめに

　近年，わが国の社会状況は目まぐるしく変化し，人びとの福祉的ニーズは多種多様なものとなっている。それに伴って，精神保健福祉士に求められる社会的役割も多様化しており，精神保健福祉士の対象や活動範囲，職域は拡大傾向にある。今日では，精神保健福祉士がかかわる対象は精神科医療ユーザーやその家族にとどまらず，わが国で生活を営むすべての人びとへと広がっている。また，活動範囲や職域も司法，労働，教育，産業，地域などの幅広い分野にわたっており，それぞれの分野においてその活躍が期待されている。

　とりわけ，わが国の教育・学校現場においては，いじめ，不登校・引きこもり，校内暴力，学級崩壊などのさまざまな事象が子どもたちの問題行動としてクローズアップされており，さらに，リストカットや摂食障害，薬物乱用，自殺などの精神的健康や生命にかかわる問題も山積している。

　このような状況に対して，文部科学省は2008（平成20）年度から「スクールソーシャルワーカー活用事業」（2009〔平成21〕年度からは『学校・家庭・地域の連携協力推進事業』の一部事業として位置づけられている）を立ち上げて，全国にスクールソーシャルワーカー（以下，SSWr）を配置している。本事業においてSSWrは，児童生徒がおかれているさまざまな環境に対して働きかけを行い，学校の枠を超えて関係機関等と連携を図るコーディネーター的役割を担う人材として位置づけられている。今こそ，子どもの生活に真正面から向き合い，支援の輪をつなぎ合わせることによって，子どもたちの幸せ（ウェルビーイング）の向上をめざす人材が求められているといえよう。

　さて，これまでにもスクールソーシャルワークに関する入門書は他にも多数執筆されているが，精神保健福祉士としてのアイデンティティを基軸としながら，スクールソーシャルワークの理論および実践を体系的に著した入門書は意外に少ない。そこで，本書では，精神保健福祉士の特色や持ち味を前面に出しながら，スクールソーシャルワークの実践について，多彩な観点から体系的に記すことにした。

本書の構成は次のようになっている。

　まず第1章では，精神保健福祉士の歴史，専門性（実践理念と原理），業務内容について整理したうえで，スクールソーシャルワークの発展過程ならびにわが国におけるスクールソーシャルワークの現状と課題を述べている。さらにこれらを踏まえて，精神保健福祉士によるスクールソーシャルワーク業務について，試論的ではあるが業務指針として示している。

　第2章では，スクールソーシャルワークにおける精神保健福祉士の専門的援助技法として，児童思春期精神医学，コンサルテーション，ケース会議，ファシリテーション，グループワーク，予防保健的ソーシャルワークなどの諸理論について整理し，実践場面においても活用できるよう具体的内容を紹介している。

　さらに第3章では，スクールソーシャルワークにおける精神保健福祉士のアセスメント法として，精神医学的アセスメント，精神保健福祉学的アセスメント，マッピング技法を活用した記録方法，記録と倫理について述べている。

　最後に第4章では，事象別実践事例として9つの事象（経済的困難，家庭内暴力，虐待，いじめ，不登校，非行，発達障害，学校危機（緊急支援），教職員のメンタルヘルスを取り上げ，援助過程およびSSWrとしての専門的視点を示し，支援の実際をなるべくわかりやすく紹介している。

　本書はスクールソーシャルワークの入門書として書いているが，SSWrはもとより，子どもの成長や発達にかかわるさまざまな専門職に役立てていただければ幸いである。さらに，本書が子どもたちと出会い，寄り添い，共に歩むプロセスを見つめる一助になれば喜ばしい限りである。

　最後に，本書は執筆者をはじめたくさんの方々から協力を得ることで出版することができた。この場を借りて心より感謝申し上げたい。また，本書の編集，出版にあたっては，へるす出版事業部の梶山健児氏にも大変お世話になった。改めて感謝申し上げたい。

2012年5月

大西　良

目次

はじめに

第1章
精神保健福祉士とスクールソーシャルワーク

第1節　**精神保健福祉士とは** ……………………………………………………… 1
1　精神保健福祉士の歴史　1
2　精神保健福祉士の専門性　8
3　精神保健福祉士の業務内容　21

第2節　**スクールソーシャルワークとは** ……………………………………… 25
1　スクールソーシャルワークの歴史　25
2　文部科学省「スクールソーシャルワーク活用事業」の現状と課題　32

第3節　**精神保健福祉士のスクールソーシャルワーク業務指針** ………… 41
1　精神保健福祉士のエコロジカル（生態学的）な視点　42
2　精神保健福祉士の対象，役割，技術について　43
3　精神保健福祉士のスクールソーシャルワーク業務指針　45

第2章
スクールソーシャルワークにおける精神保健福祉士の専門的援助

第1節　**精神科医療と連携したスクールソーシャルワーカー** …………… 53
1　児童思春期精神医学　53
2　コンサルテーション　62
3　メンタルヘルス　67

第2節　**学校領域におけるスクールソーシャルワーク** …………………… 75
1　ケース会議・ファシリテーション　75
2　グループワーク　89
3　予防保健的ソーシャルワーク　99

v

第3章
スクールソーシャルワークにおける精神保健福祉士のアセスメント

第1節　精神保健福祉士としての包括的アセスメント……………………105
1　精神医学的アセスメント　105
2　精神保健福祉学的アセスメント　114

第2節　アセスメントの記録方法………………………………………………123
1　記録方法　123
2　マッピング技法　129

第3節　スクールソーシャルワーク実践におけるアセスメント記録……135
1　「書かされる記録」と「書く記録」　135
2　記録と倫理　135
3　スクールソーシャルワーカー（精神保健福祉士）の行うアセスメントと記録　139

第4章
事象別実践事例

1　経済的困難　151
2　家庭内暴力　158
3　虐待　161
4　いじめ　166
5　不登校　170
6　非行　178
7　発達障害　186
8　学校危機（緊急支援）　194
9　教職員のメンタルヘルス　200

巻末資料1・社団法人日本精神保健福祉士協会倫理綱領　211

巻末資料2・社団法人日本精神保健福祉士協会精神保健福祉士業務指針
　　　　　及び業務分類 第1版（抄）　217

巻末資料3・学校におけるソーシャルワークのための業務指針　229

索　　引

執筆者一覧

第1章 精神保健福祉士とスクールソーシャルワーク

第1節 精神保健福祉士とは

 精神保健福祉士の歴史

(1) 精神医学ソーシャル・ワーカーと精神保健福祉士
　　　—日本精神医学ソーシャル・ワーカー協会活動の歴史—
1) 精神医学ソーシャル・ワーカーの萌芽

　精神保健福祉士とは、1997（平成9）年に制定された精神保健福祉士法によって誕生した精神保健福祉領域のソーシャルワーカーの国家資格である。2012（平成24）年4月末現在で5万人を超える有資格者が存在している（財団法人社会福祉振興・試験センター）。

　わが国では国家資格化前まで「精神医学ソーシャル・ワーカー」（Psychiatric Social Worker；PSW）と呼ばれ、医療機関や保健所等において主に精神障害の方をその支援の対象として活動を行ってきた（以下、本節においては国家資格化後を精神保健福祉士とし、それ以前をPSWと呼ぶ）。

　その歴史をたどると、1905年にアメリカ・ボストン市のマサチューセッツ総合病院においてPSWが配置されたことに始まる。日本においては、国立国府台病院に1948（昭和23）年にアメリカで力動精神医学を学んだ村松常雄院長が「社会事業婦」という名称で同病院看護婦2名を採用したことに

1

始まる。その後1952（昭和27）年に国立精神衛生研究所（現，独立行政法人国立精神・神経医療研究センター）が設置され，精神科医，臨床心理学者とともに「精神科チーム医療」を構成する一員として7名のPSWが採用されるなど，医療チームの一員として位置づけられていった。

1950年代後半～60年代にかけて全国各地の精神科病院でPSWが採用されるようになり，1964（昭和39）年に仙台市において88名のPSWが集まり「日本精神医学ソーシャル・ワーカー協会」（以下，日本PSW協会）の設立総会が開催されるに至った。その後の精神保健福祉士への展開に向けたわが国の歴史は，その職能団体である日本PSW協会（現，社団法人日本精神保健福祉士協会）の歴史でもある。

当時の設立趣意書には「精神医学ソーシャル・ワークは学問の体系を社会福祉学に置き，医療チームの一員として精神障害者に対する医学的診断と治療に協力し，その予防及び社会復帰過程に寄与する専門職種」とある。当時のPSWは，アメリカの力動精神医学と診断主義・機能主義ソーシャルワーク理論の影響を強く受け，治療中心の心理主義的な傾向を示すことで医療チームの一員としての地位確立をめざしていた。そのなかでPSWの専門性をソーシャルワークの原則である「自己決定の尊重」とし，社会福祉学を学問的基盤としていくことを確認し，活動を展開していった。一方，1953（昭和28）年には浅賀ふさ，中島さつきらの尽力により日本医療社会事業協会（現，公益社団法人日本医療社会福祉協会）が結成された。また1959（昭和34）年には日本ソーシャルワーカー協会が設立されている。

２）PSWの地位確立と危機

1965（昭和40）年に精神衛生法の改正により，保健所が精神衛生の第一線機関として位置づけられたことに伴い，精神衛生相談員の配置が義務づけられた。しかしながらこの背景には，1964（昭和39）年に統合失調症の少年がライシャワー駐日アメリカ大使を刺傷するという事件の影響もあり，国は入院中心施策を推し進めた。そのことを受けてPSW内外から精神衛生相談員配置に対してさまざまな議論がなされた。精神衛生相談員へのPSWの採否は自治体によるところとなり，いまだに当時の採否が各自治体における精神保健福祉士配置に影響を及ぼし，そのことが精神保健福祉行政にも影響

している。

　一方，徐々にその配置を広げ，人数も拡大していった民間精神科病院のPSWではあったが，入院患者の社会復帰に取り組んでいたPSWが患者を退院させすぎたとして解雇されるという事件や，入院患者の選挙行使にまつわる人権侵害の問題など，社会的地位の低さ，身分の不安定さ，劣悪な労働条件などが顕在化した時期でもあった。

　こうした状況のなか，1973（昭和48）年の第9回日本PSW協会全国大会（横浜）の総会の場で，Y氏から「私はあなたたちによって不当にも，無理やり精神科病院に入院させられた」「二度と人権を無視し，侵害しないように各々現場の一線で働いているPSWに訴える」とした提起がなされたのである。このことは「Y問題」として，専門職であるPSWのあり方を根本的に問い直すこととなり，協会活動も事実上機能停止に陥るという危機的状況を迎えることとなった。

3）危機から生まれた専門性

　それまでも検討されてきたPSW業務・役割・機能について，「Y問題」を契機に改めて検証し直されることとなった。議論の1つとして，PSWが当事者の立場に立つことを基本姿勢とする業務のあり方の確立，そしてその業務遂行を保障しうる身分制度確立の課題が取り上げられた。そして，「かかわり」の視点を明確にし，「適応論」的視点や管理的役割遂行に無批判な治療者（援助者）と患者関係を脱却した新しい関係を模索するとともに，そのことをクライエントと共有しうることをめざしていくこととなった。

　日本PSW協会は「Y問題」の課題を整理し，会員に提案するための「提案委員会」を1980（昭和55）年に設置し，翌年「提案委員会報告」として，①立場と視点，②状況と認識，③実践とワーカー・クライエント関係，④福祉労働者としての二重拘束性の4点にまとめた。この提案は1982（昭和57）年にいわゆる「札幌宣言」として「精神障害者の社会的復権と福祉のための専門的・社会的活動を行う」という協会の基本指針採択となって結実した。

　その後，日本PSW協会は，提案委員会の提起した課題を具体化する作業として，①精神障害者福祉の理論構築，②PSW業務指針の策定，③PSW倫理綱領の制定の3点課題を中心に取り組むこととなり，1988（昭和63）年

「日本精神医学ソーシャル・ワーカー協会倫理綱領」（数回の改訂作業ののち，現在は2004〔平成16〕年11月改訂版・**巻末資料1**），1989（平成元）年「精神科ソーシャルワーカー業務指針」（その後，社団法人化などを経て2010〔平成22〕年6月「精神保健福祉士業務指針及び業務分類第1版」をまとめるに至った（詳細は本節第3項「精神保健福祉士の業務内容」に後述）。

　今日の精神保健福祉士が共有している，①クライエントの自己決定の原理，②人と状況の全体性の視点，③ワーカー・クライエント関係と倫理という専門性の構成要素は，いずれも伝統的に論じられてきたソーシャルワークの原理のなかから，「Y問題」を通して深化し，確立されたものである。

　折しもこの作業の真っ只中の1984（昭和59）年に起きたのが，看護職員の暴力によって患者2名が死亡するという「宇都宮病院事件」であった。これを契機に国内外でわが国の精神科医療に対する批判が高まり，「人権擁護」と「社会復帰促進」を柱とする精神保健法への改正がなされたのである。

4）実践に裏打ちされた国家資格の誕生

　高齢化社会へ向けた緊急的な対応策の必要性も相まって，1987（昭和62）年に「社会福祉士及び介護福祉士法」が制定され，わが国にソーシャルワーカーの国家資格が誕生した。しかしながらこの資格は医療の領域においては除外されたものとなり，会員の多くが精神科医療のなかで活動している日本PSW協会は，医療と福祉を統合した1つの資格が必要であるとの見解を表明し，要望を続けていた。そして国家資格に関する基本的なあり方を「基本5点」（表1-1）にまとめた。

　長期入院の課題に対して，退院援助と地域生活支援へのニーズが高まり，実践するPSWが求められるようになった。この間の情勢を鑑みて，日本PSW協会は1994（平成6）年の臨時総会において，PSWの国家資格を単独で求めていくことを決議した。その後，関係諸団体の調整等に時間を要し，ようやく1997年12月に「精神保健福祉士法」として可決成立することとなった。およそ60年間にわたりソーシャルワークの実践的経験を積み重ね，また他職種と共にチーム医療の一員として実践的経験を重ね専門性を検証してきたうえにできた国家資格である。そのなかで，学問的基盤を社会福祉学に

表1-1 国家資格に関する基本的あり方（「基本5点」）

1）PSWの専門性の理論的・実践的基盤は社会福祉学にあること。
2）その実践にあたっては「クライエントの自己決定の原理」が貫かれること。
3）「精神障害者の社会的復権と福祉のための専門的・社会的活動」を推進するとした協会の基本方針が支障を受けないこと。
4）国家試験の受験資格は協会の会員資格である4年生大学卒であること。
5）専門職としての業務にふさわしい裁量権を認めるものであること。

おく社会福祉専門職であるとともに，対象である精神障害者の特性からも医療と福祉の両領域における見識を必要とすることから医学的知識をも習得することとした。

精神保健福祉士国家資格化から15年あまりが経過し，資格創設時の「精神障害者の社会復帰」のみならず，その対象も活動範囲も広がってきている。

(2) 病院と地域

わが国におけるPSWの活動は「精神科チーム医療」の一員から開始され，その後も医療機関におけるPSWを中心に活動は展開されていった。一方で1960年代以降，理念的にうたわれてきた社会復帰に向けた活動が全国各地でみられるようになった。それらが社会復帰施設につながり，今の地域生活支援システムの礎となる実践となった。

1）地域における活動の萌芽

1970（昭和45）年に医療機関PSWの谷中輝雄らによって，やどかりの里が埼玉県大宮市（現，さいたま市）において活動を開始した。また，川崎市社会復帰医療センターや東京都世田谷リハビリテーションセンターなどが開設され，地域精神医療および福祉活動への挑戦ともいえる活動が始まった。

2）精神障害者社会復帰施設の制度化

1970年代よりすでに埼玉県大宮市のやどかりの里や，北海道の十勝・帯広における地域活動など，住む場や働く場を提供し，地域での暮らしを支援

する活動が，病院PSWによる居住支援をはじめとする社会復帰への取り組みとして全国各地で展開されていた。1984年に看護師が入院患者に暴行を行い死に至らしめたことが発覚した宇都宮病院事件ののち，国際的問題となり，人権と社会復帰をスローガンに掲げた精神衛生法の改正作業が行われ，1987（昭和62）年に精神保健法が公布された。それに伴い，これまでの実践を積み上げてきた社会復帰への取組みが「精神障害者社会復帰施設」として法制度化された。具体的なサービスは，精神障害者生活訓練施設（援護寮），精神障害者福祉ホーム，精神障害者通所授産施設，精神障害者入所授産施設，精神障害者福祉工場，精神障害者地域生活支援センターの6つであり，精神障害者福祉ホームを除く5施設には，その後精神保健福祉士の必置義務が設けられた。PSWの実践の場が病院の中から地域へと拡大していく大きな契機となった。

現在は障害者自立支援法の成立に伴って5年の経過措置（2012年3月まで）により，すべて新体系へ移行されることとなった。

3）病者から障害者，障害者から生活者へ

1993（平成5）年に心身障害者対策基本法が障害者基本法へと改正され，精神障害者が初めてわが国において障害者の法制度上の仲間入りをした。つまり「福祉」の対象として位置づけられることになったのである。これを受けて1995（平成7）年「精神保健及び精神障害者福祉に関する法律」（以下，精神保健福祉法）が成立し，精神障害者保健福祉手帳が創設されるなど福祉の対象として名実ともに位置づけられていった。手帳導入に際しては，単なるラベリングにすぎず偏見差別を助長するばかりであるとして当事者団体などによる強い反対運動が起きたことは，精神障害者に対する世間の偏見や差別の実情の現れであるといえよう。

1993年にはわが国はじめての精神障害者の全国組織「全国精神障害者団体連合会」が設立されている。これまでの家族が代弁してきた長い歴史に風穴を開ける旗揚げといえる。当事者活動の発展は，精神障害者が一人の人として名前を出し，顔を出し，声を上げていく一歩であり，それは一人の生活者としての当然の権利を訴える証しである。その後のわが国の精神保健福祉を「当事者主体」「生活者主体」へと変革していく契機となる動きであった

といえる。

　同時に，リハビリテーションや社会復帰概念の変化や，「生活障害」から「生活のしづらさ」への視点の転換などの変化のなかで，PSWが実践のなかで積み上げてきた理念が，「障害者」としてではなく「生活者」として共に歩む協働のパートナーとしての立ち位置を確立していった。

(3) 精神障害者の福祉的課題と精神保健福祉
—日本精神医学ソーシャル・ワーカー協会活動の歴史—
1) 社会的状況の変化とニーズの多様化

　今日，私たちを取り巻く社会的状況は，少子高齢社会の到来，それに伴う核家族化等にみられる家族構造の変化，新自由主義に伴う格差社会，経済不況，度重なる大震災などめまぐるしい変化を遂げている。それに伴って私たち一人ひとりの生活も影響を受け，生活への不安は蔓延しているといえよう。ここ10年以上にわたり自殺者数は年間3万人を超え，精神疾患患者は360万人，外来患者数は10年間で100万人以上増加していることなどはその反映であり，社会問題である。今日，5人に1人は一生涯のうちで何かしらの精神疾患にかかるともいわれている。このことは誰もがなりうる病であり，珍しい他人ごとの病気ではないことを知らしめることでもあるが，それ以上に社会問題として社会のシステムや環境の整備および変革を具体的に推進していく必要性の根拠となる。

　一方，精神保健福祉士法では，精神保健福祉士を「精神障害者の保健及び福祉に関する専門的知識及び技術をもって，精神科病院その他の医療施設において精神障害の医療を受け，又は精神障害者の社会復帰の促進を図ることを目的とする施設を利用している者の地域相談支援の利用に関する相談その他の社会復帰に関する相談に応じ，助言，指導，日常生活への適応のために必要な訓練その他の援助を行うこと（以下「相談援助」という。）を業とする者をいう」（第2条）と定義している。

　これはこれまでの歴史的な経緯のなかで中核的業務の内容のみを示したものであるにすぎない。精神保健福祉士法施行から15年が経過し，精神保健福祉士に求められる役割は変化し拡大し，すでにそれぞれニーズのある現場で活動を展開している。つまり，その対象は，ごく限られた精神障害者にと

どまらず，広くメンタルヘルスの課題を感じている人びとへと広がりをみせている。

2）精神保健福祉士の活動範囲（職域）

　福祉の対象がゆりかごから墓場までであれば，われわれ精神保健福祉士の対象も同様である。たとえば出産前の母子は，出産という大きな仕事を前に，また生活の変化や初めて経験する子育てという長期にわたり責任のある仕事に対して期待と不安でいっぱいになっている。これらは精神的課題だけではなく生活全体をとらえ，また家族全体をとらえながらサポートしていく必要がある。メンタルヘルスと生活支援は一体であり，人と状況の全体性をとらえることを重要視するところの所以でもある。ここに精神保健福祉士の専門性の強みがあるといえる。

　不登校やいじめなどによる就学期の子どもとその親たちがかかえるさまざまな人間関係や社会的課題，過重労働による過労，リストラ等社会的諸事情によるストレスなど労働者の精神的および生活上の課題，災害時におけるさまざまな生活課題や精神的課題，犯罪に伴う被害者の精神的ケアおよび触法精神障害者など，それぞれ精神的課題と生活課題が一体であり切り離して考えることは不可能である。これらに対し，スクールソーシャルワーク，産業ソーシャルワーク，災害ソーシャルワーク，司法ソーシャルワークなどとして，精神保健福祉士はそれぞれの分野で活躍を始めている。これらは現代の社会的状況の変化に伴うニーズの多様化と，それに対応しニーズ志向でコミュニティのなかで活動を展開してきた結果ともいえる（表1-2）。

❷ 精神保健福祉士の専門性

　精神保健福祉士の専門性について，その実践理念（原理），もつべき視点，価値および倫理に整理することができる。これらの原理や視点は，PSWが精神障害者を主とする対象と「かかわり」，そのなかから自らの実践の展開を考え，それらの検証を通して導き出されたものである。

表1-2 精神保健福祉士の活動範囲

【機関別】（精神保健福祉士が所属する機関を分野ごとに列挙）
- 障害者地域生活支援機関（相談支援，居住支援，就労支援，入所・通所施設等）
- 医療機関（病院／診療所，総合病院／単科精神科病院，国公立病院／民間病院等）
- 行政機関（国・都道府県・政令市・市町村／保健所・精神保健福祉センター・児童相談所・福祉事務所等・保健センター等）
- 高齢者地域生活支援機関（入所・通所施設，地域包括支援センター等）
- その他の福祉施設（生活保護施設，婦人保護施設，児童福祉施設等）
- 団体（社会福祉協議会・各種団体等）
- 司法機関（保護観察所，刑務所等）
- 労働関係機関（ハローワーク，障害者職業センター等）
- 教育機関（小学校／中学校／高等学校／大学等，相談援助職／教育職）
- 一般企業
- 民間相談機関
- 独立事務所

【ライフサイクル別】（ライフサイクルに応じたメンタルヘルス課題への対応について列挙）
- 胎生期／産褥期
- 乳幼児期
- 学童期
- 思春期
- 青年期
- 壮年期
- 老年期

【支援内容別】（対象やニーズに応じた支援について内容別に列挙）
- 家族支援
- 子育て支援
- 虐待防止と介入および対策（児童，高齢，障害，DV等）
- アディクション（アルコール・薬物・ギャンブル・摂食障害等）
- 低所得者対策（生活保護関係，ホームレス）
- 退院・地域移行支援
- 就学・教育支援（就学支援，教育環境整備）
- 就労支援（就職支援，就労定着支援，就労継続支援等）
- 犯罪被害者支援
- 自殺対策（予防，遺族への支援）
- 災害時における支援
- 地域特性に対応した支援（農村地域／都市部地域等）

【その他】（社会的な役割や地域活動など地域ニーズ，社会的ニーズに応じた役割等を列挙）
- 行政における審査会等委員
- 専門職能団体（協会・学会）活動
- 運営適正化委員，第三者評価委員
- 成年後見
- 専門職（精神保健福祉士など）養成にかかわる教員・実習指導者
- スーパーバイザー
- 調査・研究活動

出典　社団法人日本精神保健福祉士協会：精神保健福祉士業務指針及び業務分類第1版．2010，pp.35-36．（一部加筆・改変）

(1) 精神保健福祉士の実践理念（原理）

1）「かかわり」重視の原理

　先日，ある事例検討の勉強会に参加する機会を得た。検討の事例は，その事例を提出した支援者がクライエントおよびその家族とかかわれずにいることに対する悩みとして提出されていた。関係者からの情報のみで困ってしまっていたわけだが，このようなケースは事例検討会に参加するとときどき遭遇する。議論はたいてい「まずはご本人にかかわることですね」ということに収斂されることになる。

　適切な例ではなかったかもしれないが，このように精神保健福祉士をはじめ対人援助職にかかわる専門職者は，クライエントに出会う前にさまざまな情報を得ることができる立場にある。しかしながら，ソーシャルワーカーである精神保健福祉士は「Y問題」という苦い経験を通し，本人不在の支援展開への強い危機意識をもつことのできる専門職である。

　「かかわり」とは，「クライエントのあるところからの出発（Starting where the client is）」（ゴールドスタイン〔Goldstein, H.〕，1981）という「出会い」から，寄り添い，共に歩むと表現される支援関係の営みすべてであり，未知の世界と「私」との限りない接近・交流のなかから紡ぎ出されるプロセスである。まずはクライエントと精神保健福祉士が，「ここで，今（here and now）」互いに主体として出会い，かかわり，生活者としての関係性を紡ぎながら支援関係のあり方を探り続ける。ひるがえって現実に目を落とすと，サービス調整のみに奔走したり，ベッドコントロールに追われるソーシャルワーカーは少なくない。「かかわり」から始まる精神保健福祉士の原点に常に立ち返ることの必要性を共有するとともに，そのための職場環境の整備，他職種からの理解，精神保健福祉士の社会的認知獲得など社会システムへの働きかけが必要である。

2）「主体性」尊重の原理

　いかなる時代背景，社会情勢，あるいはどのような個人の状況下（人種，立場，貧富，職業，思想，宗教，疾病や障害等）においても，「主体性」の尊厳を基本としてすべての人間の平等が保障され，生きていくうえでの諸権利が無条件に確保されなければならない。精神障害者はその病や障害の理由

によらず，長年にわたる入院を強いられてきており，「退院したい」はもとより「自由に外に出たい」「好きなものを買いたい」「友達に会いたい」といった当たり前のことが叶わないなかでは，そう思わないほうが楽になることを学習し夢や希望をもたなくなり，主体的に生きることを忘れるのである。これが障害そのものによるものではなく長期入院によって生成された二次的な障害であり，いわゆる施設症（インスティテューショナリズム）である。かつてあんなに切望していた地域での暮らしも，20年，30年，40年のなかで退院することが怖くなってしまう。一度失った「主体性」を取り戻していくところから始まる「かかわり」こそが，精神保健福祉士に求められている専門性に基づく役割である。それは以下に述べる，かかわりを通して「クライエントの自己決定」を尊重していく営みのなかで，かつて描いていた夢を思い出し，希望を見出すなかで「主体性」を取り戻し，新たな生き方の模索へと歩み始めるのである。

3）「自己決定」尊重の原理

　ソーシャルワークにおけるクライエントの自己決定の原理は，単なる権利や能力についてのみ言及しているわけではない。PSWとクライエントとのかかわりのなかで協働しながら人生の主人公として自らの生活の可能性を拓いていくプロセスそのものを意味している。柏木昭はこれを静態的権利論ではなく，動態的関係論であると述べている。すなわち，精神障害者に自己決定能力や自己決定権が備わっているか否かを論じているのではないのである。またそのような見方は「自己決定能力のない人」という社会的弱者をつくり上げ，支援者はよかれと思って彼らの保護という名のもとで代弁・代行し，その結果本人の自由を抑制し，判断・選択する機会を奪ってきたともいえる。いわゆるパターナリズム（父性的保護主義）である。

　精神保健福祉士のかかわりのなかで，そのすべてのプロセスにおいて自己決定を尊重していくことが，精神保健福祉士が長年の実践から，そして「Y問題」から学び得た原理である。

4）「協働」の原理

　PSWとは，「かかわり」を通して「クライエント共にあること」をクライ

エントとの関係の基礎においてきた。それは援助・支援の主体は「クライエントかPSWという二者択一ではなく，また一方向的関係ではなく，クライエントもPSWも共に主体であり，互いに切り結ぶ交流から共に歩みを進めていくという『協働』の関係」である。精神保健福祉士とクライエントはパートナーシップの関係性のなかで，かかわりを通してクライエントの自己決定を尊重しつつ，彼らの自己実現へ向けて「共に歩む」主体として支援という営みを実践していくのである。

5）リカバリー志向の原理

「リカバリー」とは1980年以降にアメリカを中心に精神保健システムのパラダイム転換の鍵概念として提唱されてきた。これは日本PSW協会が「札幌宣言」でPSWを「精神障害者の社会的復権と福祉のための専門的・社会的活動を行う」としたこととつながる。PSWにとっては決して新しい概念ではなく，常に基軸に据えてきたものである。

アンソニー（Anthony, W.）は「リカバリーとは，深く個人的なものであり，個人の姿勢，価値観，感情，目的，技量，役割などの変化の個人的な過程である。疾患によりもたらされた制限を備えていても，満足感のある，希望に満ちた，人の役に立つ人生を生きることである。リカバリーは精神疾患の大きな影響を乗り越えて成長し，人生に新しい意味や目的を見出すことでもある」(1993)と説明している。また，ディーガン（Deegan, P. E.）は「リカバリーは過程であり，生き方であり，構えであり，日々の挑戦の仕方である。完全な直線的過程ではない。ときに道は不安定となり，つまづき，止めてしまうが，気を取り直してもう一度始める。必要としているのは，障害への挑戦を体験することであり，障害の制限の中，あるいはそれを超えて，健全さと意志という新しく貴重な感覚を再構築することである。求めるのは，地域のなかで暮らし，働き，愛し，そこで自分が重要な貢献をすることである」(1988)と述べている。

つまり精神疾患からのリカバリーとは，病気そのものからの回復のみならず，精神疾患のある人びとは彼ら自身のなかに取り込まれているスティグマからのリカバリーかもしれないし，また治療場面における医療が原因となっている影響や，自己決定の機会の不足，失業のネガティブな影響，夢が砕け

たことからリカバリーしなくてはいけないかもしれない。まさに「社会的復権」に向けたプロセスをさすものである。

(2) 精神保健福祉士の価値と倫理

ソーシャルワーク実践は，一定の望ましい方向に向かうことを前提としており，その望ましい方向を導いているのが福祉的な価値である。ブトゥリム (Butrym, Z. T.) は，人間の本質に内在する普遍的価値から引き出されるソーシャルワークの基本的な価値前提として「人間尊重」「人間の社会性」「人間の変化の可能性」の3つをあげている。

1）人間（権）尊重

精神障害者は精神障害者である前に一人の人間であり，地域で暮らす生活者であり，常にその人権が尊重されなければならない。精神障害者が長期にわたる隔離収容政策のうちにおかれ，社会的入院という現実を招き，それにより精神障害者に対する社会の偏見と差別は助長されていった。精神保健福祉士はこの歴史と，そして今なお厳然として存在するこの現実にクライエントと共に向き合わなければならない。精神障害者の人権を尊重するということは，生活主体者として互いが主体としてかかわるなかで，私たちが私たちの生活の主体者であり，かつ私たちの生活課題の主体者であるように，彼らも彼ら自身の生活の主体者となり，彼らの生活課題に彼ら自身が取り組んでいけるように条件を整備していくことである。

2）人間の社会性

人は他者との関係のなかで存在し，生きている。人間の本来もっている社会性は，クライエントをその取り巻く全体性のなかで理解するうえで重要な価値である。つまりクライエントのかかえる問題や課題は，社会生活上の困難としてとらえ，それは地域社会・環境・状況との相互関係のなかで生じた問題であり，すなわちそのことは地域社会の課題としてとらえることができる。

3）人間の変化の可能性

　「人は計り知れない可能性をもっている。その可能性は無限大である」とする，「人」に対する根本的な前提的価値とその理解は，人にかかわる専門職，とりわけソーシャルワーカーにとって重要である。私たちは自らの経験のなかでのみ物事を考え，とらえがちである。経験から逸脱する事象について想像することを困難ならしめ，それはいつのまにか「人」に対する能力，可能性，変化の限界を私たちのなかに無意識のうちにつくってしまっているものである。精神保健福祉士として多くの方々に出会い，かかわるなかで，クライエントが想像を超える変化を遂げることに遭遇する機会は少なくない。誰もが内在している原石（ストレングス）をかかわりのなかで共に探りあて，クライエント自身がその存在に気づくと，彼らは自らその原石に磨きをかけ，想像を超える輝きを放ち始める。その営みのなかでは仲間同士のかかわり，インフォーマルなかかわりのなかで見つけ出されること，磨きがかけられること，輝きを放ち始めることもまれではない。「人が輝く」とは比喩として用いられる言葉であろうが，まさにそれを実感することはまれではない。一方で，精神保健福祉士はそのかかわりのなかで困難な課題に遭遇し，視野狭窄に陥り，行き詰まりを感じることも少なくない。そういうときはクライエントやその取り巻く状況の「変化の可能性」を信じられていないときかもしれない。

資料1-1 社団法人日本精神保健福祉士協会
「精神保健福祉士業務指針及び業務分類第1版」（抜粋）

　精神保健福祉士にとって「視点」とは，あらゆる業務について影響を与えるものであり，業務を行う精神保健福祉士が共通して持っているアイデンティティともいうべきものである。

　この「視点」については，（中略）本協会では2004（平成16）年に地域精神保健福祉委員会が検討して4つの図に集約している。4つの視点は，精神保健福祉士が共通して持つものであるが，経験や成長も考慮されており，経験年数の浅い精神保健福祉士にとっては何を獲得していけばよいのか，何を意識できるようになればよいのかがわかりやすく示されている。

① 「クライエントとのかかわりを通して広がる視点」では，クライエントと同じ目線に立つだけでなく，同時にクライエントの足下に広がる地域社会や資源を見据え，地域のアセスメントやニーズ把握まで含められている。

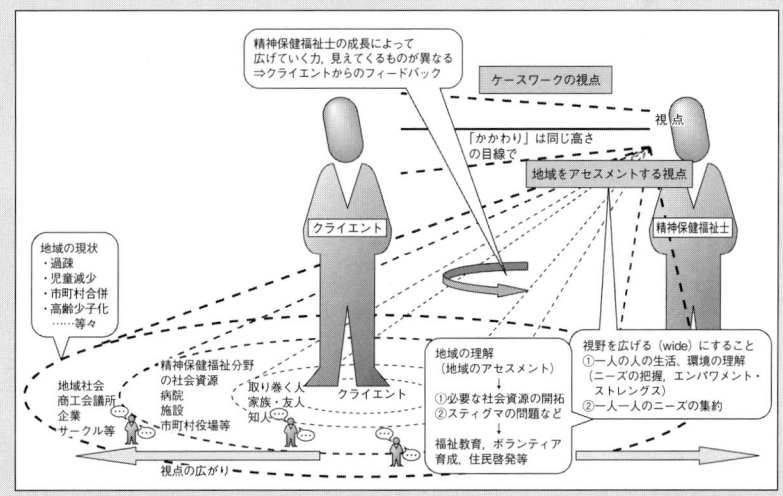

② 「時系列変化を加味した精神保健福祉士の視点」は，精神保健福祉士が専門職として経験を積む時系列変化を示しており，クライエントとの信頼関係の深まりと，それによって見えてくる生活の幅，必要な地域資源の見え方も広がってくることを表している。また同時に地域社会にとって資源である精神保健福祉士が成長することで，地域社会の将来像を描き，様々なソーシャルアクションに結びつけて考えることができるようになることも示している。

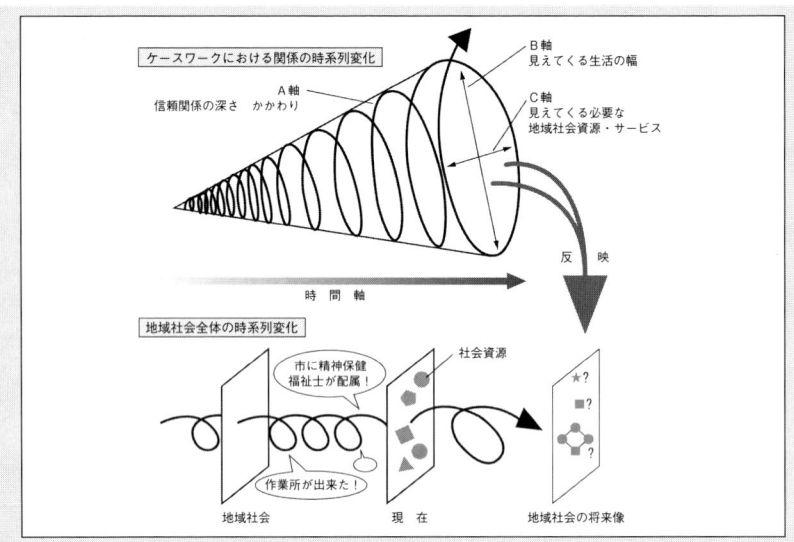

③「精神保健福祉士のスタンスからみた視点の比較」では，所属機関と精神保健福祉士のスタンスによって見える視点の違いを表している。特に地域をアセスメントするためには柔軟性をもって，自らの所属する機関も客観性をもってみることの重要性を示唆している。

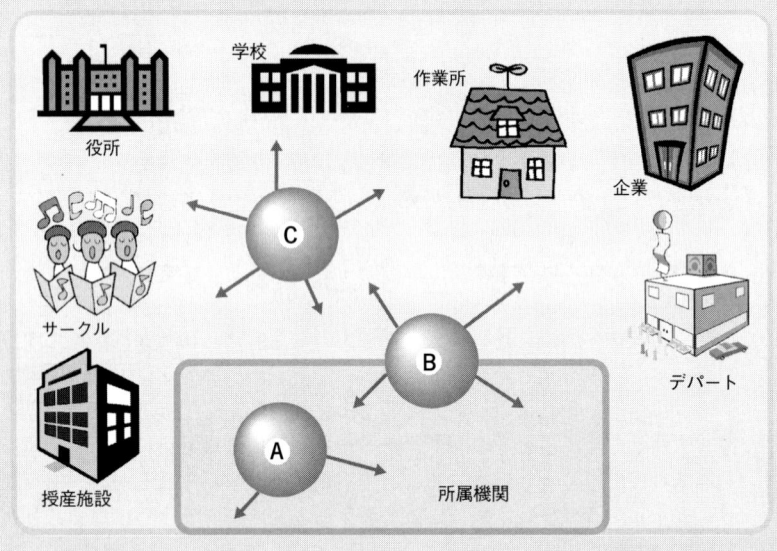

第1章　精神保健福祉士とスクールソーシャルワーク

④「コミュニティワーク実践における精神保健福祉士の視野」はコミュニティワーク実践におけるミクロ，メゾ，マクロの各レベルでの視点の違い，さらに鳥瞰的な視野による地域アセスメントにも触れている。必要に応じて，マクロの視点で政策立案の見地から地域を捉えたり，目の前の事に戻ったりする縦断的視野を立体的に表している。さらに精神保健福祉士の経験と力量の向上に伴って，その地域における役割の高さもかわってくることがポジションレベルで示されている。

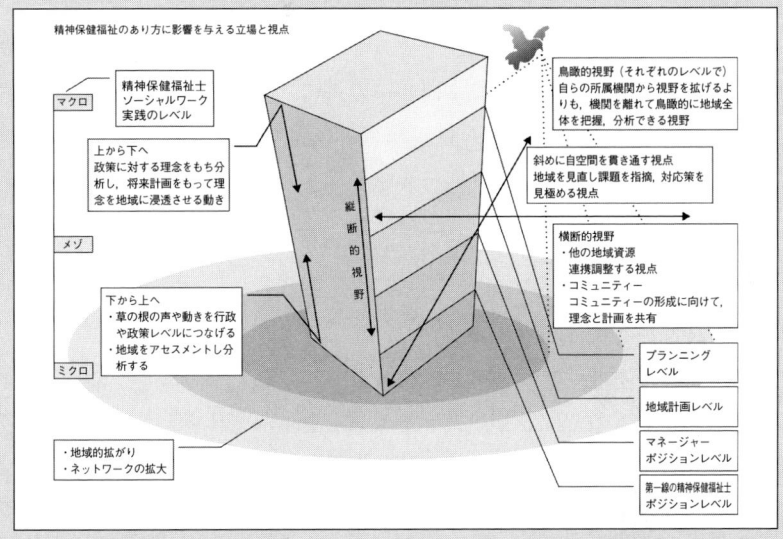

これらの図は，クライエントの個別支援から地域全体のアセスメントまで，連続性があり，つながっているものであることを示している。そして，精神保健福祉士の成長によって，その地域での役割や期待も高まること，所属機関を超えたスタンスでの地域アセスメントが重要であることなどが謳われている。

すべての図に共通しているのは，精神保健福祉士の視点の変化である。つまりクライエントとともに成長する存在である精神保健福祉士は，成長に合わせた視点の変化がおこり，見えるものが広がってくる。それがニーズ把握として認識されれば，さらに成長と視点の変化のスパイラルは拡大していく。

しかし，その根底には権利擁護やストレングスの視点によるアセスメント，自己決定を支援し主体性を尊重するエンパワメント実践があり，それらの上に成り立つ視点であることは忘れてはならない。

(3) 精神保健福祉士がもつべき視点

1) 生活（主体）者の視点

　精神保健福祉士が支援を行う基本は，共に歩む「クライエント」を「生活している人」としてとらえることである。改めて言うまでもない当たり前のことなのであるが，この対称となる考えが「病者」「障害者」ととらえることである。これは「私」とは違う「問題のある人」という基本的前提のうえに，無意識のうちに私たちが望んでいること，私たちが当たり前に感じていることと異なる社会で生きる者としてみていないだろうか，ということへの問いかけでもある。同じ時代に，同じこの世に，そして同じこの地域で暮らす生活者であるととらえる視点は，精神保健福祉士がクライエントと出会い，かかわり，協働の営みを可能にする原点である。それはまさしく，私たちが私たちの生活の主体者であると同様に，クライエントも彼らの生活の主体者であるという前提に立つことである。

2) 人と状況の全体性の視点

　精神保健福祉士は，クライエントの苦悩，生活のしづらさを，病気あるいは障害に還元するのではなく，クライエントを生活主体者としてとらえ，その人の取り巻く環境との間で生じる交互作用に注目し，クライエントの生き方，生活の仕方をできる限り全体的，包括的に把握（アセスメント）する視点と想像力が求められる。

　人は，人とのかかわりのなかで生きており，人と人がかかわるところで，相互に影響を与え合い，及ぼし合って存在している。そして人と人とが集まるところに社会が構成され，その社会は一人ひとりの存在に影響を受け，また一人ひとりが社会全体の影響を受けて存在している。家族の関係のなかで葛藤を感じると，地域との付き合いや世間体のなかで葛藤を感じ，そのことが家族構成員一人ひとりの生活にも影響を及ぼしてくるのである。制度や政策が変わることにより私たちの生活が影響を受けることも然りである。このような考え方をエコシステム論というが，そうした体系（システム）のなかで私たちは生活をしており，その局面の1つとして，精神症状や問題行動と呼ばれる象徴的な現象として私たちにその姿を垣間見せるのである。このこと自体が状況のなかで影響を受けた人に属した現象であり，その人を理解す

るときに，その人を取り巻く状況との全体性をとらえる必要性はここにあるのである。

　精神保健福祉士がクライエントとかかわるときに，所属機関からの視点のみではその人を取り巻く状況の全体性をとらえることに限界がある。精神保健福祉士は「所属機関の社会資源」ではなく「地域の社会資源」としての自覚をもち，また出会うクライエントの生活の困難さや課題を「所属機関が対峙する課題」としてではなく，「地域全体が対峙する課題」としてとらえることで，かかえ込むのではなく地域の関係機関とのネットワークのなかで共に考える協働者を築いていくことができる。所属機関に不足したサービスは他機関との連携や調整のなかで，地域に不足したサービスは他地域との連携や調整，または新たなサービス創設へと展開していくのである。

3）人権を尊重する視点

　人権の尊重はソーシャルワーカーに共通の重要な視点である。とりわけ精神障害者に対する支援を顧みれば，医療という名のもとでさまざまな人権侵害が行われてきた歴史からもその重要性は自明のことといえる。さらには過去のこととしてではなく，今なお，多くの精神障害者が医療的には入院を必要としないにもかかわらず，地域で暮らせる条件が整わないということを理由に社会的入院と称して長期にわたる入院を強いられている。そのような患者が10万人もいるとされている現実がある。精神保健福祉士はこのような状況に対して，精神障害者の人権にことさらに敏感でありたい。それは彼らが自らの権利を守り，行使できる状況にない場合に彼らの権利を守る他者として，専門職として存在する価値をもつからである。

　一人の生活者として知る権利やプライバシーを守る権利が尊重されなければならない。また，病院においては自らが病気であるという認識をもちえないクライエントが本人の望まないなかで入院する場合がある。精神障害者の人権を尊重しようとする精神保健福祉士は，矛盾する状況下でジレンマをかかえることは数限りない。これが「Y問題」の継承でもあり，そこに向き合い続ける覚悟が専門職としての強みであると考える。

4）ストレングス視点

　個々人には発達し成長する能力，才能があり，それぞれに固有の強み，魅力が備わっている。しかしながら，精神障害者は彼らのおかれた状況のなかで，関係性のなかでそれらを生かす機会も与えられず，むしろ抑圧されてきたといえる。そのことがパワーレス状態を招き，生きる意欲を失い，主体性を奪われてきたのである。彼らの本来もつ固有の強み，魅力にスポットを当てることで，彼らの本来もつ力を生かす機会をもち，そのことで彼ら自身がこの世に生きる存在意義・価値を再生し，自尊感情を取り戻し，自己効力感を高めていく。病気や障害に焦点を当て，できないこと，不得手なこと，生活のしづらさに着目したなかで築かれる関係性からは，人の本来もつ力を奪うばかりでなく，主体的に生きていこうとする意欲をも奪っていく。その人のもつ魅力や強みに着目することは，誰もがもっている原石を見つける作業に例えることができ，その存在に気づくことができれば自ずと磨きをかけ，人として輝いていくのである。原石を見つける作業を共に行う協働者が精神保健福祉士である。

5）仲間同士の支え合い（ピアサポート）を尊重する視点

　かつて精神障害者は人と人との関係をつくることが困難で，そこがまさに障害であるのだから，精神障害のある人同士が集い仲間づくりをすることはありえないとする考え方があった。その背景には支援者が支援をしなければならない人であるという対象者観があった。1970年に地域を拠点に活動を開始したやどかりの里では，仲間づくりに焦点を当てて活動を展開しその見解を覆すエビデンスとなった。

　ピアサポートがなぜ必要となったかについて論じる前提として，これまでに述べてきた支援者を主導とした支援システムの限界性を認めることから始めなければならない。支援システムにおかれるなかで生きる意欲を失い，パワーレス状態を招き，また時に権利侵害を伴った諸々を合わせると，それは無意識のうちにある支援者としての立場の限界であり，そこに内在する権威性がそれらを図らずも招いたことを自覚しなければならないだろう。人は当たり前にもつ社会のなかでの役割や責任を免除され，サービスの受け手としての立場に居続ける（追いやられる）ことで，自らの存在意義を見出すこと

が困難になる。そのような状態にさらに専門職が支援を提供したところで，その悪循環を断ち切る術をもちえないのである。共通の立場，共通の経験をした仲間同士が出会い，つむぐ関係の営みのなかに，人として当たり前に課せられる役割や責任を得る機会がある。時に他者の相談にのったり，肩を貸したり，知識や情報を提供する機会をもつ。ベイテル（Beitel, M.）は，ピアサポーターは「移行対象としての必要な出会い（need-meeting transitional object）」（1997）であるとし，ムレイ（Murray, J. P.）の分析を紹介して「移行現象を被支援者－支援者の関係にあてはめると，支援者の存在は，被支援者にとって現実と理想の中間的な立場になる。そこで主体的な観点と相対的な観点との交流を被支援者に認識させる役割が，移行対象としての支援者の存在である」（1972）としている。ピアサポートには「経験」という媒介を生かしたかかわりがあり，それを凝固剤に強い共感と凝集性が生まれる。これまで「マイナス」でしかなかった病気の経験，そこからくるサービスの受け手としての経験等が，仲間同士のかかわりのなかで初めて「プラス」としての価値を得ることになる。

　私たちの歴史の反省と立場の限界性を認識するとともに，仲間同士の支え合い（ピアサポート）が奏でる力と可能性を信じ，尊重することが必要であり，そのためにはその機会をつくることを心がけ，またピアサポートが育まれる環境づくりをしていくことは，精神保健福祉士の重要な視点である。

❸ 精神保健福祉士の業務内容

（1）精神保健福祉士の業務確立の経緯

　本節第1項（1）でも述べてきたとおり，精神保健福祉士の業務は，60年の実践の積み上げのなかからつくり上げられ，確立してきたものである。1989（平成元）年に日本PSW協会において採択された「精神科ソーシャルワーカー業務指針」から20年の歳月のなかで，社会状況は変化し，それに伴い多様化したニーズに対応し，精神保健福祉士の職場は医療機関から社会復帰施設，行政機関，またスクールソーシャルワーカーなど教育機関での活動をはじめ，一般企業，司法領域，その対象も児童から高齢者まで拡大していった。精神科医療機関の精神科ソーシャルワーカーをその対象とした業務

指針の改訂作業が必要となり，日本精神保健福祉士協会では2006（平成18）年より「業務指針提案委員会」（委員長：相川章子，以下，提案委員会）が検討を進めた結果，「精神保健福祉士業務分類及び業務指針作成に関する報告書」をまとめた。その後「業務指針作成委員会」（委員長：古屋龍太，以下，作成委員会）に引き継がれ，2010（平成22）年に「精神保健福祉士業務指針及び業務分類第1版」の採決に至った。

（2）精神保健福祉士の共通の機能および業務分類

　精神保健福祉士は，その名称を名乗ることができるとする「名称独占」の資格であり，医師や看護師などのように資格取得者にしか行うことのできない独占業務が存在するわけではない。その業務内容はこれまでも時代状況や社会的な背景，支援対象者のニーズの変化等によって大きく影響を受けてきた。入院医療中心の支援から地域生活支援への転換により実践の場は拡大し，また社会の変化に伴うニーズの多様化によって，その職域を拡大していった（詳細は本節第1項（3）・2）参照）。

　精神保健福祉士としてそれらすべての機関，対象，支援内容を超えて共通する機能があり，業務がある。それらは，それぞれの業務が専門職としての価値に基づいていることから，「社団法人日本精神保健福祉士協会倫理綱領」（2004年採択）の倫理基準をもとに整理をしている。精神保健福祉士の4つの責務として，①クライエントに対する責務，②専門職としての責務，③機関に対する責務，④社会に対する責務の4つをあて，それらを①個人／集団，②専門，③組織，④地域，⑤社会／共生の5つのレベルに分類したうえで，それぞれの「（精神保健福祉士支援の）目標」「（精神保健福祉士支援の）目的」「（精神保健福祉士の）機能」「（精神保健福祉士の）視点」について整理を試みた（表1-3）。この「（精神保健福祉士支援の）目標」は，業務指針における「精神保健福祉士の機能及び業務分類」をまとめるうえでの「機能と業務」に対応して整理することとしている。

　主要な機能，提供されるサービスとして12に分類され，それぞれに対応する業務項目が整理されている。主要な機能は以下のとおりである。①本人のニーズを的確に把握する，②本人が望む暮らしと心地よい環境づくりを促進し，不安を軽減する，③本人が望む暮らしの実現に向けて計画を共に作成

する，④適切でかつ有効な具体的サービスの提供（介入），⑤サービス提供（介入）のプロセスにおける本人および／あるいは家族とのプロセス評価（モニタリング），⑥計画に沿って行われた支援内容についての実施評価（エヴァリュエーション），⑦本人が望む生活へ向けて必要な関係部署，関係職種，関係機関等へつなぎ，連携や調整，協力を行う。また多機関がかかわる場合には，役割分担や調整などのコーディネートを行う。⑧家族の自己実現に対する支援を行う。⑨さまざまなレベルにおける人間関係の不安等に対し，関係の調整を行う。⑩当該機関で適切なサービスの提供ができない場合は，適切なサービス機関を紹介し，もしくは連携・協力する。⑪地域内に適切なサービスがない場合は開発する。⑫サービスの提供にあたるさまざまなプロセスに適切な対応のできる専門職としての研鑽を続ける。

(3) 精神保健福祉士のためのスクールソーシャルワーカー業務指針の動向

業務指針改訂作業は当初，精神保健福祉士の活動範囲の拡大によって，それぞれの分野別の業務指針の必要性を認め，提案委員会の報告書のなかでは，「学校におけるソーシャルワーカーの業務指針」を提案している（**巻末資料3参照**）。残念ながら，2010年に提案された新業務指針第1版からは削除されており，第2版の作成が待たれるところである。

表 1-3 精神保健福祉士の業務特性に関する整理

倫理基準	倫理綱領（社団法人日本精神保健福祉士協会倫理綱領）			
	倫理基準1 クライエントに対する責務	倫理基準2 専門職としての責務	倫理基準3 機関に対する責務	倫理基準4 社会に対する責務
			ソーシャルワーク機能概要	
レベル	①個人・集団	②専門	③組織	④地域	⑤社会/共生
精神保健福祉士の責務	人びとのニーズに応じ生活者の視点でかかわることで、その人のもつ力が発揮できるような支援を行う。	目標①、③、④、⑤を遂行できるよう、精神保健福祉士としての力量を備える。	目標①を組織として遂行できるような組織づくりをする。	目標①を果たすための地域内の調整・連携をする（生活レベル）。	目標①を果たすための社会づくり（政策レベル）。
目標	人びとがもっている力を発揮し、主体的に本人が望む生活を実現する。	人びとがもっている力を発揮し、主体的に本人が望む生活を実現するための支援ができる力を保持する。	組織が人びとのもつ力を肯定的に評価し、公共性を保持し、円滑な運営を促進する。	地域のなかで本人が望む暮らしを保障するための地域づくりをする。	本人が望む暮らしを保障するための社会施策を発展させ、改善する。
目的	本人、集団（グループ）、地域（コミュニティ）、社会の主体性を尊重し、それぞれがそれなりに力をつけていくプロセス（エンパワメント）を支援する。思いに寄り添い、受容・感情の疎通技術を活用した〈かかわり〉を通じて信頼関係を構築する。本人の望む生き方、暮らしと合わせ、今かかせている役割を生かしつつ（ストレングス）を的確に把握し、望む生き方、暮らしに近づけるための具体的な方策を共に考える。	専門職としての資質の向上を図るための組織的なかかわり（行動）の基準、価値、倫理を共有し推進する。サービスの提供や共有における個別化や人権意識を高め、専門職として組織内の要請に応じてあるいは社会的要請によりサービス提供を重視し支援供を促進する。	社会的ニーズを充足するための組織の人権を守る。サービスに関して利用者のニーズに沿ったインフォーマルネットワークのをとる。個別のニーズを使えた包括的サービス提供等のに関する情報を活用しケース（ニーズ）の共有と組織内課題への支援を推進する。精神保健福祉の課題についても地域住民と共有する。スティグマの克服にかかわる。	人びとが地域のなかでよりよく暮らすための地域のあり方、フォーマル及びインフォーマルのネットワークを活用している社会資源を活用・開拓する。地域内に不足している社会資源を活用・開拓する。セルフヘルプグループ活動への支援。精神保健福祉の課題について地域住民と共有する。スティグマの克服にかかわる。	法令、規則等の理解、解釈する。ニーズに応じた政策展開を促す。不適当な政策や法令の見直しまたは改善を申し入れる用の適正化。農村当な政策や法令の見直しまたは改善を申し入れる用の適正化。人的資源が不足している地域への支援。災害時等の支援。
機能	・受理（インテーク） ・審査（スクリーニング） ・選別（トリアージ） ・事前評価（アセスメント） ・エンパワメント ・情報収集 ・情報提供 ・支援計画（プランニング） ・支援 ・グループワーク ・プロセス評価（モニタリング） ・事後評価（エヴァリュエーション） ・連携/調整/コーディネート ・紹介/リンケージ ・セルフヘルプ、ピア活動への支援	・自己評価 ・教育・育成 （スーパービジョン） ・研修企画・開催 ・記録 ・調査 ・研究 ・統計	・倫理　・運営 ・コーディネーション ・協議 ・スーパービジョン ・コンサルテーション ・苦情解決 ・連携/調整	・地域理解・開拓 ・資源開発 ・組織化 ・ネットワーク化 ・動員/誘致 ・紹介/交流促進 ・ソーシャルアクション ・啓発 ・予防	・政策分析 ・政策主張 ・政策展開 ・啓発/企画 ・予防 ・災害支援
視点（共通）	かかえている状況・ストレングス　共通視点：自己実現、主体性の獲得（尊重）、受容、人権と権利擁護、エンパワメント、ストレングス視点、自己決定、人と状況の全体性、地域性の把握、秘密保持				

出典　社団法人日本精神保健福祉士協会：精神保健福祉士業務指針及び業務分類第1版．2010．pp.20-21．

第2節　スクールソーシャルワークとは

スクールソーシャルワークの歴史

(1) スクールソーシャルワークの視点と方法

　スクールソーシャルワーク（以下，SSW）とは，学校生活を送るうえでさまざまな困難に直面している子どもたちを，ソーシャルワーク的なアプローチによって支援する活動といえる。そこでは，「生活の視点」を重視し，子どもがもつ力を最大限に発揮できる環境を整えることがめざされる。

　今日の教育現場には，不登校，いじめ，暴力行為，虐待問題などが山積し，これらの問題はますます深刻化してきている。また，これらの発症要因も家庭，学校，地域といった子どもを取り巻く環境が複雑に絡み合って生じており，もはや教職員だけでは対応しきれないケースが増大している。

　したがって，スクールソーシャルワーカー（以下，SSWr）は，問題解決に向けて，児童生徒およびその家族を支援するため，関係者のネットワーク形成を行う場合が多い。そして，児童生徒がかかえる諸問題に対して，子ども本人を取り巻く人びとや相談機関等と連携・協働しながら取り組んでいくのである。

　SSWの概念について，ここでは，全米ソーシャルワーカー協会（National Association of Social Workers；NASW）作成のパンフレットから，SSWの概要に触れた部分をみておきたい。米国のSSWrの大半は，NASWの一部門である全米スクールソーシャルワーカー協会に属しているからである。その記述の概略を以下に掲げる[1]。

　SSWはソーシャルワークの専門領域の1つである。その目的は，一人ひとりの児童生徒がそれぞれの潜在能力を，社会的，情緒的，知的に十分な発達を遂げることを支援することである。また，SSWrは，歴史的にも学校の目的を実現・促進することに貢献してきている。そこでは，学校の教育全体にかかわるチームの一員として，教師，管理職，スクールカウンセラー，サイコロジスト，看護師，言語療法士などとの連携のなかで働き，そこからの情報と当該生徒の学校，家庭，地域社会での生活との統合を試みる。

このように，SSWrの活動は広範であり，活動の内容にはアセスメント，カウンセリング，コンサルテーション，諸サービスのコーディネーション，危機あるいは予防的介入，家庭訪問，児童生徒や保護者の権利擁護（アドボカシー），学校システムの保護，教員研修や事例検討会の開催といったことが含まれる。また，SSWでは，常に家庭・学校・地域社会の連携，リエゾン（liaison）を視野に入れた活動が展開されるのである。
　これらを踏まえ，改めてSSWの概念を確認すると，学校を基盤としながら子どもの利益を最優先に位置づけ，教育や発達を保障することをめざすソーシャルワーク活動といえる。そしてSSWrは，これらの機会や権利が侵害される状況にある場合，その状況を改善していくために取り組む役割と機能を担うことになる。さらにSSWとは，問題への対処だけではなく，子どもたちの成長促進や問題の予防をも視野に入れた，ソーシャルワークによる支援の専門領域とその方法として広くとらえることができる。

（2）スクールソーシャルワークの起源

　SSWの活動は，20世紀はじめのアメリカ東部において，経済的あるいは社会的原因によって教育を受ける権利を享受できないでいる子どもたちへの援助から始まったとされている。そこでは，民間団体が主体となって，教師に児童生徒の家庭を訪問させて通学を促すなどの訪問教師事業（visiting teacher）が実施された。また，セツルメント・ハウスのワーカーによる家庭や学校への訪問も行われた。これらの活動形態が，SSWの原形ともいうべき援助であった。
　その背景には，アメリカが移民の国であり，多様な文化をもつ移民をアメリカ社会にとけこませるためには教育が最も有効であると考えられていたことがあった。学校と家庭と地域が相互に協力して子どもたちを支援していくことを目的とした訪問教師事業は，その後全米の広範囲にわたって普及していくことになる。
　訪問教師事業の開始に至るまでの経緯に少し触れておくことにする。1851年，マサチューセッツ州において全米で初めて義務教育制度が発足して以降，1918年までには各州に独自の義務教育法が議会で可決されていた。それにもかかわらず，当時は公教育が必ずしも効果を発揮しているとはいえな

い状況にあった。貧しい移民の間ではまだ年少労働や家庭の事情で通学できない子どもの数が多く、不就学や長期欠席の児童生徒も少なくなかった。特に、建国の早期に開けた東部の諸都市に問題や矛盾が集中的に現れていた。そこで、それらの地域で児童生徒の通学を助ける努力が始められたのである。その1つが、法律の制定による年少労働の規制であり、もう1つが訪問教師事業であった。

(3) スクールソーシャルワークの沿革

ここでは、アメリカにおけるSSWの歴史をチャブキン（Chavkin, N. F.）による区分[2]に基づき、1）1930年代までの草創期、2）1930年代から1960年代までのケースワーク全盛期、3）1960年代から1980年代までの変革期の3つに分けて概要を述べていく。

1）1906年～1930年代

訪問教師事業は、1906～1907年の学年度に、ニューヨーク、マサチューセッツ州のボストン、コネチカット州のハートフォードにおいて初めて実施された。これらは3都市にてそれぞれ独自に始められたもので、最初はこの事業も民間組織や市民団体によって行われていた。その後、本事業の必要性および重要性が次第に教育委員会など関係者の理解するところとなり、公立学校の予算のなかに「訪問教師計画」という項目が計上されるようになった。1913年、ロチェスター市の教育委員会が初めて公立学校内に訪問教師を配置し、学校の運営に訪問教師事業としてのSSWを取り入れた。

1919年には、全米訪問教師協会（National Association of Visiting Teachers）が設立され、1920年代の初頭までに訪問教師事業は中西部に広がり、15の州、28の都市で活動がなされるようになった。本事業もすでに民間の運営ではなく、教育委員会によって行われることが多くなっており、中学校と高等学校にも導入されるようになっていった。

1920年代になると、少年非行が深刻な社会問題として人びとに認識されるようになり、学校教育とSSWがその予防手段として重要視されることとなった。これはニューヨークのコモンウェルス基金が全米訪問教師委員会（National Committee of Visiting Teachers）に少年非行防止のための資金提

供を行ったことに影響を受けている。1921年には国家基金が創設されて地方自治体が助成を受けられるようになると，この事業を実施する都市は一気に増え，訪問教師は大幅に増加した。このように，SSWが社会に知られるようになったのは，国家および州基金によって始められた大規模なデモンストレーション計画によるものであった。その結果，全国的に，農村，都市部を問わず，30地区ごとに30人の訪問教師が配置されることとなったのである。

一方，非行問題がクローズアップされてきた状況下で，訪問教師の仕事の内容も変更を迫られるようになってきた。それまでの長欠児童生徒への訪問活動や無断欠席補導の職務に加えて，SSWrにはセラピーの機能も含んだ児童生徒への対応が要請されるようになった。この頃の援助の内容は，精神的に不安定な子どもたちの診断と処置の補助に重きがおかれるようになってきた。SSWrの臨床的役割の発端がここに認められる。つまり，この時期の特徴としては，当時の精神衛生運動やソーシャルワーク全体の傾向を反映して個人への心理的支援が重視され始めたのである。

2) 1930年代〜1960年代

1930年代に入ると，SSWもソーシャルワークの他分野と同様に，いわば「ソーシャル」の抜けた「ケースワーク」としての仕事の性格が強まっていった。つまり，訪問教師による家庭と学校のリエゾンという役割は後退し，その中心は児童生徒の心理的側面にかかわることを重視していったのである。もはや社会の変化やコミュニティ問題への介入といったことは，SSWの目標としてみられなくなった。その背景にはこの時期にソーシャルワーク界全体を覆っていた「心理学・精神分析への傾斜」，すなわちフロイト（Freud, S.）の影響があったからである。

また，大恐慌という空前の不況を迎えて，教育予算が削減されるなか，SSW事業も縮小を余儀なくされ，存続が危ぶまれていった。やがて，SSWrはその援助の焦点を貧困層への衣食住の提供や子どもたちへの情緒的サポートを担うことへと移行させていった。とくに，連邦政府の対策が家庭を救うための手段として地域に導入されたので，SSWrは活動の関心を個々の子どもに対するケースワークに転じるようになった。つまり，SSWのこの間の歴史は，まさにソーシャルワークの潮流に沿って展開していたことがわかる。

その後，1940年代以降，SSWの活動内容は徐々に幅を広げていく。保護者面接から家族ケースワークへの展開，グループワークの活用，教師へのコンサルテーションなどが行われ，初期のSSWの特質であった子どもの福祉を阻害する特定の学校環境についての関心も再び示されるようになってきた。それにもかかわらず，この間のSSW活動の主流は，依然として1920年代から引き続く臨床（治療）的観点からの援助であった。それは，基本的には子どもたちに対するケースワーク・サービスであり，学校不適応や情緒的不安定とされる症状の改善を重視するものであった。その傾向は1960年代まで引き継がれていくことになる。

3）1960年代～1980年代

1960年代になると，アメリカの社会全体が戦後の大きな変革期に突入していく。社会の変容に伴い，子どもたちを取り囲む状況も多大な影響を受けることとなった。地域コミュニティの解体，家族基盤の揺らぎ，エスニック集団の分化は児童生徒のなかにも社会的，文化的，経済的分化や格差をもたらした。それに対して，貧困の再発見，公民権運動の高まりがみられ，教育領域においても人種差別・分離教育の克服といった変化の機運が現れ，地域や学校現場にも大きな混乱を呼び込む結果となった。

このような状況下で，子どもたちの新たな問題が噴出し，SSWの活動にも必然的に変化が起きてきた。SSWrは，薬物濫用，アルコール，自殺，暴力，生徒の妊娠といった深刻な問題に対応することを期待されるようになり，そのための新しい手法を開発する必要に迫られたのである。その結果，子どもを取り巻く問題に対する新たな解決手段として，地域へと視野を広げた支援や他の専門職とのチームによる取組みという新たな方向性を提示することとなった。しかし，実践活動においては概して，なお従来のケースワークの形態を基礎においており，新しい考え方が副次的に付け加えられるというようなかたちでしか展開しなかった。

SSWの活動が大きく拡大したのは，1970年代に入ってからであった。その要因となったのが1975年の全米障害児教育法（the Education for All Handicapped Children Act of 1975, P.L. 94-142）の成立である。この法律は，障害児をはじめとする特別な教育を必要とする児童生徒がその利益を享受す

るための権利を与えるものである。この法律によって，地方教育機関はすべての障害児に適切な教育を提供する義務を負うこととなった。特筆すべきは，同法に関連するサービスの1つとして，SSWが組み込まれていることである。そこでは，SSWrは，障害児のニード調査や教育計画の策定，保護者への援助といった重要な役割を担うようになった。それはSSWが教育の長い歴史のなかで，教育への貢献が初めて法的認知を受けた画期的な出来事といえる。

また，1970年代は，ソーシャルワークにおいてエコロジカルな視点に基づいたアプローチが発達していった時代でもある。人種問題や人権問題を背景とした社会的問題や，深刻化する子どもたちの問題行動に対し，すでに個人を対象とするケースワーク的な援助の限界が顕在化してきていた。そこでSSWにおいても，児童生徒と家族を取り巻く生態システム全体を対象として問題解決を図ることが効果的と考えられるようになり，エコロジカル・アプローチによる援助活動が主流となっていった。

(4) スクールソーシャルワークの現状

アメリカは合衆国といわれるように，その歴史的経緯のなかで，各州が1つの国家としての役割を果たしてきた。したがって州によって教育制度が異なり，しかも多様である。SSWrの配置のされ方や資格についても，州や地方によって独自に決定されるため，全国的な共通の資格要件はまだ確立していない。ただ，近年は資格化が急速に進んでいることは確かで，先述のNASWも専門職団体としてSSWrの質を保証するために，School Social Work Specialist（SSWS）という独自の資格を1992年から整備し始めている[3]。

このように，州ごとに独自の教育制度を有しているアメリカでは，アメリカ全土におけるSSWrの人数も正確には把握されていないのが現状である。ただ，概算では約1万2,000～1万5,000人のSSWrが全米で活動しているともいわれている。ワーカーの雇用形態は，多くの場合が各地の教育委員会で雇用され，その後に複数の学校を対象に派遣されるというかたちが一般的である。特定の学校に属するのではなく，学校側の要請や通報に基づいて学校に出向いて行くのである。

したがって，SSWとは学校教育の一部ではあるが，それに携わるワーカー

は学校とは一定の距離をおいた存在たりえている。それでもなお，ワーカーの雇用形態にはバラエティーがあり，学校や地域の資源の状況，行政のSSWに対する重要性の認識，学校のニーズなどによって変わってくるのが実情のようである。

　ここでは詳しく述べる余裕はないが，アメリカのほかにも，イギリスやカナダといった欧米のみならず，SSWは世界的にもその活動が広がってきている。たとえばアジアではいち早く香港において，また近年は韓国においてもすでに導入されている[※1]。

(5) わが国における動向

　これまでのわが国におけるSSWの実践は，歴史も浅く，実績の積み重ねはまだまだ乏しいといわざるを得ない。いまだ萌芽期にある展開であるが，それでも実践活動の形態には種々のバリエーションがあり，大きく3つに分けることができると考えられる。それらは，①スクールカウンセラー等として公教育の現場に配置された援助者が，SSWの知見を活用しつつ支援活動を行っている実践，②学校現場とは距離をおきつつ，いわゆる当事者と協力しながらSSWの視点に基づき学校に働きかけている実践，③正式な教育行政による事業としての枠組みに位置づけられての実践，である。

　教育行政による福祉的な支援のアプローチは，第2次世界大戦後間もない教育再編期における就学支援の取組みをそのはじまりとする説がある。また，教師の役割が欧米と比べて広範にわたるわが国では，教育にかかわる福祉的なニーズをかかえた子どもや家庭に対しては，特別にソーシャルワーク的な支援が入らずとも，生活指導などの取組みを通して，もともと教師が丸抱えで支援実践を行ってきたとする見解もある。したがって，学校制度が誕生したころからすでにSSWに相当する支援の実践が行われてきたという向きもある。

※1　SSW事業の国際的動向については，半羽利美佳：スクールソーシャルワークの国際的動向．日本スクールソーシャルワーク協会編，スクールソーシャルワーク論―歴史・理論・実践，学苑社，東京，2008，pp.23-36．を参照いただきたい。

一方，公教育以外に目を移すと，学校制度が誕生する前から私塾などにおいてはSSWに相当する実践が行われていた可能性は十分考えられる。これまで，わが国におけるSSWの実践および研究の経緯についての論考がいくつか提示されてはいるが，残念ながらまだ定説といえるものにたどりついてはいない。

　公私を問わず，わが国における今日的なSSWの実践を考えるならば，その先駆的な活動としてあげることができるのは，1986（昭和61）年からの埼玉県所沢市教育委員会による訪問相談員としての山下英三郎の実践であろう[4]。山下のSSWrとしての実践活動に続き，公教育にSSWが事業として位置づけられるのは，長い空白期間を経た2000（平成12）年以降のことであった。まずは，兵庫県赤穂市において同市教育委員会と地元の関西福祉大学が共同研究としてスクールソーシャルワーク推進事業を開始した。それに続いて，2001（平成13）年には香川県教育委員会が，また2002（平成14）年には国立千葉大学教育学部附属小学校や茨城県結城市もSSWrを採用した。そして2005（平成17）年からは大阪府教育委員会がスクールソーシャルワーク事業を開始した。さらに滋賀県教育委員会もSSWrを登用した事業を始めている。

　ただし，これらの実践はそれぞれの自治体や管轄の教育委員会によって活動形態が異なり，実践の内容も学校やSSWrとして派遣されている者により異なっている。そして周知のように，2008（平成20）年4月から文部科学省の「スクールソーシャルワーカー活用事業」が開始されたのである。

2　文部科学省「スクールソーシャルワーカー活用事業」の現状と課題

　"いじめ"や"不登校"など児童生徒の問題行動等に適切に対応するためには，子どもたちの悩みや不安をしっかりと受け止めることが重要である。こうした観点から文部科学省では，「スクールカウンセラー等活用事業」を実施し，スクールカウンセラー（以下，SC）を学校に配置することで，学校教育における教育相談体制の充実を図ってきた。また，2008年度には「スクールソーシャルワーカー活用事業」が制度化され，SSWrの活用を実施している。2009（平成21）年度からは，「学校・家庭・地域の連携協力推進事業」という大きな枠組みのなかで「スクールカウンセラー等活用事業」と

表 1-4　スクールカウンセラーの配置校数の推移

	1995(平成7)	1996(平成8)	1997(平成9)	1998(平成10)	1999(平成11)	2000(平成12)	2001(平成13)	2002(平成14)	2003(平成15)	2004(平成16)	2005(平成17)	2006(平成18)	2007(平成19)	2008(平成20)
小学校	29	97	186	373	602	776	1,497	2,607	1,599	1,823	1,906	1,697	1,988	2,716
中学校	93	337	654	995	1,096	1,124	2,634	3,460	4,778	5,969	7,047	7,692	8,839	8,722
高等学校	32	119	225	293	317	350	275	505	564	693	594	769	633	681
計	154	553	1,065	1,661	2,015	2,250	4,406	6,572	6,941	8,485	9,547	10,158	11,460	12,119

←　　調査研究事業　　→←　　補助事業　　→

出典　文部科学省：児童生徒の教育相談の充実について（報告）―生き生きとした子どもを育てる相談体制づくり．2007．

「スクールソーシャルワーカー活用事業」が展開されている。

スクールソーシャルワークの草分け的存在である山下[5)]は，SSWrとSCの関係について，「スクールカウンセラー制度の導入がスクールソーシャルワークに対する関心を刺激した」と述べており，筆者もSCとSSWrの両者は相互補完的な関係であるととらえている。そのため，ここでは，文部科学省の「スクールカウンセラー等活用事業」と「スクールソーシャルワーカー活用事業」に関する具体的な取組みを比較することで，「スクールソーシャルワーカー活用事業」の現状と課題について整理することにしたい。

まずは，「スクールカウンセラー等活用事業」の現状からみていく。

（1）スクールカウンセラー等活用事業

文部省（当時）は1995年度から"いじめ"や"不登校"問題を解決するために，全国154校（小学校29校，中学校93校，高等学校32校）にSCを配置・派遣する「スクールカウンセラー活用調査研究委託事業」を開始した。その後，6年間の調査研究委託事業を経て，2001年度からは「スクールカウンセラー等活用事業補助」となり，事業規模がより拡大され，現在ではSCが全国の公立中学校に全校配置されている。さらに，2008年度からは，小学校への配置・派遣も段階的に進められている。表1-4に1995年度から2008年度までの小・中・高等学校におけるSCの配置校数の推移を示す。なお，2009年度以降は「学校・家庭・地域の連携協力推進事業」のなかの「スクールカウンセラー等活用事業」としてSCの活用が位置づけられている。

表 1-5 スクールカウンセラー活用実施要項（一部抜粋）

（1）スクールカウンセラーの職務
　　スクールカウンセラーは，校長等の指揮監督のもとに，おおむね以下の職務を行う。
　　①児童・生徒へのカウンセリング
　　②カウンセリング等に関する教職員および保護者に対する助言・援助
　　③児童・生徒のカウンセリング等に関する情報収集，提供

（2）調査研究の内容
　　調査研究校においては，各学校の実情等に応じて，以下の点についてスクールカウンセラーの活用，効果等に係わる実践的な調査研究を行う。
　　①児童・生徒のいじめや校内暴力等の問題行動，登校拒否や高等学校中途退学等の学校不適応その他生徒指導上の諸課題に対する取組みのあり方
　　②児童・生徒の問題行動等を未然に防止し，その健全な育成を図るための活動のあり方

（3）調査研究校における適切な位置づけ
　　調査研究校においては，スクールカウンセラーを生徒指導に関する校内組織等に適切に位置づけるように工夫し，その効果的な活用を図るものとする。

出典　文部省：スクールカウンセラー活用調査研究委託事業実施要領．1995．

　一般社団法人日本臨床心理士会では，SCの役割を臨床心理士が担当する場合，「学校臨床心理士」と呼び，学校におけるカウンセリングを医療や福祉などの他分野と分化させることによって，より高度な専門性の確立をめざしている。
　「スクールカウンセラー活用調査研究委託事業」の開始当初に文部省（当時）が定めた「スクールカウンセラー活用」（**表 1-5**）では，SCは，①児童生徒へのカウンセリング，②カウンセリング等に関する教職員および保護者に対する助言・援助，③児童生徒のカウンセリング等に関する情報収集・提供などの職務内容を担うことが示されている。2007（平成19）年にまとめられた文部科学省の『児童生徒の教育相談の充実について（報告）―生き生きとした子どもを育てる相談体制づくり』[6]では，SCは当初の職務に加え

て児童生徒がかかえる問題について学校ではカバーしにくい多くの役割を担い，教育相談を円滑に進めるための潤滑油，もしくは仲立ち的な役割を果たしていると報告している。また同報告書のなかで，SCが担っている具体的な役割として，①児童生徒に対する相談・助言，②保護者や教職員に対する相談（カウンセリング，コンサルテーション），③校内会議等への参加，④教職員や児童生徒への研修や講話，⑤相談者への心理的な見立てや対応，⑥ストレスチェックやストレスマネジメント等の予防的対応，⑦事件・事故等の緊急対応における被害児童生徒の心のケアなどをあげており，SCの職務内容の多様化がうかがえる。

　岩崎久志[7]は，これまでのスクールカウンセリングの成果（効用）として，「学校内における心理的ケアの促進」や「教師，保護者とのコンサルテーション」「相談室という新たな子どもの居場所づくり」などを示しており，これまでの学校教育では軽視されていた児童生徒の心理的支援の向上や児童生徒の新たな居場所としての相談室の存在をあげている。その一方で，スクールカウンセリングの限界としては，「生活全般に対する支援という面での弱さ」や「学校をコミュニティとして捉えた上での方法論の欠如」など児童生徒やその保護者を生活者としてとらえることやコミュニティに働きかけるという視点の弱さをあげている。

　現在では，従来のスクールカウンセリングの限界を克服する新しいスクールカウンセリングのあり方も検討されている。その代表的なものとして，徳田仁子[8]は，教育と心理的援助を統合した「成長促進的モデル」を提示している（図1-1）。このモデルの特徴は，SCは子どもに対する内省促進的支援（カウンセリング）に加え，子どもと家族の関係，子どもと教師の関係の双方に働きかける仲介的支援を担い，同時に，学校教育の枠組みのなかで子どもの自己理解や教師の子ども理解につなげる支援を果たすというものである。先述の文部科学省の報告にもあるように，近年のスクールカウンセリングでは，心理療法や精神療法などの治療やパーソナリティの再構築といった狭義のカウンセリングにとどまらず，児童生徒の成長を促したり，あるいは成長を妨げる要因を取り除く環境調整的なカウンセリングも開発されている。すなわち，SCは環境調整や仲介的支援などの新たな機能を支援の展開に取り入れる傾向にあるといえる。

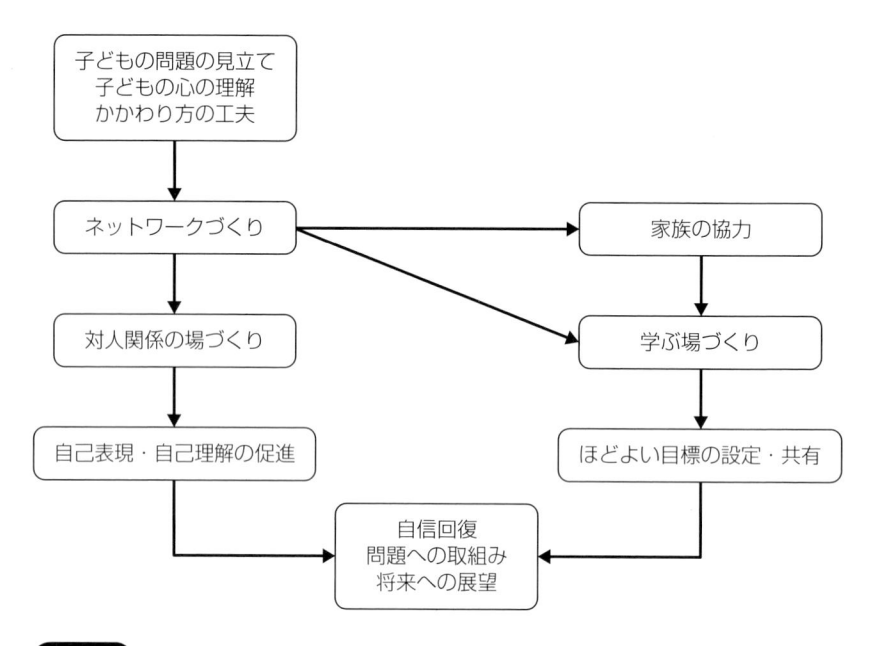

図1-1 スクールカウンセリングにおける成長促進的モデルの概念図

出典　徳田仁子：スクールカウンセリングにおける多面的アプローチ（特集スクールカウンセリング）．臨床心理学，vol.1, no.2, 2001, p.142.

では次に，「スクールソーシャルワーカー活用事業」の現状についてみていくことにする。

（2）スクールソーシャルワーカー活用事業

　文部科学省は2008年度より「スクールソーシャルワーカー活用事業」として，約15億円の予算配分を行い，全国141地域にSSWrを配置している。**表1-6**に示すように，文部科学省は本事業の趣旨のなかで，児童生徒がおかれているさまざまな環境に対して働きかけ，また，学校の枠を超えて関係機関等との連携を図るコーディネーター的な人材としてSSWrを位置づけている。

　また，SSWrの選考に関しては，社会福祉士や精神保健福祉士等の福祉に関する専門的な資格を有する者が望ましいとし，教育や福祉に関する専門的な知識・技術を有する者で，過去に教育や福祉の分野において活動経験の実

表1-6 スクールソーシャルワーカー活用事業（一部抜粋）

（趣旨）

いじめ，不登校，暴力行為，児童虐待など，児童生徒の問題行動について，極めて憂慮すべき状況にあり，教育上の大きな課題である。こうした児童生徒の問題行動等の状況や背景には，児童生徒の心の問題とともに，家庭，友人関係，地域，学校等の児童生徒がおかれているさまざまな環境に着目して働きかけることができる人材や，学校内あるいは学校の枠を超えて，関係機関等との連携をより一層強化し，問題をかかえる児童生徒の課題解決を図るためのコーディネーター的存在が教育現場において求められているところである。

このため，教育分野に関する知識に加え，社会福祉等の専門的な知識や技術を有するスクールソーシャルワーカーを活用し，問題をかかえた児童生徒に対し，当該児童生徒がおかれた環境へ働きかけたり，関係機関等とのネットワークを活用するなど，多様な支援方法を用いて，課題解決への対応を図っていくこととする。

なお，スクールソーシャルワーカーの資質や経験に違いがみられること，児童生徒がおかれている環境が複雑で多岐にわたることなどから，必要に応じて，スクールソーシャルワーカーに対し適切に援助ができるスーパーバイザーを配置する。

（スクールソーシャルワーカーの選考と職務内容）

スクールソーシャルワーカーとして選考する者について，社会福祉士や精神保健福祉士等の福祉に関する専門的な資格を有する者が望ましいが，地域や学校の実情に応じて，教育や福祉の両面に関して，専門的な知識・技術を有するとともに，過去に教育や福祉の分野において，活動経験の実績等がある者のうち次の職務内容を適切に遂行できる者とする。

①問題をかかえる児童生徒がおかれた環境への働きかけ
②関係機関等とのネットワークの構築，連携・調整
③学校内におけるチーム体制の構築，支援
④保護者，教職員等に対する支援・相談・情報提供
⑤教職員等への研修活動

出典　文部科学省：スクールソーシャルワーカー活用事業．2008．

績等がある者としている。さらに職務内容としては，①問題をかかえる児童生徒がおかれた環境への働きかけ，②関係機関等とのネットワークの構築，連携・調整，③学校内におけるチーム体制の構築，支援，④保護者，教職員等に対する支援・相談・情報提供，⑤教職員等への研修活動などとしている。

SSWの定義については，すでにいくつかの著書（論文および報告書含む）のなかで示されている。たとえば，日本学校ソーシャルワーク学会が編集する『スクールソーシャルワーカー養成テキスト』では，SSWは，児童生徒が学校生活を円滑に送れるようにするために，また，教師や学校組織が充実した教育活動を展開できるようにするために，SSWrが児童生徒や家庭，学校，地域社会に介入し支援していくための方法・技術である[9]と示されている。また，社団法人日本社会福祉士養成校協会の『スクール（学校）ソーシャルワーカー育成・研修等事業に関する調査研究〈報告書〉』では，SSWは，SSWrがソーシャルワークの専門知識を所持し，その理念に基づいて子どもの問題に生活の視点でかかわり，学校という場を実践基盤とする[10]としている。

　工藤歩[11]は，スクールソーシャルワークは，社会福祉援助技術によって学校や教育，そしてそれに関連する子ども，家庭，地域に対しての援助を行う方法論の1つであり，主な専門的機能として，学校との間で行われるコンサルテーション，仲介・調整や，地域社会との間で行われる仲介・調整，連携，家庭との間で行われる相談，代弁，仲介などの役割を担うことを示唆しており，それらを概略図として示している（図1-2）。

　このようにSSWrはソーシャルワークの理念に基づいて，仲介，調整，連携などの専門的援助技術を駆使しながら，児童生徒，学校，家庭，地域社会を支援する専門職といえる。

　では次に，上述した「スクールカウンセラー等活用事業」と「スクールソーシャルワーカー活用事業」の2つの事業内容を踏まえながら，筆者なりにSCとSSWrの援助視点とアプローチに関する特徴および相違点について簡潔に整理する。

（3）スクールカウンセラーとスクールソーシャルワーカーの援助視点とアプローチに関する特徴と相違点

　表1-5の実施要領にもあるように，SCは，個人のパーソナリティの再編成への援助に重点的な視点がおかれ，子ども自らが環境に適応し，そして人格の発達によって子どもの不適応を改善する対人援助を職務とする。これに対して，SSWrは，子どもがおかれている不適切な環境に働きかけることに

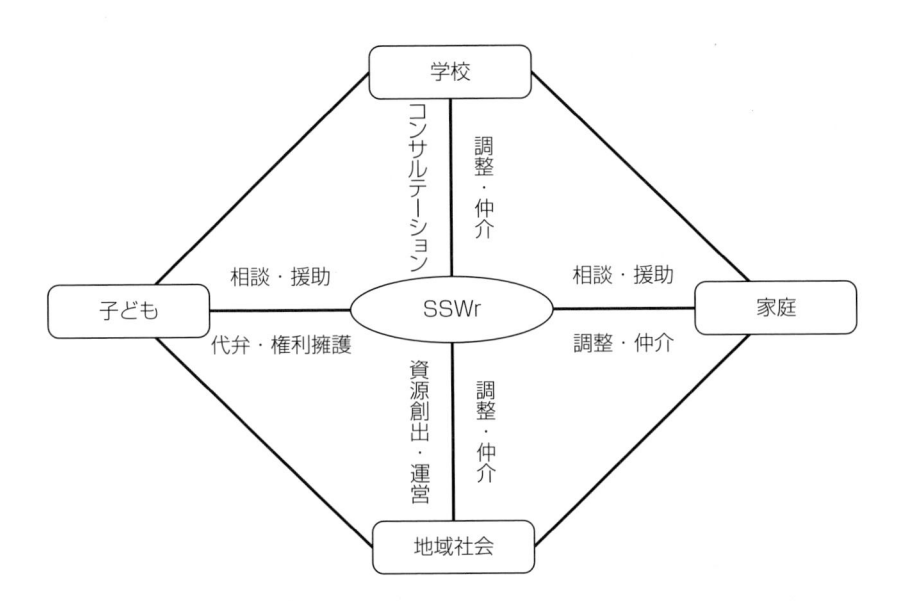

図1-2 スクールソーシャルワークの概略図

出典 工藤歩:高等教育機関におけるスクールソーシャルワークの有益性―義務教育後の教育の機会の維持を目指して.関西福祉大学紀要,no.10,2007,p.38.

よって子どもの生活環境の改善を図り,関係機関との連携を通して子どもの成長を支援する。その際,SSWrは,子どもの人権を守り,子どもの生活全体を視野に入れた支援を行う。すなわち,援助視点をSCは子どものパーソナリティに焦点化する一方,SSWrは社会および生活環境全般に視点をあてるという違いがみられる。また,SCでは多くの場合,子どもは治療される存在としてとらえられ,ある種の治療的関係が存在する。これに対してSSWrでは,子どもと対等な立場であることを前提にするため,支援関係においてはパートナーとしての立場で問題解決に臨むことになる。さらに,SCでは主に子どもあるいは保護者との1対1の関係でアプローチが行われるのに対して,SSWrはさまざまな問題や課題は,子どもあるいは保護者を取り巻く周囲の種々の環境的要因が絡み合って生じているという視点でとらえるため,人と人,人とシステムなどのコーディネートや協働といったアプローチが主となる。なお,両者の視点とアプローチの違いを示したものが図

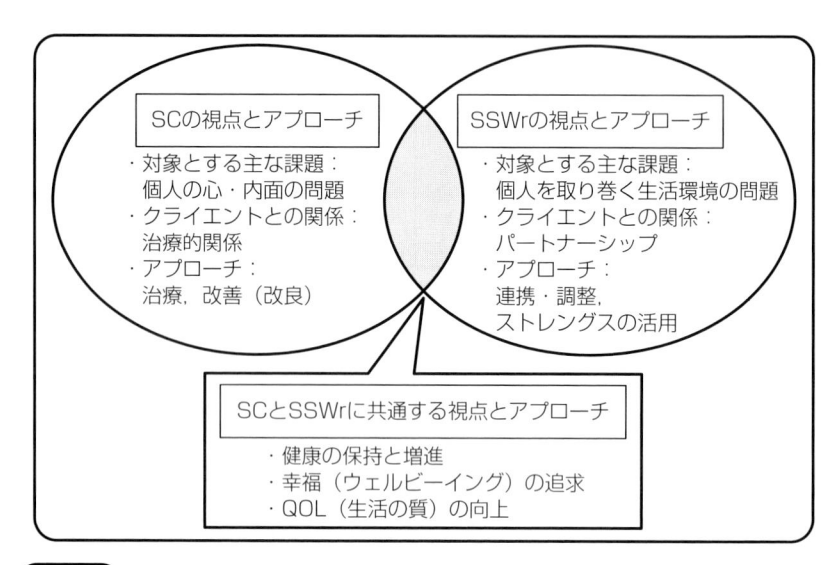

```
┌─────────────────────────────────────────────────────────────┐
│    ╭──────────────╮         ╭──────────────╮                │
│    │SCの視点とアプローチ│         │SSWrの視点とアプローチ│       │
│    ╰──────────────╯         ╰──────────────╯                │
│   ・対象とする主な課題：        ・対象とする主な課題：              │
│     個人の心・内面の問題          個人を取り巻く生活環境の問題       │
│   ・クライエントとの関係：        ・クライエントとの関係：           │
│     治療的関係                  パートナーシップ                │
│   ・アプローチ：                ・アプローチ：                   │
│     治療，改善（改良）            連携・調整，                    │
│                                 ストレングスの活用              │
│                                                             │
│          ╭────────────────────────────╮                     │
│          │SCとSSWrに共通する視点とアプローチ│                 │
│          ╰────────────────────────────╯                     │
│           ・健康の保持と増進                                    │
│           ・幸福（ウェルビーイング）の追求                         │
│           ・QOL（生活の質）の向上                                │
└─────────────────────────────────────────────────────────────┘
```

図1-3 スクールカウンセラーとスクールソーシャルワーカーの視点とアプローチの違い

1-3である。

これまでに述べたように，両者には視点・アプローチでの相違はみられるものの，子どもやその保護者，さらには教職員の健康維持・増進や幸福の獲得をめざすことは同一の目標である。

2009年度から文部科学省は「スクールソーシャルワーカー活用事業」と「スクールカウンセラー等活用事業」を同じ国庫補助事業（国が3分の1を負担，残りの3分の2は各自治体が負担する）として位置づける「学校・家庭・地域の連携協力推進事業」として再編成しており，今後はますます両者の関係は密接となり，いわゆる"車の両輪"のような関係となるであろう。しかし残念なことに，自治体によっては「スクールソーシャルワーカー活用事業」を中止するところや事業規模を縮小するところも見受けられる。今後はSSWrの有効性や固有性をより明確に示していくことが喫緊の課題であることは言うまでもない。また，SSWrとSCとの協働（コラボレーション）による相乗効果についても検証していく必要があり，今後，早急に取り組むべき課題である。

第3節 精神保健福祉士のスクールソーシャルワーク業務指針

近年,わが国の社会状況はめまぐるしく変化し,人びとの福祉的ニーズも多様化している。それに伴い精神保健福祉士の職域も拡大されつつある。

今日,精神保健福祉士がかかわる対象は,精神科医療ユーザーやその家族に限定されるものではない。現在では,司法,労働,教育,産業,地域生活などのさまざまな分野で精神保健福祉士は活躍している。社団法人日本精神保健福祉士協会が取りまとめた「精神保健福祉士業務指針及び業務分類第1版」[12]では,精神保健福祉士が所属する機関ならびに支援内容を**表1-7**のように示している。

表1-7 精神保健福祉士が所属する機関ならびに支援内容

精神保健福祉士が所属する機関	・障害者地域生活支援機関(入所・通所施設,居住支援,相談支援など) ・医療機関(病院,診療所) ・行政機関(国・都道府県・政令市・市町村,保健所,精神保健福祉センター,児童相談所,福祉事務所など) ・高齢者地域生活支援機関(入所・通所施設,地域包括支援センターなど) ・その他の福祉施設(生活保護施設,婦人保護施設,児童福祉施設など) ・団体(社会福祉協議会,各種団体など) ・司法機関(保護観察所,刑務所など) ・労働関係機関(ハローワーク,障害者職業センターなど) ・教育機関(小学校,中学校,高等学校,大学など) ・一般企業 ・民間相談機関 ・独立事務所
精神保健福祉士の支援内容	・家族支援 ・子育て支援 ・虐待防止と介入および対策(児童,高齢,障害,DV) ・アディクション(薬物,アルコール,ギャンブル,摂食障害など) ・低所得者対策(生活保護関係,ホームレス) ・退院・地域移行支援 ・地域生活定着支援 ・就労支援(就職支援,就労定着支援,就労継続支援など) ・犯罪被害者支援 ・自殺対策(予防・遺族への支援) ・災害時における支援 ・地域特性に対応した支援

出典 社団法人日本精神保健福祉士協会:精神保健福祉士業務指針及び業務分類第1版.2010,pp.35-36を参考に著者改変.

このように,精神保健福祉士は国民の福祉的ニーズや社会の状況に対応しながら,さまざまな分野において多様な支援を実施していることがわかる。
　このような広範な実践が求められる精神保健福祉士には,個人や集団(家族)を対象としたミクロソーシャルワーク,組織や地域,社会全体を対象としたメゾやマクロソーシャルワークというエコロジカル(生態学的)な視点を基盤にするソーシャルワークの展開が必要とされる。これは,SSWを実践する精神保健福祉士においても重要な視点である。ここではエコロジカル(生態学的)な視点についての説明を行ったうえで,ミクロからマクロまでのSSW実践を整理し,「精神保健福祉士のスクールソーシャルワーク業務指針」について論じることにしたい。

❶ 精神保健福祉士のエコロジカル(生態学的)な視点

　「ケースワークの母」とも呼ばれるリッチモンド(Richmond, M. E.)は,『ソーシャル・ケースワークとは何か』という著書のなかで,ソーシャルワークを「人と環境との間を個別に,そして意識的に調整することを通してパーソナリティを発達させる諸過程である」[13)]と定義し,人と環境との2つの要素を視野に入れることの必要性について示唆している。その後,このリッチモンドの定義に基づき,多くの研究者によって「人」と「環境」の関係性についての理論構築が行われた。その研究者の1人であるジャーメイン(Germain, C. B.)は,システム理論の概念や生態学的な視点の導入によって,「人」と「環境」との関係性についての理論化[14)]を試みている。のちにジャーメインは,人と環境との相互作用に焦点を当て,人の環境に対する対処能力(coping ability)と環境側の応答性(responsiveness)を重視する「生活モデル」の中心的な研究者として知られるようになる。なお,「生活モデル」とは,それまで主流とされていた検査や診断によって人(個人)を治療するという医学モデルに代わって,人と環境の相互作用のなかで人(個人)を取り巻く生活環境の改善を図ることに注目するモデルである。
　図1-4に示すように,ジャーメインのエコロジカル(生態学的)な視点で精神保健福祉士の介入(支援)をみると,精神保健福祉士は人(個人)と環境についての全体的なとらえ方をもち,さまざまな活動や技術を駆使しな

```
                    ┌──────────────────────────┐
                    │ 精神保健福祉士は，人（個人）と │
                    │ 環境の接点にも介入する。      │
                    └──────────────────────────┘
```

```
┌──────────────┐  ⟷  ┌─────────────────────────┐
│  人（個人）    │     │       環境              │
│              │     │（家族，小集団・組織，地域社会）│
└──────────────┘     └─────────────────────────┘
        ↑          ↑介入        ↑
    介入（支援）  （支援）    介入（支援）
```

┌─────────────────────────┐   ┌──────────────────────────────┐
│ 精神保健福祉士は人（個人） │   │ 精神保健福祉士は人（個人）と環境の│
│ と環境を全体的にとらえる。 │   │ 相互作用関係（力動）をとらえる。 │
└─────────────────────────┘   └──────────────────────────────┘

精神保健福祉士

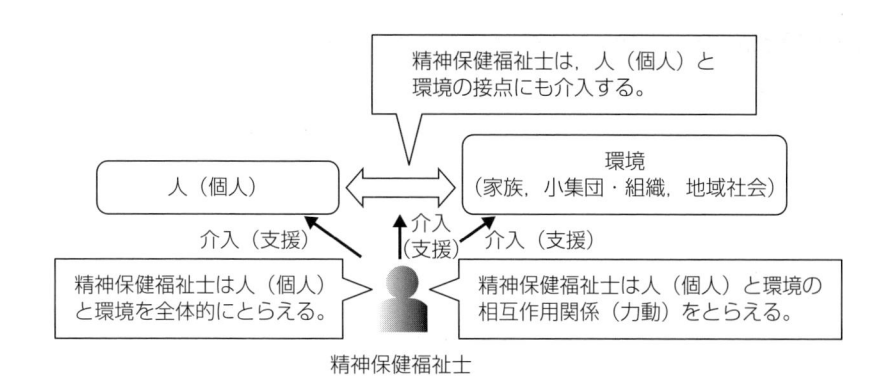

図1-4 人と環境に介入する精神保健福祉士

がら，人（個人），家族，小集団，組織，地域社会に対して介入していくことになる。その際，人（個人）あるいは環境に加えて，人（個人）と環境との接点にも介入することになる。また，人と環境との"関係"については，人が環境に影響を与えたり，あるいは環境が人に影響を与えたりといった原因と結果に基づく2者間のみの作用ではなく，むしろ人とさまざまな環境とが相互に影響し合っている関係であり，それを相互作用関係として認識する必要がある。すなわち，精神保健福祉士は生活環境のなかでの人，あるいは環境のドラスティックな相互作用を駆使しながら，生活課題の改善を図っていくことをめざすことになる。

❷ 精神保健福祉士の対象，役割，技術について

　精神保健福祉士は，上述したエコロジカル（生態学的）な視点から支援対象をミクロレベル，メゾレベル，マクロレベルに分けてとらえる。表1-8は，エコロジカル（生態学的）な視点における各レベルでの精神保健福祉士の対象，役割，技術（アプローチ）を示したものである。それぞれのレベルにおける精神保健福祉士の具体的な活動について，虐待対応のケースで例示するならば，まず，ミクロレベルの活動としては，親から虐待を受けている子どもの人権を保障していくために，精神保健福祉士は子どもの立場に立っ

表1-8 エコロジカルな視点における各レベルの対象，役割，技術（アプローチ）

包括範囲	対象	役割（機能）	技術（アプローチ）
ミクロレベル	個人	カウンセラー，教育者，コンサルタント，連携者，権利擁護者，分析者，代弁者	個別援助技術（アセスメント等）
	集団（家族）	コーディネーター，ファシリテーター	集団援助技術（集団アセスメント，家族力動等）
	個人や家族，学級などのグループ（集団）を対象として，直接の子どもや家族への援助		
メゾレベル	組織	運営管理者，育成者	社会福祉運営法
	学校内組織による子どもや家族の援助や学校内での援助チームの組織化等		
マクロレベル	地域	先導者，交渉者，弁護者	地域援助技術
	法律・制度	策定者	社会福祉調査法　社会計画法
	地域での支援体制づくりとして，近隣，町内会（自治会），学校（小学校，中学校，高等学校，大学等），病院（クリニック），児童自立支援施設，各種福祉施設，相談機関，ボランティア団体，非営利活動法人などの地域を対象として，見守り体制やネットワークづくりなど，地域での子育て支援をめざして，関係機関や団体，あるいは住民の組織化を図り，また新たな社会資源等の創設を行う。		

出典　大西良：エコロジカルパースペクティブ─スクールソーシャルワークの人と環境の交互作用．米川和雄編著，スクールソーシャルワーク実習・演習テキスト，北大路書房，京都，2010，p.24（一部修正）．

て代弁，擁護をしていくことになる。また，親自身が虐待行為をせずに良好な親子関係を築けるように働きかけることや，親子間の関係性によって虐待が改善される状況にない場合には，児童養護施設への入所などの行政措置や里親制度の活用による親子分離を図る支援等が行われる。

　また，メゾレベルの活動としては，虐待を受けている子どもに対する校内支援チームの立ち上げとチームによる介入（カウンセリング，教育相談，養護等），さらには虐待防止に向けた検討委員会の立ち上げなどの学校全体での取組みが実施される。

　さらにマクロレベルの活動としては，虐待を受けている，あるいは虐待の疑いのある子どもが生活する家庭に対して，地域内での見守りや支援ネットワークを構築する支援，たとえば，虐待する可能性（虐待リスク）の高い家庭に対して，近隣の民生・児童委員による訪問や地域のインフォーマルな資

源（ボランティア団体やNPO法人などの市民グループなど）による子育て相談の場づくりや啓発活動などがあげられる。

　以上のように，精神保健福祉士は，人と環境の相互作用関係を重視する視点，つまりエコロジカル（生態学的）な視点をもつことで，子ども，家庭，学校，地域への包括的な働きかけを行い，子どもたちの生活の質（ウェルビーイング）を高めることを目標とする。また，精神保健福祉士によるネットワーク（つなぐ）活動は，子どもだけでなく，家族と学校，あるいは学校と地域などのメゾ，マクロレベルにおける関係性の構築（再構築）も含まれるものである。それはつまり，地域社会における人びと，各機関との"きずな"の構築（再構築）をも意味する。すなわち，教育機関における精神保健福祉士は，家族，学校，地域など社会における相互作用関係を活用し，それぞれを調整しながら，子どもや家族，学校を含めた地域社会全体の成長と"きずな"の回復を支援していく役割を担うのである。

❸ 精神保健福祉士のスクールソーシャルワーク業務指針

　ここまで精神保健福祉士のSSWrとしての役割について概論的にみてきたが，ここからはさらに詳しく，精神保健福祉士によるSSWのサービス対象，主な機能と提供されるサービス，対処する問題の主要なカテゴリーについて示していきたい。さらに，試案的ではあるが，「精神保健福祉士のスクールソーシャルワーク業務指針」についても整理していくことにする。

（1）サービス対象者

　精神保健福祉士による支援はすべての子どもとその家族，あるいは教職員などに提供される。主に成長途上期にある子どもの発達（人格発達とともに知的発達も含む）や心身の健康など，子どもの成長や生活と密接にかかわる事柄で支援が必要な者（子どもやその家族，その関係者）が対象となる。さらに，子どもや家族の問題に限らず，教師への支援や学校システムの改善など教育環境全般についても対象となる。

表 1-9 精神保健福祉士による主な機能と提供されるサービス(支援)の一覧

- 教育，発達，健康に関する相談支援
- 子どもの発達や健康に関する情報の提供
- 治療機関，専門の相談機関への紹介と連携
- 自殺や死亡事故などの（学校）危機的状況が発生した場合の緊急支援
- 学校内での子どもと家族への支援
- 家庭訪問による子どもと家族への支援
- 電話による子どもと家族への支援
- 地域における社会資源の開発，継続，展開
- 日常生活に関する支援
- 心理テストの実施
- 子ども，保護者，教職員へのカウンセリング
- いじめ，不登校に関する支援
- 学級担任や養護教諭との連携
- 適応指導教室やフリースクールなど学校外の教育機関との連携
- 特別支援学級への支援
- 教職員への支援
- 教育相談や生徒指導に関する委員会への参加と運営
- 高校，中学校，小学校，保育所など他の教育機関との連携
- お便り（学校ソーシャルワーカーのPR，心の健康情報の提供など）の発行
- 学級集団への支援（心の健康や人間関係づくり教育，自己主張トレーニングなど）
- 保護者への研修
- 教職員への研修
- 子どもの健康やニーズに関する調査
- 研究活動

（2）主な機能と提供されるサービス（支援）

精神保健福祉士による主な機能と提供されるサービス（支援）として，表1-9のような内容が想定される。このように精神保健福祉士によってミクロからマクロレベルにわたる多様なサービス（支援）が提供される。

（3）対処する問題の主要なカテゴリー

次に，精神保健福祉士が対処する問題の主要なカテゴリーを表1-10に示す。

表1-10 精神保健福祉士が対処する問題の主要なカテゴリー

- 発達に関する問題
- 教育に関する問題
- 進路に関する問題
- 医療に関する問題
- 生活全般に関する問題
- 非行や犯罪に関する問題
- 健康(身体面,精神面の両方)に関する問題
- 家族関係,家族機能の問題
- 人間関係に関する問題
- 経済的問題
- 虐待など生存にかかわる問題
- 日常生活に関する問題
- 経済的問題

(4) 精神保健福祉士によるスクールソーシャルワーク業務指針

 以上の(1)から(3)の内容を踏まえて,試案的ではあるが,「精神保健福祉士によるスクールソーシャルワーク業務指針」を表1-11に示す。
 まず,指針1として,子どもや保護者への個別支援(カウンセリングも含む)があげられる。基本的な考え方は,子どもやその家族がかかえる生活上の問題に対してエコロジカルな視点から個別的に支援を行うものであり,必要となる支援・活動としては,アセスメント,個別支援計画の策定,支援計画の振り返りと評価,再アセスメンなどが考えられる。次に指針2として,子どもや保護者を各種機関(社会資源)へとつなぐコーディネート機能があげられる。基本的な考え方は,個別のケースに合致した専門機関の紹介および常日ごろからの各種専門機関との連携であり,必要となる支援・活動としては,各種機関の紹介と同行や地域の会議等への参加などが考えられる。指針3として,子どもやその家族に対して心身の健康の維持・向上のために心理教育的な予防教育を行うことがあげられる。基本的な考え方は,子どもやその家族の心身の健康を維持・向上するため情報提供や予防の重要性を伝え,早期発見・早期対応体制を築くことであり,必要となる支援・活動としては,予防教育や心理教育の実践が考えられる。指針4として,教職員への

表 1-11　精神保健福祉士によるスクールソーシャルワーク業務指針

【指針1】子ども・保護者への個別支援（カウンセリングも含む）

子どもやその家族がかかえる教育，発達，健康等の生活に関する困難や課題の解決に向けた支援（カウンセリングも含む）を行う。

基本的考え方

子どもやその家族がかかえる生活上の問題に対して個別的に支援を行う。
エコロジカルな視点から支援を検討する。

必要となる支援・活動

アセスメント（子ども，家族がかかえる問題の見立て）
個別支援計画の策定
支援計画の振り返りと評価
再アセスメント　など

【指針2】子ども・保護者を各種機関へとつなぐコーディネート機能

虐待や発達障害などの教育機関では対応困難なケースについては，各種専門機関（病院・クリニック，特別支援学校，適応指導教室・フリースクールなど）へとつなぎ，適切な支援が受けられる環境調整を行う。

基本的考え方

ケースに合致した専門機関の紹介
常日ごろからの各種専門機関との連携

必要となる支援・活動

各種機関の紹介と同行
地域の会議等への参加

【指針3】子ども・保護者への心理教育的な予防教育

子どもやその家族の心身の健康を維持・向上するために心理教育的なアプローチを用いて支援を行う。たとえば，子どものうつに関する基礎知識，自尊心を高める取組み実践の紹介などの情報提供と予防教育。

基本的考え方

子どもやその家族の心身の健康を維持・向上するため情報提供（学級通信の活用など）
予防の重要性を伝え，早期発見・早期対応体制を築く。

基必要となる支援・活動本的考え方

予防教育
心理教育

> **【指針4】教職員への精神保健福祉に関する知識・技術の提供**
> 　教職員に子どもやその家族への支援に必要な精神保健福祉に関する知識や技術を提供，共有化を図る。
>
> **基本的考え方**
> 　精神保健福祉に関する専門的な情報を提供するとともに，教職員のかかえる課題の解決を図る。
>
> **必要となる支援・活動**
> 　教職員に対する精神保健福祉に関する知識・技術の情報提供
>
> **【指針5】学校危機における緊急支援**
> 　子どもの死，教職員の不祥事などの学校危機に対する緊急的な支援
>
> **基本的考え方**
> 　学校現場で危機的状況が発生した場合に，第三者的立場で学校危機への支援を行う。
>
> **必要となる支援・活動**
> 　アセスメント（学校全体の見立て）
> 　学校の機能回復に向けた支援計画，実施，評価
> 　急性ストレスや悲嘆反応などの支援
>
> **【指針6】社会資源の開拓（子育て・発達支援教室の開催，放課後相談会の開催）**
> 　子どもやその家族，地域のニーズに合った社会資源の開拓と継続
>
> **基本的考え方**
> 　限られた社会資源では対応が困難な場合は，精神保健福祉士自らが社会資源を開拓する。
>
> **必要となる支援・活動**
> 　ニーズの発見，掘り起こし
> 　社会資源の開拓，継続

精神保健福祉に関する知識・技術の提供があげられる。基本的な考え方は，精神保健福祉に関する専門的な情報を提供するとともに，教職員のかかえる課題の解決を図ることであり，必要となる支援・活動としては，教職員に対する精神保健福祉に関する知識・技術の情報提供が考えられる。指針5として，学校危機における緊急支援があげられる。基本的な考え方は，学校現場

で危機的状況が発生した場合に，第三者的立場で学校危機への支援であり，必要となる支援・活動は，学校全体のアセスメント，学校の機能回復に向けた支援計画，実施，評価，急性ストレス反応や悲嘆反応に対するメンタルへの支援が考えられる。最後に，指針6として，子どもやその家族，地域のニーズに合った社会資源の開拓があげられる。基本的な考え方は，既存の限られた社会資源では対応が困難な場合に，精神保健福祉士自らが新たな社会資源を開発するものであり，ニーズの発見，掘り起こし，社会資源の開発などが考えられる。

以上に示した6つの業務指針はあくまでも"指針"であり，地域の特性や学校の風土，さらには各自治体の状況などのさまざまな要因によって異なることが推測されるため，さらなる業務指針の検討が必要になる。今後，教育現場における精神保健福祉士がめざすべき目標や業務内容を明確にしていくためにも業務指針の検討が急がれる。

文　献

1) NASW Board of Directors: NASW Standards for School Social Work Services. NASW, Washington, DC., 1992, pp.5-17.
2) Chavkin, N. F.: The Use of Research in Social Work Practice: A Case Example from School Social Work. Praeger, Westport, CT., 1993, pp.39-43.
3) 澁谷昌史：スクールソーシャルワーカー．國分康孝監修・石隈利紀他編，スクールカウンセリング事典，東京書籍，東京，1997，p.36.
4) 日本スクールソーシャルワーク協会編・山下英三郎著：スクールソーシャルワーク―学校における新たな子ども支援システム．学苑社，東京，2003，pp.113-152.
5) 前掲書4）．p.160.
6) 文部科学省：児童生徒の教育相談の充実について（報告）―生き生きとした子どもを育てる相談体制づくり．2007.
http://www.mext.go.jp/component/b_menu/shingi/toushin/_icsFiles/afieldfile/2010/01/12/1287754_1_2.pdf
7) 岩崎久志：教育臨床への学校ソーシャルワーク導入に関する研究．風間書房，東京，2001，pp.77-85.
8) 徳田仁子：スクールカウンセリングにおける多面的アプローチ（特集スクールカウンセリング）．臨床心理学，vol.1, no.2, 2001, pp.142-146.

9) 日本学校ソーシャルワーク学会編：スクールソーシャルワーカー養成テキスト．中央法規出版，東京，2008，p.26．
10) 社団法人日本社会福祉士養成校協会：スクール（学校）ソーシャルワーカー育成・研修等事業に関する調査研究〈報告書〉．2008．
11) 工藤歩：高等教育機関におけるスクールソーシャルワークの有益性―義務教育後の教育の機会の維持を目指して．関西福祉大学紀要，no.10，2007，pp.35-40．
12) 社団法人日本精神保健福祉士協会：精神保健福祉士業務指針及び業務分類第1版．2010．
13) メアリー・E.リッチモンド著・小松源助訳：ソーシャル・ケースワークとは何か．中央法規出版，東京，1991，p.58．
14) カレル・ジャーメイン他著・小島蓉子編訳：エコロジカル・ソーシャルワーク―カレル・ジャーメイン名論文集．学苑社，東京，1992，p.188．

参考文献

1) 柏木昭・荒田寛・佐々木敏明編：これからの精神保健福祉―精神保健福祉士ガイドブック．第4版，へるす出版，東京，2009．
2) 社団法人日本精神保健福祉士協会事業部出版企画委員会編：日本精神保健福祉士協会40年史．社団法人日本精神保健福祉士協会，東京，2004．
3) 村松常雄：精神衛生．南山堂，東京，1950．
4) 吉川公章：精神保健福祉士とソーシャルワーカー．ソーシャルワーク研究，vol.37，no.2，2011，pp.36-45．
5) 柏木昭・佐々木敏明・荒田寛：ソーシャルワーク協働の思想―"クリネー"から"トポス"へ．へるす出版，東京，2010．
6) 柏木昭：ソーシャルワーカーに求められる「かかわり」の意義―精神保健福祉の領域から（カウンセリングとソーシャルワーク―臨床的アイデンティティを求めて）―（問題定義）．現代のエスプリ，no.422，2002，pp.36-45．
7) 日本精神医学ソーシャル・ワーカー協会：提案委員会報告．PSW通信，no.50・51合併号，1981．pp.8-21．
8) 日本精神医学ソーシャル・ワーカー協会：日本精神医学ソーシャル・ワーカー協会札幌宣言．PSW通信，no.53，1982．p.19．
9) Anthony, W. A.: Recovery from mental illness: The guiding vision of the mental health service system in the 1990s. Psychosocial Rehabilitation Journal, vol.16, no.4, 1993, pp.11-23.

10) Deegan, P. E.: Recovery: the lived experience of rehabilitation. Psychosocial Rehabilitation Journal, vol. 11, no.4, 1988, p.12.
11) ゾフィア・T.ブトゥリム著・川田誉音訳：ソーシャルワークとは何か―その本質と機能．川島書店，東京，1986．
12) Beitel, M.: Nuances before dinner: exploring the relationship between peer counselors and delinquent adolescents. Adolescence, vol.32, no.127, 1997, pp.579-591.
13) Murray, J. P.: Comparative effectiveness of student-to-student and faculty advising programs. Journal of College Student Personnel, vol.13, no.6, 1972, pp.562-566.
14) Allen-Meares, P.: Social work services in schools:a national study of entry-level tasks. Social Work, vol.39, no.5, 1994, pp.560-565.
15) Allen-Meares,P., Washington,R.O., Welsh,B.L.: Social Work Services in Schools(3rd ed.). Allyn & Bacon, Boston,2000.
16) Costin, L. B.: A historical review of school social work. Social Casework, vol.50, 1969, pp.439-453.
17) 日本スクールソーシャルワーク協会編著・山下英三郎監修：スクールソーシャルワークの展開―20人の活動報告．学苑社，東京，2005．
18) 岩崎久志：教育臨床への学校ソーシャルワーク導入に関する研究．風間書房，東京，2001．
19) 中典子：アメリカにおける学校ソーシャルワークの成立過程．みらい，岐阜，2007．
20) 全米ソーシャルワーカー協会編・山下英三郎編訳：スクールソーシャルワークとは何か―その理論と実践．現代書館，東京，1998．

第2章
スクールソーシャルワークにおける精神保健福祉士の専門的援助

第1節 精神科医療と連携したスクールソーシャルワーカー

1 児童思春期精神医学

　児童思春期精神医学（思春期が青年期前期をさしているため，以下，児童青年期精神医学とする）は，発達障害，神経症性障害，人格形成の問題，精神病性障害，家庭および地域社会における情緒的問題，学校精神保健，リエゾン，子どもの治療，その他（子どもの人権等）など多岐にわたっている。そのため児童青年期精神医学の全体を幅広く概観するのは，それ自体，相当大きな問題であり，それを短くまとめるのは最も難しい。児童青年期精神医学についてはこれまでに数多くの成書や論文があるので，詳細についてはそれらを参照していただきたい。

　そこで，本書は主にスクールソーシャルワーカー（以下，SSWr）のために書かれたものであるという趣旨から，SSWrが実際の臨床場面で遭遇するであろう，あるいは理解を深めておかなければいけない児童青年期精神医学とその近接領域の基本的な子どものこころの問題やSSWrとしての心構えなどを中心に，小倉清[1])の子どものための精神療法から「総論的内容」を記したい。また筆者が主に精神薬理学を専門とするため，現在この領域で使用されている，また効果がある程度認められている精神科薬物とその対象疾患の

特徴について，精神科心理教育ミーティングや医療との連携・コーディネートを実践するうえで，SSWrとして最低限知っていただきたい項目に焦点を当てて，市川宏伸[2]の子どものための精神科薬物療法を参考にしながら「各論的内容」を枚数が許す範囲で概略を述べることにしたい。

(1) 児童青年期精神医学のわが国の現状と特徴

　1960（昭和35）年に「日本児童精神医学会」（1982〔昭和57〕年に国際学会名の改称に対応して「日本児童青年精神医学会」と改称）が設立され，学会機関誌「児童青年期精神医学とその近接領域」が刊行された。花田雅憲[3]は「近年，少子化現象が進み，高学歴志向が強まる社会状況の中で，不登校（登校拒否，学校ぎらい），家庭内暴力，校内暴力，いじめ，思春期やせ症，薬物乱用，自閉症，言葉の遅れ，学習障害，児童虐待など，子どものこころの問題は急増し，多様化し，低年齢化している。わが国の将来を担う子どもたちのこころの健康をいかに保持し，増進するかということが，きわめて重要な国家的課題である」と訴え，わが国の大学医学部に「児童精神医学」講座の設置（新設）を求めているが，いまだ実現に至っていない。そのため，この領域での多様なニーズに応えることがきわめて困難な状況にあり，この領域での予防精神医学の観点からも専門医の養成システムの確立が望まれている。ただし，そうした現状を踏まえ，それを補完するために，子どものかかえる問題に対し，本人だけでなくおかれている環境にも着目して，これまでもあったスクールカウンセラー（以下，SC）に加えて，厚生労働省は2008（平成20）年度にスクールソーシャルワーカー活用事業を導入した。

(2) 児童青年期精神医学における診断・治療のための留意点（総論的内容）

　小倉[1]は自身の経験（大局的観点）から，子どもの精神療法について，1）基本的事柄（子どもの年齢，治療への入り口，治療者の服装），2）治療の場・枠（部屋と備品，遊びの意味），3）治療者−患者関係と治療的機序，4）治療上の技法について記述している。そこには真実が語られている。そこで，可能なかぎり小倉の考え方を紹介しながら論を進めていきたいと思う（主に1）〜3）を中心に）。

1）基本的事柄

まず，はじめに，治療者（本節ではSSWrを含めて以下治療者とする）にとって必要な基本的な姿勢や事柄について述べてみたい。子どものこころと治療者について，小倉[1]は以下のように述べている。

「子どものこころというものは，大人が考えている以上に複雑で，奥深く，重いものがあることはよく認識しておく必要がある。さまざまな状況が運悪く重なって，非常に苦しい状況に追い込まれてしまっている子どもと接することになる治療者は，その子どもに対して相談や介入的やりとりをしているうちに，自らの幼かったころの体験や記憶と，時を超えて，相まみえることにならざるを得ない」。治療者にとって自分の過去と対峙するわけであり，その作業に耐えることができるのか問われることになる。これは子どものこころを診ていくうえでの基本的な事柄である。

①治療者が対象とする子どもの年齢

治療者（特にSSWr）が対象とするのはおそらく，小学校からであろう。「小学校時には，子どもの生活は相当複雑なものになっている。そのなかで時として学校生活がうまくいかなくなる。たとえば，決められたことに従わない，守れない，友人関係がスムーズにいかない，いじめがある。あるいは，学習がうまく進まない，強い不安や恐怖があり，パニックに陥ることがある。身体的な特徴や変化にうまくわが身を適応させられない。親との関係に安心感をもてない。自分の存在の意味とか，生きていることの意味がよくわからないといった気持ちになる」。さらに「中学校や高校生の年齢になると，子どものこころはますます複雑なものになっていく。身体的変化は急激に進み，その意味づけはまったく個人的な体験であるだけに，何か特殊なものと意識されてしまい，それにつれてさまざまな問題が起こる。性的な興味・関心・衝動などをどのように処理するのかは社会文化的な背景のものと，時代的な背景も存在する。そこには個人的な倫理観も関与するであろうし，各家族で独特の考え方ややり方がある。こうした複雑な要素が絡み合う」。また「これまで親に依存し，親をあてにして生きてきたのが，ここにきて，自分独自のあり方や生き方をなんとか手に入れたいと苦闘する」。将来へのある程度の見通しを求めるが，そう簡単にはうまく進めず，子どもの

こころはばらばらに砕けると述べている。

　そうしたなかでさまざまな精神科的な問題がみられるに至るというわけである。子どもの年齢の違いによる問題が存在する一方，治療者自身の年齢ないし人生経験のあり方にまつわる問題も大きい。たとえば，「小学校くらいの人とはなんとか話し合いができても，思春期・青年期の人との度重なる話し合いは苦手だと感じる治療者もいる。子どもの相談には一向に苦にならないが，親や教師と話を進めるのは気が進まないという治療者もいる」。このように治療者の業務のなかに，個人的な問題が持ち込まれることも事実としてあり得る。これらのことは特に初心者のSSWrにとっても大切な事柄である。

②治療への入り口
　子どもの場合，支援を求めてくるのは学校・親やその他の機関・役所などの要請から始まることが多い。一方，「子どもは子どもで，学校，教師や親にまだ話していないことで，自ら疑問に感じたり，困ったことだと感じていることがあり，それをしっかりと治療者に聞いてもらいたいと思っている場合もある」。しかし「治療者の様子を観察して，この人に相談して大丈夫なのかと案じている」。同様に，治療者は子どもの親，学校関係者から信頼性をしっかりと観察されているのである。そういったお互いがお互いを注意深く観察することは，当然のことである。特に，治療者が，一番最初に，いわゆる「値踏み」されることは，結果として「治療者の情報開示」に基づく信頼関係構築のために重要で，推奨される事柄であると思われる。

③治療者の服装
　小倉は，「児童または思春期を対象とする領域ならではのことであるが，対象者が障害をもっていることに鑑みると，服装という点まで考慮する現実的必要性があると思われる。何が起ころうと，とことんその子どものそばについていて，ただひたすら，共にいることが要求される場合もある。子どもは，鼻水やよだれを垂らし，尿便を失禁する。子どもの体液や分泌物，そして泥水などにまみれる場合もある。非常に不潔な状態になっていて，なおかつ治療者がその子どもをしっかりと抱き止めねばならない場合もある」と述べ，服装をとおして，治療者の子どものこころの問題に取り組む姿勢を問う

ている。ここで不潔であるから忌避したいと考えるなら，治療者となりえないのは自明であるといえる。

2）治療の場・枠（遊びの意味）
　子どもへの１つの接近手段としてプレイセラピーがある。小倉は，「プレイセラピーにおいては，遊びというものを大切にする。その理由は，子どもでは言葉ではなく，遊びを通じてのほうがものをいいやすいからである。子どもは日常的に遊びを行っていて，それをとおしてすべてを語るようになっているのである」。また，「遊びは子どもがもっている学習への強い願望のひとつの表れであり，自分自身を試し，周囲の人々との関係のあり方を模索する方法や成長の各段階における自分の内的な変化とその意味を探る方法にもなっている」。さらには，「日常生活のなかで避けようもなく起こってくるさまざまの不安・恐怖・迫害・孤独・不確かさなどになんとか対応していくその方法にもなっている」と述べている。子どもの遊びをそのような観点（生きることへの強い希望）からとらえるには，時間と忍耐が必要であろうが，治療者に求められる重要な要件（素養）であると思われる。

3）治療者－患者関係と治療的機序
　小倉は，「治療者は子どものこころのなかに潜んでいるさまざまな葛藤に気づき，それを外界に具体的に映し出す，そのきっかけを作る。そして子どもは具体化された事柄について，自主的に主体的に一定の仕事（処理）をしていく。子どもはそういった作業を行っていく自前の力をもっているのである。これを自然治癒力といっていいだろうし，自然な成長の過程とみてもよいであろう」。「このような作業ないし過程を治療者は信じて，見守っているのである。よけいな手を出して，その過程を邪魔したりしない。このことも治療の大きな機軸のひとつである」と述べ，子どもには自然治癒力が備えられていることを強く肯定している。
　また，治療者－患者関係を，「人として基本的な苦悩・悲しみ・さびしさ・痛みは互いに共通しているはずである。要するに治療者と患者の間に展開される関係性を軸として，両者の背後のすべて，全人格が関与して起こってくる一種の流れが治療そのものになる」「治療者はそこに身をおくわけである

から，当然そのなかに取り込まれていくことを覚悟しなければならない。そしてそこでは葛藤が場所を変え，時を変え，姿を変え，さまざまの観点から見直しされることになる。これは年齢が低い子どもの場合でも事情は同じである」「子どもの自主性，主体性を尊重するのは言をまたないが，しかし，それを客観的に評価し，その評価に基づいて，ある方向性を示す必要がある。そしてさらにそれに必要なエネルギーを供給することも必要である。これらすべてが子どもの精神的・心理的・情緒的な要請に応えるものとなっていることがことさら大切である」とまとめている。

　治療者がいったん，子どもとの間に関係性をもった場合，決してその場から逃げることはできないし，より積極的・客観的に子どもを評価し，その子どもの道先や方向性を示す必要性を強調している。さらにSSWrが専門性としてもっている「必要なエネルギーを供給すること」も重要であると思われる。

　以上の各点を概説・要約すると，治療者たるためのSSWrの大切な基本姿勢や事柄とは，子どもの示す言動を見守りながら邪魔をせず，流れに乗り，しかし必要なときにしっかりとした方向性を示せる能力が強く要請されているといえる。

　また山崎晃資[4]は小倉と同様な視点から，子どもとの出会いにおける面接場面の設定の重要性を述べている。そして「面接時間」「面接の切り出し方」，診断にとって重要な「子どもからの情報」の収集方法，「面接の主題の選び方」「面接の終わり方」などを臨床に即して詳解しているので，参照されたい。

(3) 児童青年期精神医学における精神科薬物療法とその対象疾患（各論的内容）[2]

　まず，子どもに薬物を投与する場合の問題点は，二重盲検法などを用いた客観的な臨床評価が少ない点である（特に15歳未満については治験の対象者から除外されることが多い）。

　そのため，根拠に基づいた薬物療法を行うことが難しく，多くは臨床家の裁量に委ねられているのが現状である（たとえば，決められた量以上の使用，対象疾患以外への使用，許可年齢より低年齢への使用など）。

また，精神科薬物療法は，他の治療方法，たとえば，精神療法，行動療法，心理療法，作業療法，生活療法などと比較して有用である場合に単独あるいは他の治療法との併用療法として用いられることを銘記しておく必要がある。

　ここではSSWrにとって知っておくべき最低限の薬物療法と対象となる疾患について概観してみたい[2]。

1）統合失調症

　10歳以下ではきわめてまれであるとされていたが，近年，発症年齢の低年齢化が指摘されており，小学校低学年での発症はまれではなく，予後もよくないことが知られている。一般に，成人と同じような精神症状（診断基準は成人と同じ）を有するため，成人と同様・同等に各種の抗精神病薬（特にセロトニン・ドーパミン拮抗薬：SDA）が用いられる。急性期を乗り越えたあとは，彼らが学齢期にあるために教育が新たな問題として浮上し，多くの社会資源の利用・活用が必要となる。

2）気分障害

　成人と比べ，身体症状の訴え（体のだるさや頭痛，腹痛）や時として些細なことでイライラするという気分易変性・易怒性が特徴的である。精神症状では不眠が最も顕在化しやすい。近年，前思春期での発症が散見されるようになった（児童期のうつ病有病率は0.5〜2.5％，思春期・青年期は2.0〜8.0％という報告もある）。子どもへの抗うつ薬投与に関しては，その効果と副作用について論議（成人のうつ病と生物学的基盤が異なる）もあるが，内因性大うつ病には選択的セロトニン再取込み阻害薬（SSRI）などが有効なことが多い。双極性障害では，成人と同様に気分安定薬（炭酸リチウムなど）が有効とされている。

3）不登校

　児童期にあっては，分離不安によって学校恐怖症の形態を示し，年齢が高くなるにつれて気分障害（抑うつ）や人格的問題（現実逃避）が，いじめや学校の風紀の乱れを契機に顕在化され，不登校が発現する。また，自我同一

性の獲得の障害など自我成長が不十分な状態にある。治療は，一般に精神療法・心理療法が中心で，薬物療法にあまりみるものはないが，スルピリドが学校復帰に有効であったとされる。

4）神経症性の強迫症状

「とらわれ（preoccupation）」を特徴とする。治療は，行動療法が主体であったが，最近は，セロトニンの再取込みを阻害する一部の三環系の抗うつ薬（クロミプラミン）やSSRIが主流になっており，その有効性は多くの臨床研究から支持されている。

5）摂食障害

狭義には，神経性食欲不振症（anorexia nervosa；AN）と神経性大食症（bulimia nervosa；BN）のことを示す。最近では，初潮前の小児にとどまらず，乳幼児の摂食障害に関する報告も少なくない。病因仮説には，気分障害の亜型説があり，気分障害との関連性が注目されている。その傍証として，気分安定薬であるカルバマゼピンが過食期に有効とされ，このことも気分障害との関連を示唆していると考えられている。

6）知的障害

現在の機能が実質的に制約を受けている「状態」と理解し，サポートシステムまでを包括している，アメリカ精神遅滞学会（American Association on Mental Retardation；AAMR）の3段階の過程が臨床的に優れた考えであると思われる。ところで，薬物療法が必要になるのは，一般に青年期の行動障害である。自傷や行動化，衝動性の亢進の改善を期待して抗精神病薬（リスペリドンなどのSDA）が使用されることが多いようである。

7）自閉症

自閉症のうち，「カナー型自閉症」は一般に，知的障害に比べ行動障害を伴うことが多く，かんしゃくや自傷に加え，固執・こだわりを示すことがあり，三環系の抗うつ薬（クロミプラミン）や抗精神病薬（リスペリドン）が使用されることがある。一方，「アスペルガー症候群」では，過剰な「心の

理論」の結果として，青年期になり，気分障害や精神病エピソード（被害関係妄想，幻声体験）が出現することもまれではない。それに対しては，対症療法的治療が主流で，疾患自体に対する薬物療法にあまりみるものはない。

8）多動性障害（AD/HD）
　「不注意」「過活動」「衝動性」「社会性の障害」等によって特徴づけられる。また，生物学的背景については，遺伝的要因が注意欠陥・多動性障害（attention deficit/hyperactivity disorder；AD/HD）の発現に影響していることが明らかにされ，その結果，脳内ドーパミン作動性神経（その他の神経系も関与）の関与が知られるようになった。そのため，第一選択肢として中枢刺激薬（メチルフェニデート）が用いられる。軽度改善まで含めると約8割の改善率を示す。第二選択肢としては抗うつ薬（イミプラミン，クロミプラミン）であり，過活動，衝動性，社会性の障害などで効果が認められている。

9）行為障害
　他人の基本的人権または年齢相応の社会規範や規則を侵害するような攻撃性，反抗性，反社会的行動などが持続するのが特徴である。治療の原則は，人格形成の「ゆがみ」に対する初期段階での修正である。薬物療法としては，特に攻撃行為，衝動行為に対して気分安定薬（炭酸リチウムなど）が有効とされている。行為障害の一部がAD/HDより移行するため中枢刺激薬（メチルフェニデート）が一部有効である。

10）ツーレット症候群（音声および多発運動性チックの合併）
　年齢とともに軽症化する傾向があるが，慢性的経過を示す場合は，第一選択肢としては，抗精神病薬（ハロペリドール）が使用されることが多い。第二選択肢としては中枢性交感神経抑制薬（クロニジン）が用いられることがある。

11）遺尿症（特に夜尿症）
　抗うつ薬（イミプラミン）がよく用いられる。抗うつ薬の副作用を利用す

るため，林間学校への参加時などに，短期間使用されることが多い。

12）夜驚症／夢中遊行障害

睡眠段階のノンレム期の初めの3分の1に出現することが知られている。一過性のことが多く積極的治療は必要ない場合が多い。しかし症状が強く，危険である場合は，第一選択肢としては，抗うつ薬（イミプラミン）が使用されることが多い。不眠には短時間作用性の睡眠薬（ベンゾジアゼピン系）がよく使用される。また睡眠覚醒障害に対しては，外部環境への同調を促すメラトニンやビタミンB12なども使用され，一部には効果をあげている。

以上，SSWrに必要と思われる児童思春期（青年期）精神医学の概要・要点について，小倉の子どものための精神療法から「総論的内容」を，また市川の子どものための精神科薬物療法から「各論的内容」について言及した。

❷ コンサルテーション

精神科医療において，コンサルテーション精神医療とは，「身体疾患を受けもつ主治医が患者の精神的問題について相談したいという依頼を受けて精神科医が対応する」活動と定義され，リエゾン精神医療とは，「精神科医が患者の精神状態だけでなく，患者－家族関係，患者－医療者関係，時には病棟における医療スタッフ間のメンタルヘルスにも介入することもある幅広い活動」と定義される[※1]。両者の違いは，後者が精神科医の定期的な回診やカンファレンスなどの出席をとおしてより早期に精神科的問題の診断・治療が可能になる点，身体科の主治医や病棟の看護師に基本的な精神医学に関する知識や技術を教育することによって精神症状の発現を未然に防げる点にあ

※1　山脇成人（1998）は，コンサルテーション精神医療とリエゾン精神医療について，「コンサルテーション精神科医は，火事が生じたときに駆けつけて火を消す消防士であるのに対して，リエゾン精神科医はあらかじめ火災予防のための視察をしたり，火災訓練などの教育を定期的に行うことで，火災を早期発見したり，未然に防ぐという役割の消防検査官に相当する」[5]と指摘している。

るとされる[5]。

一方，スクールソーシャルワーク（以下，SSW）におけるコンサルテーションとは，「実践現場で活動するコンサルティが効果的に専門実務に従事し，その実践課程を通じてクライエントの問題の解決を援助することができるよう働きかけるコンサルタントの取り組み」と定義される[6]。ここには，コンサルティとしての教師，コンサルタントとしてのSSWrという関係があるが，児童生徒の危機的状況における精神科医療（コンサルテーション精神医療）との連携とともに，教師がこころの問題をかかえる児童生徒への対応をより効果的に行うための精神科医療（リエゾン精神医療）との連携を図ることは精神保健福祉士のSSWrに求められる１つの役割であろう。

ここでは，（１）コンサルテーション関係における留意点と，（２）コンサルテーション・リエゾン精神医療において精神科医がどのような介入を行っているのか，若干の事例を整理し，SSWrに期待される役割について言及する。

（１）コンサルテーション関係における留意点

コンサルテーションは児童精神科医のキャプラン（Caplan, G.）によって確立された。精神科医がほとんどいなかった時代状況のなか，「キャプランは限られた時間を数人の子どもの精神医学的診察に費やすよりも，その施設に働いている保母や看護婦が子どもをどのように理解したらよいのか，どのように扱ったらよいのかなどをじっくり話し合うことの方がどんなにか大切であるかを知った」[7]。

キャプランによるコンサルテーションの定義は，「コンサルテーションは，２人の専門家（一方をコンサルタントと呼び，他方をコンサルティと呼ぶ）の間の相互作用のひとつの過程である。そしてコンサルタントがコンサルティに対して，コンサルティがかかえているクライエントの精神衛生に関係した特定の問題をコンサルティの仕事のなかでより効果的に解決できるよう援助する関係」となっている。この定義はリエゾン精神医療やSSWにおけるコンサルテーションのもとになっており，SSWr（とりわけ精神保健福祉士資格をもつSSWr）には精神科医療と学校現場をつなぐ役割が期待される。

さて，山本和郎は「コンサルテーション関係では，相手はクライエントで

はなく，専門性をもったコンサルティである」と指摘したうえで，コンサルテーション関係とコンサルタントのあり方として，以下の6点を指摘している。

① コンサルテーション関係ではコンサルティの個人的な心情やこころの内面にふれることはしない。

　児童生徒の問題を客観的に広く理解し，どのように対処していくのかを考えることがコンサルテーションの主題である。カウンセリングがコンサルティやクライエントのよろいを脱がせ，こころの内面を重視するのに対し，コンサルテーションはコンサルティの専門性をより有効に発揮してもらうよう支援する。

② コンサルタントはコンサルティのもっているポジティブな面を大切にする。

　相手に任せること，その人なりのパターンで対処できるように一緒に考えることである。まかせてみて，「うまくいかなければもう一度一緒に考えましょう」という態度が大切である。教師が主役であり，コンサルタントは黒子である。

③ コンサルティの価値観をおびやかさないことが大切である。

　コンサルタントはコンサルティの価値観を直接，問題にすることはしない。コンサルティのかかえる児童生徒の行動や状態の事実だけに目を向ける。コンサルタントはコンサルティがかかえる一人ひとりの児童生徒を的確に理解することを支援するのであり，担任教師が40人の子どもをかかえる現状のなかで，どのように取り組むかを共に考えるために学校に入っていく。

④ コンサルティを依存的にさせない。

　コンサルティの主体性を尊重し，責任性を弱めない。

⑤ コンサルテーションのなかで，コンサルタントは対象児童生徒の臨床像，問題の構造について，コンサルティにわかりやすく提示することが求められる。

　コンサルティの児童生徒像がより広く豊かにみえだすと，これまでコンサルティがもっていた経験やノウハウが使えるようになる。コンサルテーションの仕事の90％は対象となる児童生徒の理解（子どもの状態，

行動，意味の世界）を広げることである。不登校児などの場合，コンサルタントはカウンセラーとして本人とその親に面接を行い，その子の問題背景や構造，それなりの臨床像がつかめたところで教師と子ども像のイメージ合わせをする。
⑥コンサルタントは学校以外の相談機関，病院，医師など外的資源と連携を保ち，子どものケアに必要な資源をいつでも導入できる準備をしておかなければならない。

　コンサルタントは関係機関のネットワークを結び，連携の網の目を豊かに活性化することに1つの役割がある。学校内においては教師間，特に校長，教頭，学年主任，生徒指導，養護教諭，各担任など，子どもを中心にさまざまな役割をもった教師間のネットワークを活性化させる役割が求められる。

　これらの留意点から，SSWにおけるコンサルテーションは教師の児童生徒に対する理解を広げる，教師の専門性と主体性を高める，外的資源との連携を図る，教師間関係の活性化を図ることを目的とした介入だと考えられる。SSWrは，教師，親，児童生徒，外的資源と「診断や問題解決を共同でできるようになる意思疎通経路」（シャイン〔Schein, E. H.〕）[8]をつくり出し，教師の児童生徒に対する見方を広げることが重要であること（「子ども－親－教師の連携のなかで，親か教師の視点が広がることで，子どもは失われた生活のリズムとペースとバランスを再度取り戻すことができる」（辻村英夫）[9]を認識したうえで，カウンセリングとコンサルテーションの「ひとつのケースのなかで時宜に応じたスイッチ」[9]を図ることが重要であると考えられる。

(2) コンサルテーション・リエゾン精神医療における精神科医の介入

　コンサルテーション・リエゾン精神医療は，精神科医（コンサルタント）が身体科医，看護師，ソーシャルワーカーなどのコンサルティに患者の状況を説明し，精神科医のアドバイスをコンサルティが受け入れ実行していくことによって成立している。ここでは，精神科医がどのような介入を行ったのか，事例集（『コンサルテーション・リエゾン精神医療』）をもと

に整理する[※2]。

1）事例1
　精神科医は主治医，看護師との話し合いで，患者の孤立感，絶望感，無価値感を和らげることが重要であることを述べ，自ら毎日往診すること，主治医，看護師，ソーシャルワーカーとの話し合いを繰り返すこと，精神科医も含めそれぞれが自分のできる範囲で患者との接触を増やすこと，看護師は理解的態度（話を聞くこと，否定しないこと）で接すること，ソーシャルワーカーに家族的問題と経済的問題の相談のため治療に参加してもらうことなどを決めた。

2）事例2
　精神科医はスタッフに患者の攻撃的言動の原因（強い不安が背景にある，躁状態で易怒的になっている，周囲に対する被害妄想がある，もともと非常に怒りっぽい人である）を説明し，スタッフはその言動を大まかに把握できるようになった。こうした理解が進むことによって，患者に対するスタッフの否定的な印象は自然に和らいでいった。

　事例1では，精神科医が患者の状況を説明しスタッフの患者に対する理解を深めるとともに，スタッフと話し合いの場をもち（「診断や問題解決を共同でできるようになる意思疎通経路」の確保），患者により日常的に接する看護師の接し方についてアドバイスしている。また，ソーシャルワーカーについてもより積極的な参加をスタッフ共通の理解としている。
　また事例2では，精神科医の専門的知識が患者に対する理解を深め治療の前進につながっている。

※2　ここで用いた事例は，事例1が，堀川直史・山崎友子「自殺念慮のある患者　終末期を迎えた未告知がん患者」（風祭元総編集・山脇成人専門編集『コンサルテーション・リエゾン精神医療』，精神科ケースライブラリー8，中山書店，東京，1998），事例2が，佐伯俊成「攻撃的な患者　脳器質的変化との関連がうかがわれた老年期男性例」（同）から引用している。

2つの事例では，精神科医がコンサルタント，身体科の主治医，看護師，ソーシャルワーカーがコンサルティという関係がある。これをSSWについて考えてみると，SSWrには精神科医療と学校現場をつなぎ，問題行動に関する専門的な知識を学校現場で共有し，問題行動をもつ児童生徒に対する理解的態度を広げていくことに対する役割期待がある。児童生徒の問題行動の背景には，こころの問題と環境の問題が複雑に絡み合っているとされる[※3]。コンサルテーションでのいくつかの留意点を念頭におきながら，精神科医療との連携を図ることがSSWrの1つの役割として期待される。

❸ メンタルヘルス

メンタルヘルスという言葉を使ったとき，一般的には労働者のこころの健康（精神保健）で理解されていることが多いが，近年では子どもの精神的健康についても用いられるようになってきた。ただし，学校における精神保健に関する事項が，学校保健安全法で規定されている点もあり，教職員等の労働者のメンタルヘルスにかかわる労働安全衛生法等について，現場の先生方の理解が薄い場合も少なくない。

だからこそ，子どもと教職員のメンタルヘルスにかかわる学校保健安全法および労働安全衛生法の双方の観点は，積極的に教職員のメンタルヘルスを支援しているSSWrがまだまだわずかであることからも精神科領域に造詣の深いソーシャルワーカーである精神保健福祉士が理解し取り組むべき事項といえる。近年では，精神保健福祉士の専門性が認められ，企業等の組織におけるメンタルヘルスケアを担う専門職として活躍し始めている。このようなこともあり，精神保健福祉士がSSWrとして活動する場合，他のさまざまな資格や職種が担ってきたSSWと異なり，メンタルヘルスケアに専門性が出るといっても過言ではないだろう。

※3 「スクールソーシャルワーカー活用事業」（文部科学省，2008）によると，「児童生徒の問題行動等の状況や背景には，児童生徒の心の問題とともに，家庭，友人関係，地域，学校等の児童生徒が置かれている環境の問題が複雑に絡み合っているものと考えられる」と指摘されている。

そのような意味では，可能であるならば社会福祉士を基本とするSSWrと精神保健福祉士を基本とするSSWrとの役割分担をしてもよいだろう。ただし，単なる資格で役割分担するというよりも実践力で分担するという専門的能力を加味したとらえ方が求められることはいうまでもない。

(1) メンタルヘルスに関する法制度・機関
1) 学校保健安全法

これまで学校における子どもと教職員の健康保持増進のための法律として学校保健法（1958〔昭和33〕年）が定められていたが，より学校における安全管理を求め，2009（平成21）年より学校保健安全法として改められた。学校保健安全法は，「学校における児童生徒等及び職員の健康の保持増進を図るため，学校における保健管理に関し必要な事項を定めるとともに，学校における教育活動が安全な環境において実施され，児童生徒等の安全の確保が図られるよう，学校における安全管理に関し必要な事項を定め，もつて学校教育の円滑な実施とその成果の確保に資すること」を目的とする（第1条）。さらにその第4条では，学校の設置者による児童生徒等および職員の心身の健康の保持増進に対する施設および設備，ならびに管理運営体制の整備充実などがあげられ，第5条では，学校保健計画の策定が義務づけられている。

そして，「養護教諭その他の職員は，相互に連携して，健康相談又は児童生徒等の健康状態の日常的な観察により，児童生徒等の心身の状況を把握し，健康上の問題があると認めるときは，遅滞なく，当該児童生徒等に対して必要な指導を行うとともに，必要に応じ，その保護者に対して必要な助言を行う」という支援者同士の連携も述べられている（第9条）。さらに保健指導にあたり，地域の医療機関等との連携（第10条），また学校における安全確保のために警察署や地域住民等との連携への努力義務も定められている。これらの連携等では，精神保健の領域において活動してきた精神保健福祉士のSSWrが有意義な活動を担う点は多いだろう。このほか学校における事故，加害行為，災害等への予防や早期対処等も求められており，学校危機への対処にも大いに関連する法律である。

なお"保健主事"の職務を教諭や養護教諭に充てられることがある。保健

主事は,校長の監督を受け,学校保健安全計画の策定の中心となり,教職員が学校保健活動に円滑に動けるように調整していくものである。地域の資源との連携により行う地域的な学校保健委員会等の推進を行うことも期待されている。

2) メンタルヘルス

近年では,子どものこころの健康だけではなく教職員のこころの健康にも大いに焦点が当てられている。なぜなら教職員の病気休職者数は,2009年度では8,627人と2000(平成12)年度と比べ約1.7倍に増えており,そのうち,2009年度の精神疾患による休職者数は5,458人と2000年度の2,262人に比べ約2倍以上の増加がみられているからである[11]。教職員のこころの健康を不全にさせる要因として,総合的な学習の導入,学校5日制,学校選択の自由化,地域の参画,情報公開や開かれた学校づくり,少年事件の深刻化や児童生徒の犯罪被害といった安全管理面での課題,発達障害や被虐待児への理解や対応などから,"教師の多忙と容量を超えた努力"が関連すると考えられている[12]。このような状態に鑑み,文部科学省は,初等中等教育企画課長通知「平成19年度教育職員に係る懲戒処分等の状況,服務規律の確保及び教職員のメンタルヘルスの保持等について」を勧告し,各地域の教育委員会において教職員のメンタルヘルス保持への取り組みを急務とした。実際にほぼすべての県教育委員会が相談対応等なんらかの教職員メンタルヘルス支援を行っている。

労働者を対象としたメンタルヘルスケアでは,労働安全衛生法をはじめ,さまざまな法制度が定められている。たとえば,労働安全衛生法第1条の「職場における労働者の安全と健康を確保するとともに,快適な職場環境の形成を促進すること」という目的を受け,「労働者の心の健康の保持増進のための指針」として厚生労働省は,自分自身でメンタルヘルスをケアしていくという"セルフケア",管理職による労働者へのケアを行っていく"ラインによるケア",事業場内外の専門職等によるケアである"事業場内産業保健スタッフ等によるケア""事業場外資源によるケア"の4つのケアを提示している[13]。

つまり,メンタルヘルスでは,学校側が学校内外の資源を活用しながら組

織的に教職員のこころの健康を支えていく仕組みづくりを求めている一方で，教職員本人にも自己の健康管理に気をつけていくことを求めているのである。

　加えて，教職員は，部活動，運動会等の行事により日曜・祝日のときも労働に従事ないし活動に参加しなくてはならないこともあり，過重労働（過活動）となりやすい体質がある。「過重労働による健康障害防止の総合対策」では，「過重労働による健康障害を防止するため事業者が講ずべき措置」を定め（平成18年３月17日厚生労働省労働基準局長通知），時間外・休日労働（休憩時間を除き１週間あたり40時間を超えて労働させた場合におけるその超えた時間のこと）が月45時間を超えて長くなるほど，業務と脳・心臓疾患の発症との関連性が強まるということを踏まえ，事業者は，実際の時間外労働を月45時間以下とするよう努め，さらに休日労働についても削減に努めるものとした。そして表２-１のように時間外・休日労働の時間数によって本人の申し出のあった場合は，医師による面接指導をするよう定めた。これには，単に労働者が申し出てくるのを待つだけでなく，労働時間数を理解したり，申し出のできるような場を用意したりと組織的な体制づくりも示された。

　教職員においては，時間外で行われる学校の業務・行事等が労働とみなされることは限りなくわずかな場合が多い。そのため一般的な企業の労働観念と明らかに違う労働観があるといえる。そのためSSWrは，教職員の活動内容が労働に当てはまるかどうかにかかわらず，心身の不調の訴えのある場合は，表２-１の観点を踏まえ，"過重労働的"になっていないかどうかの判断や校医等と共に教職員のメンタルヘルスを維持・向上させていく取り組みが求められる。万が一，不調で休む場合は，おおよそ次のような手続きがとられる。心身の故障のため休職措置が必要と認められる学校職員については，学校長は都道府県または市区町村の教育委員会に休職の具申を行い，教育委員会で検討のうえ，休職が適当と認められるときは，休職へと至る。このとき，病気休暇が90日，それを超える場合は３年間の範囲内において病気休職となる。

　なお１つの参考として京都教職員組合が示している時間外勤務を命じることのできる業務は，①校外実習その他生徒の実習に関する業務，②修学旅行

表2-1 時間外・休日労働時間と面接指導の関係

時間外・休日労働時間	申し出	面接指導
１カ月100時間を超える	有	実施する
１カ月80時間を超える	有	実施するよう努める
１カ月100時間を超える２～6カ月間の平均が80時間を超える	かかわらず	実施するよう努める
１カ月45時間を超える	申し出だけでなく健康の配慮が必要と判断できる	望ましい

その他学校の行事に関する業務，③職員会議に関する業務，④非常災害の場合，児童または生徒の指導に関し緊急の措置を必要とする場合その他やむを得ない場合に必要な業務，以上の４項目に限定されている。なお時間外勤務は臨時または緊急やむを得ない必要があるときとされ，「関係教育職員の繁忙の度合い，健康状況を勘案し，その意向を十分尊重しなければならない」ともされている。また１つの参考にされたい。

3）連携機関

学校内における連携機関は，校長，教頭，養護教諭，SCをはじめ，各教職員である。学校全体や地域的なメンタル不全をきたす学校危機的な状況では，教育委員会や町内会，商店街等のさまざまな連携が必要になることがあるが，ここでは，さまざまな諸問題やメンタル不全をかかえる子どもとうつ病で休職した教師等のメンタルヘルスケアを行う連携機関を表2-2に紹介する。

(2) メンタルヘルス支援実践

メンタルヘルス支援といってもミクロレベルからマクロレベルの観点でとらえればその範囲はさまざまで，学校危機対応とも関連してくる。そのため，ここでは，ミクロレベルを個人による支援，メゾレベルを学校内の組織による支援，マクロレベルを地域機関も含めた支援と仮定したうえでメンタルヘルス支援の過程について紹介する。

表 2-2 メンタルヘルスケアにおける連携機関と概要

連携機関	機関概要
医療機関（精神科）	精神科において，従来の医学的支援のほか，いくつかの病院では復職支援のプログラム等の提供も実施している。公立学校共済組合直営の病院ではメンタルヘルス支援も行っている。近年では精神科でもうつ病に対する効果が認められている認知行動療法に焦点が当てられるようになってきた。
精神保健福祉センター／地域障害者職業センター	うつ病で休職している方々などに対する復職支援プログラムを実施している。別途，学校危機時における対応もしている。
教育相談センター	子どもや保護者に対する心理学的・生活的支援を行っている。近年では，教師のメンタルヘルスに配慮し，さまざまな生徒の問題事項に関する相談も行っている。このほか，過度な要求等をする保護者に対して弁護士等も加わった特別なチームを設けるセンターなどもある。
発達障害者支援センター	必ずしもメンタルヘルスに特化はしていないが，発達障害をもつ児童，その保護者，支援関係者に対する相談支援を行っている。
心理臨床機関	単独で構えているところもあるが，医療機関に併設されている心理臨床機関の場合，医学的な見地も加わった心理学的支援を行う。大学等の心理臨床関連の機関の場合，利用料も安価である。また治療効果が出ている心理療法として，うつ病に対する認知行動療法があり，そのような心理療法を行う機関との連携も検討すべきであろう。
児童相談所	虐待等に関する養育相談，非行等に関する非行相談，不登校やしつけに関する育成相談等さまざまであるが，場合により精神科医による医学的支援も行われている。現在では，児童本人や家族のみならず教師や地域住民からの相談も受けている。
公立学校共済組合	独自にメンタルヘルスに関する相談事業を行っている。また直営の病院がある。公立のほうが私学（日本私立学校振興・共済事業団）よりも整っている。
福祉事務所	直接的にメンタルヘルスケアにかかわりのない場合もあるが，その維持・向上にかかわる課を紹介する。 ・生活保護担当課：日々の生活を最低限度維持できる経済水準ではない場合，生活保護制度を通じて世帯にかかわってくれる場合がある。 ・障害者福祉担当課：関係機関も含め障害をもつ児童等の相談にのってくれる場合がある。関連する精神保健福祉担当課では，精神疾患等の相談を行ってくれる場合もある。 ・児童福祉担当課：児童手当，児童扶養手当，特別児童扶養手当等の手続きを担当する。 ・地域支援担当課では，引きこもり等における生命維持のための訪問等を行ってくれる場合がある。
安全衛生委員会（教育委員会内および校内）	教育委員会が各校を総括し，学校職員の健康の保持増進等を管理する教育委員会レベル（教育長が代表を務める）と各校において総括する学校レベルの委員会（校長が代表を務める）がある。

※本機関は一例であり，地域によっては名称や機関概要と異なる場合もありうる。

```
┌──────────┐
│ 子ども    │
│ 保護者    │
│ 教職員    │
└──────────┘
      ↑
┌──────────┐
│  SSWr    │
└──────────┘
```

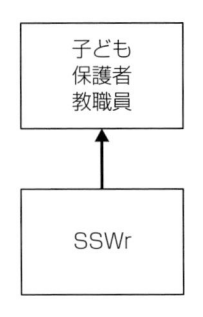

図2-1 ミクロレベルの支援（SSWrにおけるメンタルヘルス支援）

　図2-1は，直接的にSSWrによる子ども，または保護者，または教職員のメンタルヘルス支援を示している。最もSSWr自身の力量に左右される支援体系である。このレベルにおいては，SSWrの代わりに養護教諭等の教職員やSCが取り組んでいる場合もある。図2-2は，校内資源を活用した対象者のメンタルヘルス支援を示している。つまり担任のみが子どもまたはその保護者，または教職員を支援するのではなく，何人もの教職員で子ども，またはその保護者，または教職員を支援することを示しているのである。学校（SSWrを含め）の力量に左右される支援体系である。教職員に対しては校内におけるメンタルヘルスを支援する安全衛生委員会を活用することも考えられる。業務が過度に担任の個人負担となっている場合は，学校全体としてメンタルヘルスを支援していく体制を整えていく役割をSSWrが担うことになる。なお，担任が精神的に落ち込んでいる場合，そのフォローする副担任が事務的な業務や生徒対応を行い，過重労働となっている場合が少なくない。もちろんその逆もしかりである。図2-3は，地域機関を活用した対象者のメンタルヘルス支援を示している。このレベルにおいては，対象者個人を学校だけでは支援できないときがほとんどである。図2-3では最低限の地域機関の支援関係を紹介したが，場合により児童相談所，警察，都道府県教育委員会，教育センター等さまざまな機関が含まれるものになるだろう。

　SSWの展開過程としては，支援の重度性や困難性によりミクロレベル（図2-1）からメゾレベル（図2-2）またはマクロレベル（図2-3）へ移行し，安定度によりミクロレベルに戻るという過程を経る。おおよそ最終的に

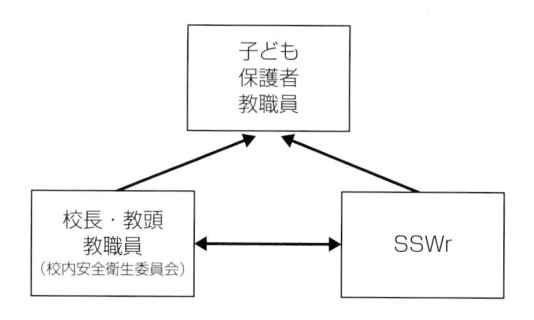

図2-2 メゾレベルの支援（校内におけるメンタルヘルス支援）

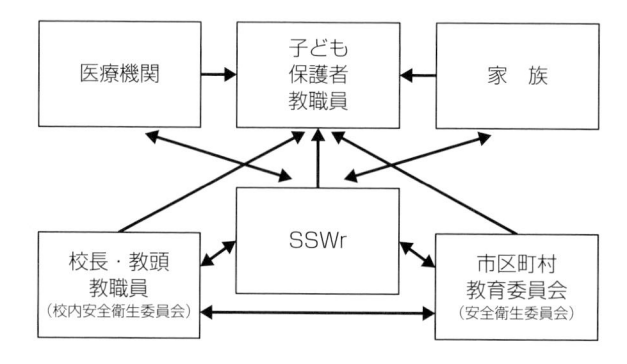

図2-3 マクロレベルの支援（地域資源を活用したメンタルヘルス支援）

は，SSWrまたは担任による直接的な支援が中心となる。なお近年では，家族による子どもへの支援が望めないこともあり，担任の力量に求められる部分も多くなっているからこそ，SSWrが子どもや教職員への支援体制を整える意義は大きい。

第2節　学校領域におけるスクールソーシャルワーク

1　ケース会議・ファシリテーション

(1) ケース会議の概要
1) ケースマネジメント

　教育上で取り上げられる児童生徒のかかえる課題としては，「虐待・不登校・非行・いじめなど」とまとめられることが多い。虐待・いじめについては，そのものが課題要因であり大きな権利侵害でもある。また，不登校や非行については，アウトプットとしての状態像とみなし，それに至る要因があると考える。精神保健領域でみると「リストカット・ひきこもり」にみられるような状態像を呈する児童生徒が多くみられる。このことに関しても児童生徒自身の病理性というよりは，多くは家庭環境，学校環境，地域環境に大きく起因した内容のものから発生していることが多い。病理性に視点をおき，医療へのつなぎを図るアプローチだけでは本来の課題解消につながることは少ない。このように児童生徒のかかえる課題を考える場合，本来，児童生徒のライフステージとして学齢期にかかえやすい精神保健の発達課題があることを念頭におき，児童生徒や家族へかかわりながら，その取り巻く環境について調査をしていく必要がある。しかし，教科面を中心とした教育活動（教育課程）と生徒指導面を中心とした教育活動（教育課程外）を担う学校現場では，その多忙さから各事象をひと括りにしながら対応せざるを得ない状況になることが多く，「個」でとらえた「課題の明確化」がなされにくい。事実，現場ではモヤのかかった事象群に関して，教員がどこから手をつけてよいかわかりにくくなっている。この点に関して，モヤのなかに存在している児童生徒のかかえる課題を明確化し，おとな，地域，社会に対してその課題を目に見えるようにしながら支援を展開していくことが求められている。このような支援について，教育領域でのソーシャルワーク研究の論文などでも「学校におけるケースマネジメントの有効性」が多く示されている。精神保健福祉士がSSWrとして勤務する場合においては，学齢期における精神保健の知識を基本とし，学校においてケースマネジメントの機能を十分に発揮し

エントリー（インテーク）→ アセスメント → （ケース会議）プランニング → インターベンション → （ケース会議）モニタリング

図2-4 ケースマネジメント

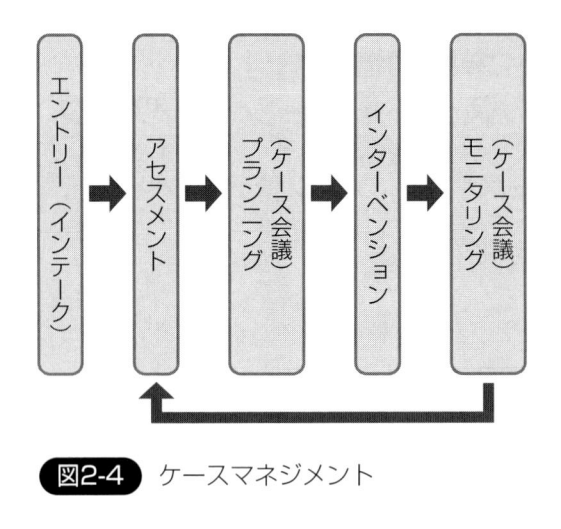

ていくことが大きな役割となってくる。

2）ケースマネジメントを念頭においたケース会議

　児童生徒のかかえる生活課題を改善していくには，学校をはじめとした各関係機関による「協働」が必要不可欠である。その「協働」を目に見える指針として形づくり，実践していく方法が「ケースマネジメント」である。このケースマネジメントは，図2-4に示されるような展開がなされる。この展開のなかでプランニングやモニタリングを実施する一場面として「ケース会議」を位置づけている。今回は，ケースマネジメントを念頭においたケース会議について説明していく。この「ケース会議」は，アセスメントから状況分析された児童生徒のおかれている環境や生活課題，ニーズをもとに支援計画を策定する会議である。長期目標を据え，それを達成するための短期目標を掲げ，目標を達成するために校内教員や各関係機関が役割分担を行い，具体的支援内容を決定していく。取り扱うケースによっては，課題が複雑・複合化している場合も多く，学校はもとより，各関係機関も活動を最大限に広げ機能しなければ，目標達成・課題改善に至らない。おのおのの活動を最大限に機能させていくには，アセスメント技法をはじめ，関係機関領域ごとの知識，関係機関との良好なパートナーシップを意識したネットワーキング

の力量などが求められる。SSWrとしては，アドボカシー機能に加え，これらの知識・技術を発揮しながらケース会議を準備・展開していく必要がある。

3）学校内で展開されるケース会議

　「会議」と呼ばれるものは，学校内で多く存在する（職員会議から学年会議，生徒指導会議，特別支援教育会議など）。広くはPTA会議や地域住民との会議なども含まれるのであろう。このようなたくさんの会議が存在するなか，SSWrが専門的援助として展開する（提案する）「ケース会議」について考える。上記の各会議は，児童生徒の健全育成を目的とした円滑な学校教育活動推進のために行われるが，当然，「ケース会議」においても目的は同様である。ただ，「ケース」という呼称がついているように「人（子ども）」を対象としており，また，「集団」ではなく「個」の視点でとらえていくものである。こういった意味では学校の会議のなかでも「生徒指導会議」「特別支援教育会議」「児童理解のための会議」などと近いイメージがあり，接点も多くもつ。

　近年，学校自体が校外協働を求めるべく外へ発信している場面も多くみられるようになり，その1つとしてケース会議を実施していく傾向が教育，学校のなかに広がりつつある。そのケース会議のスタイルはさまざまであるが，そこでは「情報共有」「役割分担」など，とても大切なことが協議されている。しかし，冒頭にも説明したように現場では課題の明確化がなされにくい。この段階におけるケース会議では，精度の高い「役割分担」ができているとはいい難い。状況によっては「情報共有」のみで終わったという場面も少なくないであろう。やはりケース会議については，一定のルールと進行方法があると考える。

　SSWrは，「ケース会議」をケースマネジメント展開過程のなかで進めていく。しかし，学校はもとより関係機関においては，「児童生徒を救い出したい」「困難ケースを改善したい」という想いが共通認識として存在（表面化）するため，「ケースマネジメント」の理論というよりは「ケース会議」という実働性に焦点がおかれる風潮がある。この点については関連領域でソーシャルワークを展開する以上，致し方ない。この相違を議論するより

も,「ケース会議」の広がりがみられるのであれば,校内において定期的にケース会議を開催できるよう働きかけることや関係機関がケース会議に参加しやすい雰囲気づくりを行っていくことが有効的であると考える。SSWrとしては,こうした校内におけるケース会議の風土づくりに力を注ぎながら,実際のケース会議がうまく展開するよう専門性を向上させていく必要がある。

4)学校以外で展開されるケース会議

　ケース会議も,その内容,支援領域によっては「ケースカンファレンス」「ケア会議」「支援者会議」などの名称で実施されていることも多い。

　医療機関(精神科病院)の場合,病棟内において入院時や退院時,月の経過ごとに実施される「ケースカンファレンス」が主流である。カンファレンス参加者としては,医師・看護師・作業療法士・臨床心理士・薬剤師・栄養士・精神保健福祉士などのメンバーである。基本的には院内でおさめることが多く,行政やその他の支援者を入れて実施されることは多くない印象である。仮に,児童生徒が入院した場合などは,SSWrとして病院関係者へのかかわりを継続し,退院後の生活に向けた連携を積極的に行う必要がある。医療サイドからだけの治療・支援にとどまらず,学校生活を含めた実生活レベルについての方針を一緒に検討していくべきである。また,このつながりから退院後のケース会議などには病院スタッフも参加してもらえるような関係づくりを維持していきたいものである。

　学校と同じ児童思春期のケースを扱う児童相談所は,福祉を目的とした行政機関であり,特に「虐待」を中心とした生活課題を取り扱うケース会議が実施されることが多い。この点において,学校主体のケース会議と重なる部分も当然出てくるが,児童相談所にあがるケースのほとんどは「通告後」の動きであり,会議実施にあたっては,すでに深刻化しているケースも多い。ケースによっては,「要保護児童対策地域協議会」で取り上げられ,定期的な検討がなされている。また,法において定義がなされにくい「ネグレクト」,発見がみえにくい「心理的虐待」「性的虐待」などのケースにおいては取り扱われにくい特徴がある。そういった意味では,一日の多くの時間を過ごす学校においてこれらのケースを予防的に発見し未然に対処していく学校

教育活動が期待されている。福祉と教育においては，相互の関係性・補完性があり，この2つの領域を線引きすることは不可能である。この考え方からすると双方が機能を最大限に発揮できることが何よりも児童生徒たちの最善の利益を保障することとなる。SSWrとしては，この予防的考えを基本に，学校から児童相談所を含む各関係機関へ協働のための発信を行うとともに，各関係機関に協力が得られるような日々の活動を意識していくべきである。また，ケース会議を開く「根拠」については，いつでも説明できるよう準備しておく必要がある。

(2) ファシリテーションについて

ケース会議において，SSWrはファシリテーション機能を十分に発揮しなければならない。ファシリテーションとは，「フェアな立場で専門的知識を伝えながらメンバー間の意見を活性化させ，グループやチームをよい状態に調整していくこと」である。ただ，今回説明するケース会議の進め方では，SSWrを司会進行役として設定しているため，その役割を二重に務め，バランスをとっていくことは難しく，相当の力量が求められる。情報共有や課題を共通認識する場面において，メンバー自身の気づきを促し，プランニングを進めていく場面では，メンバーの柔軟な発想を導き出すことが重要である。司会進行役でなく，オブザーバー的参加の場合は，その機能が全面的に発揮できる場面ともいえる。

また，ケース会議以外では，校内会議での一場面や研修，事例検討会，ワークショップのような場面でSSWrがファシリテーターとして機能することも期待される。

(3) ケース会議の具体的進行

ここからは，具体的なケース会議の進め方についてふれていく。

学校を主体としたケース会議の種類は，大きくは①校内ケース会議，②連携ケース会議，③拡大ケース会議の3つである。①は校内において管理職，担任，生徒指導教諭，学年主任，養護教諭，加配教員，特別支援教育コーディネーター，SC，SSWrなどを含めて開催される。主として，ケースに対する校内体制や取り組みについて，また，児童生徒自身や家庭へのアプロー

```
        校内ケース会議
       【定期】校内 1回/月
  ・兄弟で不登校           ・安否確認レベル
  ・兄が弟の面倒をみる      ・福祉，医療，司法との絡み

     連携ケース会議  ⇔  拡大ケース会議

  [保育所・幼稚園・小学校・中学校・高校など]  [行政機関・地域・その他機関]
```

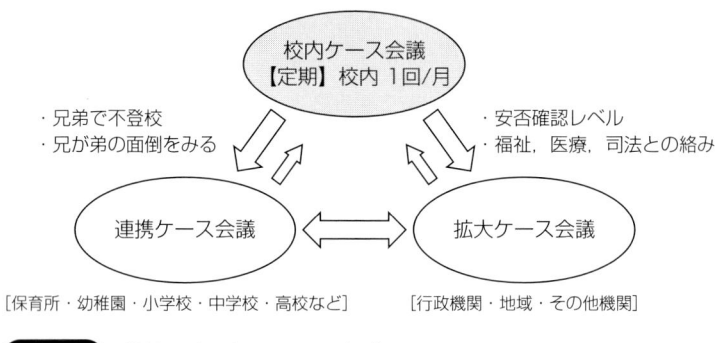

図2-5 学校におけるケース会議

チ方法などについて協議される。②は，兄弟関係に着目した保育所・幼稚園・小中学校・高校との連携や児童生徒が以前，在籍していた学校との連携などを意識した会議となる。③は，校外協働の場の1つで地域（民生委員，主任児童委員など）や行政機関（児童相談所，生活保護担当，保健福祉担当，母子担当，精神保健担当など），その他の関係機関（病院，警察関連など）とかかわりながら状況改善をめざす会議である。これらについては，校内に3つの会議体が存在する必要があるという意味ではない。図2-5のように学校内に基本となる「校内ケース会議」が設定されていれば，扱うケースや会議の進行具合でその会議体を「連携ケース会議」「拡大ケース会議」へと自在に移行することができると考えている。

　このような校内体制がとれるようにSSWrが学校内で機能していくことも重要である。

　今回は③の「拡大ケース会議」を主とした会議の進め方について基本的な点から記していく。また，内容を「事前準備」「会議の進め方」「会議後の対応」として分け解説していく。SSWrは，司会進行役での設定とする。

1）ケース会議の進め方1〈初回〉
①事前準備1
　　a．ケース会議用シート（アセスメントシート）の準備
　　　ケース会議用シートは，ケース報告者（担任など）が準備することもあるが，拡大ケース会議で取り扱うケース（特に，課題が複雑化している

ケースなど）については，一定のアセスメント力が求められるためSSWrが準備をするのが望ましいと考える。

　筆者の場合，ケース会議用シートとして図2-6の教育支援アセスメントシートを活用している。

　このアセスメントシートには，ジェノグラム・生活歴・児童生徒の生活状況・家庭環境・児童生徒の学校生活状況・出席等の状況・エコマップなどの要素が記載される。これらについては，担任を中心とした学校教員からの聞き取りや学校で保管されている資料（家庭調査票，要録簿など）から中心に情報収集を行う。また，これらの情報収集からつながりがみられる地域や関係機関から情報を集約し記載していく。エコマップについては，教育関係者を中心にケースの状況把握や課題整理のためのツールとして役に立つという声を聞くことが多いため広く活用している（アセスメントについては次章で理解を進めていただきたい）。

　これらのアセスメントからなされる状況分析をもとに「児童生徒のかかえる生活課題」「児童生徒・家族のニーズ」をできるだけ明確化しておくことが望まれる。

b．会場等の設定

　校長室程度（おのおのの顔が見える距離感で声を張らなくてもよい程度）の広さが望ましい。時計やホワイトボードなどもあればなおよい。

c．参加メンバーの選定

　校内の代表として参加する教員を決める。関係機関の参加については，学校から発信していく会議であるため，当然，学校長との話し合いで決定していくこととなる。現時点でかかわっている関係機関やこれからつないでいく必要がある関係機関などから選出していく。参加人数としては，協議内容にもよるが10名程度が適切だと考える。

d．日程調整

　関係機関によっては，しっかりとした会議の目的がないと出席が難しいという場合もあるので注意していく。円滑な調整のために，初めて出席を依頼する関係機関などについては，管理職やSSWrのネットワークを駆使して声かけを行っていく。ケース会議当日に関係機関から発言いただく内容があれば事前にお願いをしておく。

| 様式1-1 | 様式考案者：奥村賢一 | 記録作成日 | 200X年　月　日(担当者　SSWr) |

a．教育支援アセスメント表

対象生徒

フリガナ		性別	女	生年月日	年　月　日（満15歳）
氏名	A子	身長	148cm	体重	45.3kg	学級	3年B組	担任	○○○○
住所	（〒○○○-○○○○）						TEL	○○○-○○○○

ジェノグラム（家族構成および家族関係を示した家系図）

- 35　トラック運転手
- 継父 24
- 母 35
- 叔母
- 祖父　祖母（平成12年に86歳で肝硬変のため死亡）
- 公営住宅
- A子 15（中学3年、教育支援センター（適応指導教室）通学）
- 弟 11カ月

男性：□　女性：○　対象児（二重線）

昭和44年生まれ 現在38歳の男性 [38]

離婚 d.H15　別居 s.H18
結婚 m.H10　交際・同棲 LT.H18

[表記の意味]
d.=devorce
s.=separation
m.=marriage
LT.=Living Together

生活歴

- 199X年出生
- 199X年C保育園入学
- 199X年B小学校入学
- 200X年A中学校入学

生徒の生活状況

- 小学生時代より不登校傾向あり。家庭環境に起因する可能性が高い。
- 中学生時代は、集団生活への不適応を理由に旧友らとの接触を拒み不登校となる。中2からは教育支援センター（適応指導教室）の利用を開始した。
- 200X年X月、継父からの性的虐待が明るみになる。その後、関係機関が事実関係の調査を進めて介入を試みたが、家族からの反発もあり"厳重注意"のみで事態は収束へ。
- 本人は継父の存在を疎ましく思っており、スクールソーシャルワーカーとの面接時にも「継父さえおらんかったら、何も問題ないのに」など、感情的なコメントが多く聞かれる。
- 中学卒業後の進路について本人は、働きながら定時制高校に通い、経済的余裕ができれば1日でも早く家を出たい希望をもっている。

生徒の家庭環境

- 母親は、乳児の世話を本人に任せてパチンコ店に入り浸る生活をしている。夜間にも外出するなど、養育に対する意識は低い。本人とも友達のような関係にある。
- 前夫と離婚し、継父と再婚するまでの間にも男性の影があった。
- 乳児は、定期的な乳幼児健康診断を受診していない。
- 自宅内は足の踏み場もないほど散らかっている。室内で犬を飼っており不衛生な環境にある。
- 本人は入浴をしていないようで、日によっては体臭がきついこともある。
- 他地域に祖父母、叔母が生活をしている。

生徒の学校生活状況

①学習面

【中学校】
- 低学力
- 中学校卒業後の進路として、定時制高校の受験を希望している。欠席日数が多いため、合否は当落線上にある。

【教育支援センター（適応指導教室）】
- 「教育支援センター（適応指導教室）」では、理科・社会のワークに取り組むことが多い。
- 最近では受験を意識した内容の発言が聞かれることもある。

②生活面

【中学校担任】
- 学級において目立つ存在ではなかった。
- 集団での行動等を苦手にしていると思われる場面が多々みられた。

【教育支援センター（適応指導教室）職員】
- 全体での活動は避ける傾向にあるが、指導員からの誘いで状況が許せば参加することもある。
- 活動に参加はしなくとも、その場にいることはできる。
- にぎやかな場面は苦手な様子。
- 指導員と話をすることを好む。

生徒の出席状況

①年次別欠席状況

	欠席日数	担任教諭
1年	82日	○○○○
2年	72日	○○○○
3年	日	

②200X年度出席等状況

	欠席	遅刻	早退	出席
4月	17/17	0	0	0
5月	20/20	0	0	0
6月	5/17	0	0	12
7月	8/14	0	0	6
8月	***			
9月	16/18	0	0	2
10月	7/10	0	0	3
11月	15/21	0	0	6
12月	11/15	0	0	6
1月	／			
2月	／			
3月	／			
合計	／			

第2章　スクールソーシャルワークにおける精神保健福祉士の専門的援助

様式1-2　様式考案者：奥村賢一

b．教育支援アセスメント・エコマップ活用版

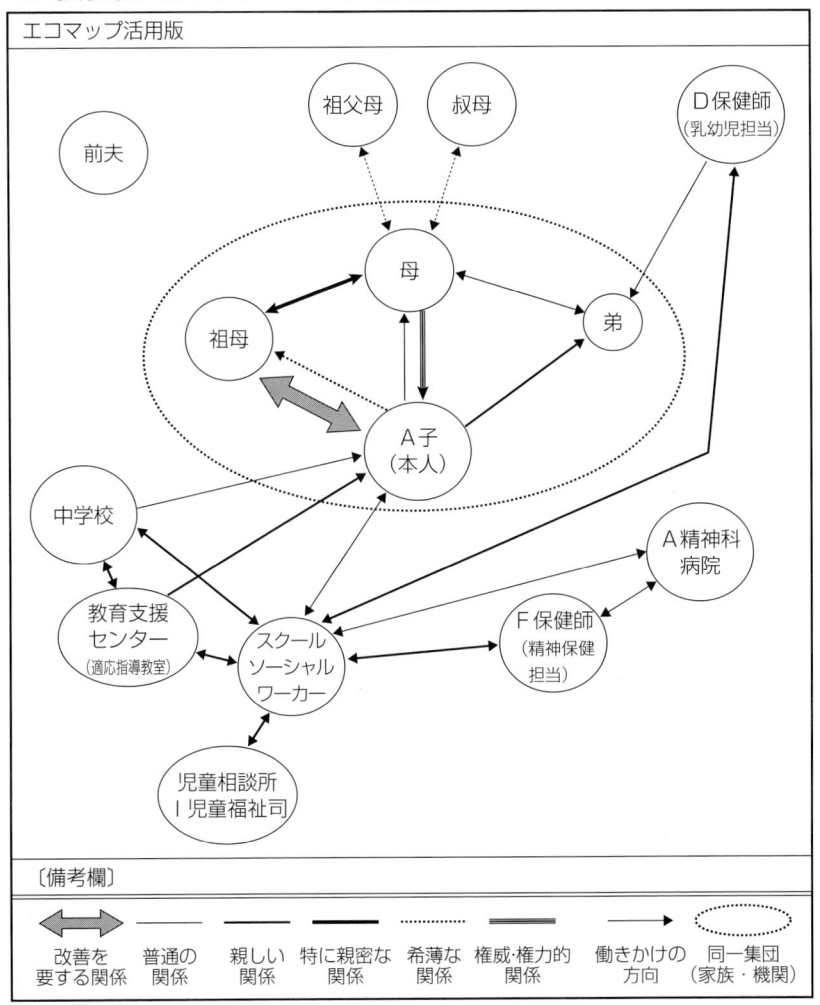

エコマップ活用版

前夫　祖父母　叔母　D保健師（乳幼児担当）

母　弟　祖母　A子（本人）

中学校　教育支援センター（適応指導教室）　スクールソーシャルワーカー　A精神科病院　F保健師（精神保健担当）　児童相談所 I児童福祉司

〔備考欄〕

改善を要する関係／普通の関係／親しい関係／特に親密な関係／希薄な関係／権威・権力的関係／働きかけの方向／同一集団（家族・機関）

作成日　200X年　　月　　日
作成者　スクールソーシャルワーカー

図2-6　教育支援アセスメントシート

出典　日本学校ソーシャルワーク学会編：スクールソーシャルワーカー養成テキスト．中央法規出版，東京，2008, pp.74-75.

ｅ．可能であれば資料を早めに作成し配布する
　学校長へ相談し，関係機関等への資料の事前配布を検討する。この事前対応が可能となれば，会議での共有が早まり，協議時間を短縮する効果も期待できる。
　ｆ．管理職，担任などとの事前打ち合わせ
　アセスメントシートからケース概要や児童生徒の日常生活における課題，協議内容について打ち合わせを行う。

②会議の進め方１
　ａ．自己紹介とルールの説明
　ルールは以下のとおり。
　ⅰ）会議時間は60分程度。ⅱ）情報の取り扱いに注意する。ⅲ）皆でつくり上げる場である。ⅳ）会議時間中はオープンな場である。ⅴ）批判的な発言は避ける。ⅵ）意欲的な参加を意識する。ⅶ）他機関の専門性を理解する。ⅷ）互いを信頼し尊重し合う。
　ｂ．ケース概要の報告
　どのようなケースなのかを説明し，協議してもらいたい内容も加える。これについては，担任もしくはかかわりのある教諭が対応する。ケースによってはSSWrが司会進行と共に担う場合もある。
　ｃ．関係機関からの情報提供
　関係機関からの情報提供では，古いケースの場合，馴れそめを話すだけでかなりの時間を消費してしまうため，会議の主旨に沿う点のみを報告してもらうようにする。想定される関係機関としては，行政（児童相談所，生活保護担当，保健福祉担当，母子担当，精神保健担当など）や少年サポートセンターを含む警察関連，医療機関，地域（民生委員，主任児童委員など）などがある。
　ｄ．質疑
　ケース概要や情報提供に関して質問し合う。状況によっては，話の脱線や他機関の動きを批判するなどの場面が想定される。SSWrは，必要な情報のやりとりが行われるよう調整する。また，やりとりのなかで重要なポイントの抜き出しを行っていく。

表2-3 短期目標と具体的支援内容の例
身体的虐待ケースで「本児の情緒障害」と「母親の心理的不安定さ」の課題がある場合

【短期目標1】虐待を改善する。 【具体的支援内容1】 　①学校は，身体に異常がみられた場合は児童相談所に通告する。 　②児童相談所は，予防的な家庭訪問の実施と通告時の早急な対応を行う。
【短期目標2】本児が穏やかに学校生活を送る。 【具体的支援内容2】 　①担任は，トークンシステムを実施。また，母親・学童保育と定期（最低1回/週）に情報交換する。 　　情緒不安定時は，保健室でクールダウンを実施。 　②学童保育においても，母親・学校との情報交換を実施。
【短期目標3】母親が本音で話せる（困り感を表出できる）環境づくりを行う。 【具体的支援内容3】 　①担任と学童保育は，母親に対して共感的態度で接する。 　　本児にまつわるトラブルが発生した場合は，その事実の報告とともに母親を非難していないことも伝えていく。 　②スクールカウンセラーとスクールソーシャルワーカーで1回/2週の面談実施。 　③児童相談所とスクールソーシャルワーカーで医療機関の情報収集を行い，母親の希望があれば情報提供を行う。

　e．ケースの課題を整理，共有

　事前にアセスメントされた内容に新たな情報を加え，課題を整理。参加メンバーで共通認識を図る。

　f．目標，具体的支援内容を検討

　長期目標を設定。その長期目標を達成するためのスモールステップとして短期目標をあげる。短期目標は，通常ここ1～3カ月で達成可能なものを意識する。

　当然，緊急性の高い内容（生命や安全にかかわるものなど）があれば，それをクリアしていく目標を優先して設定していく。具体的支援内容は誰が・いつ・何をするのかをはっきり決めていく。このことでモニタリングがやりやすくなる（表2-3）。

　g．検討内容を復唱

　協議した内容，特に目標と具体的支援内容（役割分担）について再確認を行う。

h．次回会議の調整
　　　ケースの緊急性や具体的支援内容に合わせ，次回会議の日程調整を行う。その会議で，支援結果を報告し合い，評価・分析・見直しを行っていくことをお知らせし終了する。

③会議後の対応1
　　a．協議内容をシートへ記載
　　　ケース会議での協議内容を図2-7の教育支援計画シートに記載。完成したシートを参加メンバーに配ることが望ましい。
　　b．各関係機関へのアプローチ
　　　日々の活動のなかで，関係機関へのアプローチを実施。今回のケースを話題にし，支援の進捗状況を確認していく。

2）ケース会議の進め方2〈2回目以降〉
①事前準備2
　　a．ケース会議用シート（教育支援計画シート）の作成
　　　初回ケース会議からの継続協議のため，会議の機能としてはモニタリングがメインとなる。初回会議後に作成した教育支援計画シートをケース会議用シートとして活用。支援内容に沿った結果を記載。事前に関係機関の支援結果も確認しておく必要がある。また，学校が動いた結果については管理職や担任などと協議（評価・分析・見直し）し，シートへ記入しておく（記載できる部分のみでよい）。

②会議の進め方2
　　a．新規参加メンバーの紹介
　　b．前回会議の内容
　　c．支援結果の振り返り
　　d．質疑
　　e．評価／分析
　　f．見直し
　　2回目以降は，cの支援結果の振り返りとeの評価／分析に時間をかけ

第2章　スクールソーシャルワークにおける精神保健福祉士の専門的援助

様式1-3　教育支援計画表

C. 教育支援計画

様式考案者：奥村賢一				記録作成日	200X年　月　日（担当者 SSWr）
氏　名	Aヂ	生年月日	年　月　日（満15歳）	学級	3年B組
				担任	

生徒の日常生活における精神的課題
・継父を中心とした家族関係に起因する本人の精神症状
・突発的な発作やその他の精神症状
・本人の過剰な育児負担

生徒・家族のニーズ
・精神科病院を紹介してほしい（本人・母）
・将来は自立して一人暮らしをしたい（本人）
・母子だけで生活していたころに戻りたい（本人）

I. 短期計画

	目標	対象	担当機関	担当者	具体的支援内容	評価・分析
本人の病状・生活状況把握	①②	①本人 ②母	①②スクールソーシャルワーカー ②教育支援センター（適応指導教室）	○○	①②教育支援センター（適応指導教室）にて面談の場を設定し、母子同席でした後、場所を変えて一人ひとりの面談主訴を確認していく。ならびに、本人の母親等からの聴き取り内容の実際についてコミュニケーション形成の実際を明らかにしていく。	
各関係支援機関との協力体制の確立		①本人	①②③スクールソーシャルワーカー ①中学校 ①児童相談所 ②教育委員会	○○	①②スクールソーシャルワーカーが中心となり、各関係機関とのケース会議を行い、共有化を図っていく。児童相談所に対しては関係支援機関との連携を重ねながら本人の要望等の確認を図ることとする。	

II. 長期計画

	目標	対象	担当機関	教育支援・協働方針	関係機関の動き・確認事項	見直し
A精神科病院受診に向けたネットワーク作りと今後の家族支援協議	①②③	①本人 ②母親 ③弟	①②③スクールソーシャルワーカー ①②中学校 ②保健所 ②③保健福祉センター	①②精神科病院受診に向けた環境整理・調整 ②総合的な家族支援に向けたネットワークづくり	①今後の支援方針についての協議、連携作業を進める。F保健師が精神科病院の受診に関する同席等のメンタルヘルスに関する情報提供などから本人の専門的立場からの助言支援を行っていく。共通認識のもと今後の家族支援に向けた共通認識を図っていく。	①本人のエンパワメントに向けた環境整理・調整 ②総合的な家族支援に向けたネットワークづくり
				①直面する本人の生活課題に対する負担軽減と将来的な自立に向けた相談支援を図る。 ②家族と各支援機関との関係形成を図る。具体的な家庭環境の開放をめざすとともに子どもたちの生活・教育保障	①精神科への医療定期受診の糸口に、本人への側面的支援を行っていく。支援過程において各支援機関との共有化を図る。 ②定期的な関係者協議の実施、各支援機関の動きや役割確認を明確にして、共通認識のもとで支援を展開していく。	①精神科への医療定期受診の糸口に、本人への側面的支援を行っていく。各支援機関において顕在化された具体的支援方針に反映させていく。 ②定期的な関係者協議の実施、各支援機関の動きや役割確認を明確にして、共通認識のもとで支援を展開していく。	

図2-7　教育支援計画シート

出典　日本学校ソーシャルワーク学会編：スクールソーシャルワーカー養成テキスト、中央法規出版、東京、2008、p.76.

る。回を重ねるごとにメンバーのもつ情報が共有されてくるためdの質疑なども減り，fの見直しの協議に時間をかけることができる。「評価」としては，客観的な物差し（たとえば登校データなど）を基準とすることが求められる。ケースの状態像（当事者の気持ちも含む）について，改善した・改善していない点をしっかり判断する。「分析」は，評価をもとにし，状況変化の根拠を明らかにしていく作業となる。この分析をもとに目標・具体的支援内容・支援者の介入方法について「見直し」を行っていく。

③会議後の対応2
　a．見直し内容を新たな教育支援計画シートに記載
　　初回ケース会議後の対応と同じように，完成したシートを参加者メンバーに配る。
　b．各関係機関へのアプローチ
　　初回ケース会議後の対応と同じように，関係機関へのアプローチを実施。

　以上，このように会議を繰り返していく。ケース会議のよい点としては，「豊富な情報が集まり，多面的な理解や解釈が進む」「シェアリングが実施され，燃えつき防止につながる」「リカバリープランを共有するため，メンバーに変更があってもプランが進みやすい」などがある。また，最大の特徴は「回を重ねるごとに情報の精度が上がり，課題が明確化され，児童生徒のニーズに沿ったプランが仕上がっていくこと」にある。ソーシャルワークは，まさに螺旋状の階段をのぼるプロセスで表現されるが，ケース会議についても同様のことがいえ，特に困難ケースなどはチームが一丸となって粘り強く展開していくことが望まれるところである。

(4) ケース会議への当事者参加について
　当然であるが，ケース会議に当事者は参加するものであり，このことはソーシャルワークの前提でもある。しかし，学校で実施されるケース会議においては，当事者参加がすべて望ましいとは限らない。理由としては，初めに「虐待」として扱うか否かの協議を中心に検討する場面が多いためであ

る。次に，児童生徒と学校，保護者と学校などの関係性が悪化していることも多くあるためである（後者の場合，近年みられる保護者の学校への過剰な期待感やサービス感覚化がみられた場合や，学校が協調性・規範意識などの教育を本人や保護者へ一貫して強調した場合などに発生することが多い）。また，アウトリーチの必要性が高いことからもわかるように，当事者の「問題解決したい」という意識・要望があってから支援がスタートするのではなく，客観的視点から介入が必要だと判断するケースが少なくないためである。このような理由から「学校の取り組みの見直しや保護者の困り感の引き出し，関係機関へのつなぎ」などを会議のなかで協議される場合が多く，当事者参加がすべて望ましいとは考えていない。

　このように当事者不在のケース会議においては，家庭内のシビアな状況にふれる場面が多く，このことは自己決定の尊重や秘密保持の義務などに関連した内容であり，SSWrは当然のこと，参加する教師，各関係機関が共通に認識しておくべき事項となる。ここで注意しておきたいのは，「児童生徒のため」と思って協議したことが当事者のプライバシーに深く踏み込んでいたという結果に至ることもあるかもしれないということである。SSWrとしては，自分たちの介入が常に「支援」と「権利侵害」とが表裏一体となった状況であることを頭から離してしまってはならない。

❷ グループワーク

　スクールソーシャルワーカー活用事業の開始に伴い，わが国でも2009年度より福祉系大学等でSSWrの養成が行われるようになった。精神保健福祉士，社会福祉士という国家資格をもった専門職によって学校でソーシャルワーク活動を展開する必要性が公式に認められたといえる。集団を対象としたグループワークは個人や家族を対象とした支援とならびミクロ・ソーシャルワーク・プラクティスのなかで重要な位置づけにある。児童期から青年期の子どもたちにとって仲間集団から得る受容体験や心理的サポートは計りしれない影響力をもっているだけに，集団の力を利用したグループワークの可能性は大きい。たとえばSSWの先進国ともいえるアメリカで出版されているSSWの書籍[14]には学校におけるさまざまなソーシャルワーク実践に関す

る論文が紹介されているが，そのなかにはダンスなどの芸術表現を媒介として人間関係づくりを促進させるグループワークの方法から，AD/HDの子ども，非行のリスクをかかえる青年やトラウマティックな出来事にさらされた子どもたちに対する治療的グループワーク，さらには教員のエンパワメントを目的としたグループワークなど集団を活用した実践例が数多く掲載されている。日本においてはまだ学校内でSSWrが行っているグループワーク実践の蓄積は少ないものの，今後広がりが期待されている領域と考えられる。

（1）学校で行うグループワークの形態

学校においてグループワークを実施するときの一義的な対象は児童・生徒である。子どもたちがかかえている心理・行動面の課題克服に寄与したり，仲間関係の構築を促進したり，もっている能力を効果的に発揮できるように支援したり，仲間と共に課題を乗り越えていく手助けをする役割をグループワークは担うことができる。しかし学校には教員をはじめとした学校スタッフ，そして子どもを介して学校と密接なかかわりをもつ保護者の存在もある。両者は共に子どもを取り巻く環境として大きな影響力をもっている。そのため個別支援（ケースワーク）と同様に保護者，学校スタッフに対するグループワークもSSWrが用いる支援メニューとして視野に入れることができる。

次に考慮しておくべきことは，SSWrがグループワークを行うときの集団に対する認識である。グループワークを狭義に定義すれば「特定のニーズや目的をもったメンバーで構成されたグループに対して，メンバー一人ひとりの社会性発達，人格的成長，課題克服などを目的として，メンバー同士の相互作用やプログラム活動を活用しながら，専門家であるグループワーカーが支援する過程」となる。特定のニーズや目的をもったメンバーで構成されたグループとは，ワーカーとその所属する機関がある目的をもって意図的にメンバリングしたグループといえる。しかし学校という教育現場には学級，サークル，生徒会，友達集団，PTAなどすでにさまざまな集団が存在している。こうした集団は既存集団または自然発生的集団であり，SSWrがある目的をもって形成した集団ではない。しかし，このような集団に対してもSSWrがメンバーの相互作用を利用しながら専門的技術を用いて意味のある働きかけができれば広義のグループワークととらえることができよう。

表2-4 学校で行うグループワークの形態

		グループの形成プロセス	
		意図的に形成した集団	既存集団・自然発生的集団
グループワークの対象	児童・生徒	スクールソーシャルワーカーがグループワークを行うために意図的に形成した集団で、メンバーがかかえる問題の改善や発達の促進などを目的として実施される 【例】 ・発達障害児へのSST	既存のクラスや自然に形成されている集団に対して、スクールソーシャルワーカーが仲間関係の構築や予防などを目的として働きかける活動 【例】 ・クラス単位で行う構成エンカウンターグループ
	保護者	同じような子どもに関する課題をかかえた保護者に対して、情緒的ストレスの緩和や情報の共有などを目的に行うグループワーク 【例】 ・不登校児の親の会	学校行事や学校組織に参画する保護者に対して、スクールソーシャルワーカーが保護者同士の連帯強化や研修のために行う活動 【例】 ・PTAが中心になって安全マップづくりを行う課題グループ
	学校スタッフ	スクールソーシャルワーカーが中心となって企画した学校スタッフの研修、相互理解などを促進するグループワーク 【例】 ・グループで行う教員のストレス・マネジメント	会議や研修会などすでに存在する学校スタッフの集まりに、SSWrがグループ機能を活用して本来の目的を向上させる活動 【例】 ・グループディスカッションを用いたケースカンファレンス

したがって学校で行うグループワークは便宜上**表2-4**のように分類することができる。最もイメージしやすいのは特定のニーズをもった児童・生徒たちに対してSSWrが専門的なプログラムや技法を用いてアプローチするグループワークであろう。たとえば登校しぶりや非行傾向がある子どもたちに参加を促して形成したグループに社会生活技能訓練（social skills training；SST）の技法を用いるような場合がこれにあたる。また既存の集団を利用する例としてはクラス全体を対象として行う構成エンカウンターグループや自己主張訓練などのグループワークが代表的である。保護者を対象とする場合、子どもの教育や福祉に関して共通の悩みや課題に対応するグループや学校環境改善など特定の目的をもって集まった課題達成グループなどがあげられる。さらに学校スタッフに対しては主にグループ機能を活用した研修やグ

ループスーパービジョンの提供に加え，日常のストレスを緩和するためのグループワークも想定できる。

　このように学校内で行うグループワークはその対象と集団形成プロセスを含め広義にとらえたほうが，SSWrが行う業務に柔軟性が増すと考えられる。ただ本項では標準的なグループワークの考え方を示すため，以下は児童・生徒を対象として意図的に形成した集団に対するグループワークを想定して述べていく。

(2) 学校でグループワークを行うときの留意点
１）学校スタッフとの協働

　わが国のSSWrは教育委員会に所属して管轄地域の学校に派遣されるスタイルをとっている場合が多い。つまり，自治体教育行政の管理下において学校システムの一員としてソーシャルワークを行う援助構造が前提であるため，SSWrはその活動を学校組織のニーズや目標と一致させておかねばならない。そのためには学校長をはじめとする学校スタッフに対してソーシャルワーカーの役割を理解してもらう必要がある。学校側がSSWrに期待している役割を把握しつつも，できることとできないことを整理したうえでていねいにソーシャルワーカーの活動内容に関して合意を形成していくプロセスが求められる。したがって，学校内でグループワークを実施する場合も，常に学校長の許可と教員をはじめとする学校スタッフの同意を得ておく必要がある。

　特にクラス担任をはじめとする教員との連携体制が，グループワークを円滑に行うための重要な要因になる。実施しようとするグループワークの目的に合った子どもを募るときにも日常的にかかわっている担任が最も正確な情報をもっている。SSWrとの間に信頼関係がなければ子どもの詳しい情報はSSWrに伝えられない。また実際に子どもをグループワークに誘う場合や保護者に同意を得る場合も，日ごろからかかわりのある担任が説明することで抵抗が低減される可能性も高い。さらにグループワークの影響は日常生活の行動に直接反映されるため，担任がモニターの役割を担当したり，グループワークの情報を踏まえたかかわりができればグループワークの効果も増大する。

2）保護者の同意

　SSWrが意図的に子どもを集めてグループワークを始めるような場合，必ず保護者の承諾を得ておく必要がある。特に対象となる子どもたちが特定の課題をもっている場合，保護者によっては自分の子どもにレッテルを張られたと感じて学校への不信感を抱くケースもある。したがって，保護者に対してはグループワークとはどのような援助方法か，目的は何か，その子どもにどのような具体的利益があるのかをていねいに説明したうえで同意を得なければならない。口頭による同意もあるが，アメリカの例（図2-8）[15]のように文書で確認しておけば，保護者，学校双方にとって安心感が高まる。

　クラス担任と同じように，保護者との連携はグループをスムーズに立ち上げて円滑に運営していくには欠かせない要因である。子どもたちをグループワークに参加させる際にも親が適切に勧めることで子どもは参加への不安感を軽減させることができる。グループワークが開始されたあとも，保護者がグループワークのプログラム内容を熟知して子どもの成長や変化を評価できれば相乗的にグループワークの効果は大きくなる。

3）守秘義務の取り扱い

　一般的にグループワークを行うときにはソーシャルワーカーやメンバーに特別な場合（たとえば子ども虐待や自殺の可能性）を除き守秘義務が課される。これは，個人的な情報が流出するのではないかという不安が取り払われなければメンバーが安心して自分の問題や心情を語ることができないという理由からである。学校で子どもを対象として実施されるグループワークも守秘義務の原則は基本的に適用されよう。SSWrは子どもたちに対しては他のメンバーが語ったことをグループ外で話さないというルールに関し，その理由をていねいに説明して理解してもらえるように努めなければならない。

　しかしながら，学校は地域の子どもたちが保護者のもとから毎日通ってきて長時間生活をともにする場所である。未成年の子どもに学校組織のサービスとして提供するグループワークに，成人がクリニックに集まって定期的に実施されるようなグループワークの守秘義務基準を厳格に当てはめることが適当でない場合もある。

　特にソーシャルワーカーがグループワークのなかで知りえた情報をクラス

同　意　書

　このたび　(学校名)　学校のスクールソーシャルワーカーである　(　SSWrの氏名　)は子どもが生活技能を学習するためにグループワークを実施いたします。あなたの息子／娘さんにもこのグループワークは役立つと考えられます。このグループワークの目的は子どもたちが他の友達と一緒に集団のなかで新しい技能を練習してそれを身につけることにあります。ロールプレイを行いながら毎週1つずつ新しい技能を練習していきます。このグループワークを実施する期間は6週間（全6回）で，1回の時間は30分です。グループで練習する生活技能とは以下のようなものです。

1. 困ったときに助けを求める方法
2. 他人に敬意を示す方法
3. 結果を受け入れる方法
4. 相手を褒める方法，褒められたときの対応の方法
5. 批判を受け止める方法
6. 怒りをコントロールする方法

　　　　　　　　　　　　　　　　もし質問や疑問点があればご連絡ください
　　　　　　　　　　　　　　　　電話番号_____

　私は　(　子どもの氏名　)　が学校内で実施される6週間の生活技能を学ぶグループワークに参加することに同意いたします。

　　　　　　　　　　　署名欄_____

　　　　　　　　　　　参加児童との続柄　（　母親　・　父親　・　後見人　）

　　　　　　　　　　　　　　　日付_____年___月___日___

図2-8 グループワーク参加同意書

担任や保護者にどの程度伝えるかという点は慎重に考慮すべきことである。先述したようにSSWrは学校システムの一員として機能しており，学校スタッフとの協働がなければソーシャルワークサービスは効果的に提供できない。したがって，十分な説明をしないまま「守秘義務があるから子どもが話した内容は秘密です」という原則論を強調するだけでは，教員スタッフからの協力を得ることができないばかりか，軋轢が生じてグループワークの存続自体に影響することさえある。また保護者は子どもに第一義的な責任を負っており，自分の子どもに関する情報を知っておく権利をもつ存在である。したがって，SSWrは守秘義務の原則にに関して柔軟な対応が求められる。

　まずSSWrはグループワークを始める前にどの程度の守秘義務基準にするかを明確にしておく必要がある。これは対象となる子どもの年齢やプログラム内容によって異なってくる。小学校低学年を対象としたSSTグループと，青年期の高校生を対象として性的問題を語り合うグループでは守秘義務の基準や取り扱い方は違う。守秘義務に関して最も避けなければならないことは，メンバーがクラス担任や保護者に伝わらないつもりで話したにもかかわらず，その内容がSSWrをとおして外に漏れる状況である。この場合SSWrに対する不信感が生じるばかりか，話が知られたことによる羞恥心，罪悪感などで本人が大きな苦しみを味わうことにもなりかねない。こうしたリスクを避けるにはむしろ厳格に守秘義務が守られることを確約せずに，グループワークを始める前に「ここで話されたことのなかで必要と思われることは，クラス担任や保護者に伝える場合がある。どうしても親や先生に知られたくないことは話さないほうがよい」と明言しておいたほうが子どもの利益になる場合さえある。

　いずれにしても，守秘義務のあり方に関しては子ども本人，学校，保護者との間で共通の認識をもったうえでグループワークを始める必要がある。

(3) グループワークのプロセス

1) 準備段階

　子どもや保護者が自分たちからグループワークを実施してほしいと申し出るケースは少ない。学校でグループワークを実施する契機となるのは，主にSSWrや教員による子どもたちのニーズに対する気づきからである。そして

そのニーズに応えるには集団の力を利用する方法が有効だと判断されるときに，グループワーク開始に向けた準備が始まる。「クラス替えの当初は新しいクラスで孤立する子どもが増えるので，クラス単位で構成エンカウンターグループを実施したらどうか」「怒りをコントロールするのが難しい子どもが多いので，保護者もそのことで困っているようなケースを募ってSSTグループを実施したらどうか」「地域で一緒に遊びながら成長していく機会が少なくなっているので，子どもたちが中心になって遊び場マップをつくってみたらどうか」など，グループの活用が期待できる場面は多様である。こうした視点をもとにして対象者のニーズを精査し，グループという媒介を用いることでどのような支援ができるかを明確にしていく。そしてグループワークの対象と目的が明確になれば，おのずとおおまかなプログラム概要がイメージできるようになる。

　次に準備段階ではグループワークの援助構造に関しても検討しておかねばならない。時間や場所はグループワークの基本的な枠組みであり，援助効果を左右する大きな要因でもある。実施する場所をどこに確保するか，どれくらいの期間行うか，回数や頻度をどのように設定するか，1回のセッションにどれくらいの時間をとるかなど，決めておかねばならないことは多い。ここで留意しておく点は，SSWrが任意にこうした構造を決定できないということである。学校には授業をはじめとするスケジュールが綿密に決められており，グループワーク専用の部屋があるわけでもない。そのため，グループワークを実施する場所や時間を調整するにも，学校スタッフの協力が前提になる。また人数はどの程度にするか，参加者を固定したクローズド・グループにするか，期間途中で新たな参加を認めるオープン・グループにするかといったこともあらかじめ決めておく重要な構造である。

　こうしてグループワークの対象，内容，構造の概要が固まったあとに子どもや保護者に参加を呼びかけることになるが，参加には子ども自身の意思が反映されなければならない。保護者や担任がいくら勧めても，子ども本人が強い抵抗をもっているならば参加を無理強いすべきではない。主体性を軽視した援助は子どもたち自身の無力感やおとなへの不信感を増大させることにつながりやすい。

　参加メンバーが確定したら，その子どもに関する情報を集めて整理してお

く。心理行動面の特徴や生活背景，グループ参加への動機づけの高さなどをあらかじめ知っておくことで，SSWrはグループ開始時にメンバーとのスムーズなかかわりが可能になり，プログラムに工夫を加えることもできる。細やかなアセスメントは子ども個人の目標を明確化するとともに適切な介入に導く重要な作業である。

2）開始期から作業期

　グループが始まった当初，子どもたちは何が始まるのかなという期待とともにためらいや不安もかかえている。ギブ（Give, J. G.）はグループワーク開始時におけるメンバーの不安を「4つの懸念」としてまとめている。それは自分がメンバーとして他の人に受け入れてもらえるかという受容懸念，自分はどのように行動しどのようなことを話せばよいのかというデータ流動懸念，このグループが今なにをやろうとしているのかがわらないという目標懸念，このグループのリーダーは誰で自分の役割や責任は何だろうという統制懸念である。SSWrはメンバーのこうした懸念に気づいて早く解消されるように配慮しなければならない。グループワークの目的やプログラムの内容を再度確認することはこうした懸念を和らげる効果がある。

　グループにはそれぞれ個別性があり，対象者の年齢や課題がいくら似通っていても同じグループは2つとありえない。毎年同じようなグループワークを実施していても，メンバーの相互的なかかわりあいが不活発で予定どおりグループ全体が成長していかない場合もあれば，対照的にメンバーが主体的にリーダーシップをとって自分たちの役割を積極的にこなしていくグループになることもある。そのためSSWrはあらかじめ決めておいたプログラムがそのときのグループの成長度や特徴にマッチしていない場合があることを認識しておく必要がある。そのときにはプログラムにグループを合わせるのではなく，グループにプログラムを合わせていく技術が重要になる。

　またグループワークが始まれば保護者や学級担任はグループの進展具合や子どもたちの様子が気にかかってくる。そのため前述したように合意された守秘義務の範囲で保護者やクラス担任と情報の交換を行っていく。特に他のメンバーから精神的に傷つけられるような言動を受けたときや，過度な自己開示をして不安定になったときなどは実生活にも影響を及ぼす。こうした場

合，親や担任が状況をよく知っておくことで適切な対応が可能になる。逆にSSWrが家庭やクラス内で起こった出来事を知っておけばグループワークでその情報に基づいた介入ができる。

3）終結期から評価

　グループワークの終結は開始の段階で決められているのが一般的である。基本的には最初に計画していた期間や回数を終えたとき，メンバーの課題が目標どおり緩和，解決されたときなどである。卒業式に似てグループワークが終結するときはメンバーのさまざまな感情が喚起されやすい。特にクローズドで長期間実施されたグループのような場合，ともに特別な時間を過ごしてきた体験ができなくなる寂しさや自分の感情を受け入れてくれる場が失われることへの不安などを感じやすい。SSWrはこうした感情をもつことは自然であることを認め，その意味をグループで分かち合う作業を行う。また，グループのなかでそれぞれのメンバーが得たことを終結時に一人ひとりが表現できるようなプログラムも有効である。低年齢の子どもにはSSWrのほうから「初めは〇〇ができなかったけど，今はとても上手に〇〇ができるようになりましたね」といったフィードバックを行うこともできる。グループ体験が自分に与えた意味を確認することが，現実の社会で生活するときの自信にもつながる。

　グループワークの終結に合わせてSSWrはその評価（エバリュエーション）を行う必要がある。学校で行うグループワークにはさまざまな形態があることは最初に述べたが，どのようなグループであってもソーシャルワーカーがある目的をもって専門的に援助している点では変わりがない。したがって，実施したグループワークは効果的であったか，参加者はそれぞれの目標に達したかを本人，保護者，学校スタッフは知る権利があり，SSWrにはそれを説明する義務がある。メンバーの個別的な目標や成長に関してはアセスメント時の状況と比較できるような具体的指標をあらかじめ決めていれば評価しやすい。

　また学校長などの責任者に対しては，子ども一人ひとりの評価とともにグループ全体がどのように進展していったか，保護者に対してどのような影響があったか，学校組織全体に対してどのような意義があったかという視点か

らも評価して結果を明示する必要があろう。

❸ 予防保健的ソーシャルワーク

(1) 予防保健的な視点

　精神保健分野における活動は，歴史的にも問題対処の支援よりも予防保健的な対処としての支援が考えられてきた分野でもある。もちろん，わが国の精神障害者支援の歴史は，隔離収容政策から発展してきた変遷があるため，一概に予防保健的な観点があったとはいえない現状がある。ただし，ソーシャルワークそのものが人びとのウェルビーイングを高めること，機能不全を防ぐこと，支援対象者の可能性を高めることが求められているからこそ，本項でいう予防保健的ソーシャルワークは，これらを担う重要な視点の1つといえる。そして，以後の問題を軽減させ解決に寄与させること，個人から社会の変革を促すことにかかわる。このような視点は近年，学校教育において求められている子どもたちの生きる力の育成にもかかわる。

　予防保健的ソーシャルワークにおいては，カプラン（Caplan, G.）の予防精神医学[16]の考えが役に立つ。カプランは，精神医学に予防的観点を示し，第一次予防，第二次予防，第三次予防の3段階を提示した。第一次予防は，精神障害を防ぐことで，これには，心身の健康保持のために金銭や住居等を用意する物理的サービス，問題解決のための社会資源等を紹介する情報提供サービス，そして発達相談等の助言等をする心理教育的なサービスが示された。第二次予防は，精神障害の早期発見・早期治療，第三次予防は，社会復帰の促進である。予防という概念は，現状以上に悪化することを防ぐという意味があり，ある意味，問題解決方法や困難な状態の対処方法と同一となりうる。しかし，第一次予防は，何かが起きる前（精神的な不調が起きる前）に行われるものであり，第二次以降の予防活動が中心になりがちなSSWrに対して強調したい点である。そのため本項では，問題が起こる前の対応としての第一次予防に重きをおいたソーシャルワークを紹介する。

　このとき，予防保健的ソーシャルワークをより理解するために学校心理学における石隈利紀の考えが参考になる[17]。石隈は，子どもの発達上の課題を達成させるために，子ども（集団的）の力を開発していく一次的援助サー

ビス（開発的観点），学習意欲の低下，登校しぶりなどの問題等をかかえ始めた子どもに援助していく二次的援助サービス（予防的観点），より特別なニーズをもつ子どもに援助をしていく三次的援助サービス（問題解決的観点）をあげている。本項では，カプランの第一次予防にかかわる一次的援助サービスに重きをおいているため，狭い意味で予防開発的ソーシャルワークと題してもよいだろう。

(2) 予防保健的ソーシャルワークの展開例

表2-5は，中学校における予防保健的ソーシャルワークの一例であり，修正を加えているが，基本的には，筆者が取り組んできた内容でもある。本例では，ソーシャルワーク的な介入として特にSST的なかかわりが多く見受けられるが，SSWrは，まだまだ非常勤勤務で週に数日間しか学校支援にかかわれない限界があるということから，より集団支援に焦点を当てた介入方法を計画したという経緯がある。そのため，実際には，子どもの身長と体重における平均範囲外にあたる子どもと保護者への相談支援を養護教諭と共に行うなどの保健的ソーシャルワーク等もあり，予防保健的ソーシャルワークが必ずしもSST的な事項だけを行うものではないことに留意が必要である。とはいえ，特に精神保健福祉の分野ではさまざまな支援内容におけるSSTが形づくられていることもあり，精神保健福祉士の特性を生かしている例ともいえるだろう。

表2-5の展開内容は，5年間を振り返ったときに学校における諸問題に対してあげられてきたニーズに応えるための計画的内容であり，一つひとつに意図するものがある。たとえば，4月に行われる長所理解は，近年，もともと自己否定感の高い子どもが多く，自分のよさを知っていないことも多い。そこでそれぞれのストレングスを学校にいる間大いに伸ばしてもらいたいという願いから，相互の長所を理解するグループワークを行っている。5月のクラス状況調査は，小学校との生活や学習内容の違いによる中1ギャップや子どもたちのストレスをとらえるために行われるものである。内容的には，教師や友達との関係性，学校生活満足度等を確認するものである。結果的に教師や友達のサポートがない場合，さらに学校生活に満足度をまったく感じていない場合には，担任からの直接的なかかわりがなされる。子どもた

表 2-5　中学校における予防保健的ソーシャルワークの展開過程例

学年	生徒全体を対象		希望する生徒を対象
3年		11月 自分のコミュニケーションのあり方と向き合う 4月 クラスの成長の循環過程	12月以降に2年生へ介入 6月以降1年生へ介入 5月　ピアサポート養成（全14回）
2年		9月 修養会「エゴグラムによる成長」 6月 怒りと向き合う	1月　プレピアサポート養成 12月　3年ピアサポート介入開始
1年	11月 クラス状況調査 10月 いじめと向き合う 5月 クラス状況調査 4月 担任　長所理解		全体的にピアサポート学習をした者を含め3年生が1年生を支援

（米川和雄：高校生のピアコーチ活用における学校環境改善の効果報告．学校ソーシャルワーク研究，5，89，2010．を参考に作成）
※4月に1年生で実施される相互の長所を理解する体験学習は，全学年の教員が実施できるようにしていただく。

ちが悪い意味で孤立しないように，また学校に適応できるように取り組んでいくのである。10月に行われる"いじめと向き合う"というグループワークでは，いじめとは何か？　を考えたり，いじめる側・いじめられる側の気持ちを考えたりする。これらは，学校生活に慣れてきたことで気持ちが緩んでしまう時期，また緊張からはじけてしまい問題を多く露呈させることが多い中学2年生となる前の予防的介入となっている。11月の再度行うクラス状況の調査は，たとえ安定したクラス運営ができていても子どもたちの内面にくすぶっているものがあるかもしれないということから行われるもので，これまでの経緯では，クラスの仲がよいと思えても表面的な部分でそうみえていたり，そう思っていなかったクラスの少数がいることをわかってから行

うようになったものである。中学2年生では,イライラをうまく解消するこころのもちよう,性格分析で活用するエゴグラムを用いた自己理解などを行う。より自己の状態を理解し,また気持ちのいいストレス対処方法を学ぶという点に力点がおかれている。さらに中学3年生では,客観的に自他をとらえる,個だけでなく集団に目を向けて相互の成長を促進させられるような観点をもてるよう,能動的援助技術である学校コーチング[18]の考えを用いたピアサポート養成を行う。このプログラムでは,よい信頼関係⇒肯定的な活動⇒能動的な環境づくり強化⇒信頼関係……という"循環過程を学ぶ場"や"学校生活における自分自身のあり方を理解するディベートの時間"をもつ。ピアサポート養成では,他のSSTと異なり,希望者に実施するものである。とはいえ,単なるプログラム実施では動機づけに欠けることも考え,履歴書に書けるように地域のNPO法人から修了証を発行してもらえるように工夫している。内容は,傾聴技術と能動的なピアサポートを行う訓練を中心に実施している。

　予防保健的ソーシャルワークというからには,それが問題の予防や保健になっていることが求められる。SSWrの養成課程（SSW教育課程）からわかるように,社会福祉士や精神保健福祉士の資格取得後に学ぶ専門的学習であるからこそ,実証的な専門的観点からの実践が不可欠といえよう。つまり,自分自身が行うSSTや介入は,その効果の検証を行っているもの,または検証が行われたものである必要がある。単にSSTを実施するのであれば,それはボランティア組織が行うプログラムでもいいのである。筆者を含め,このような専門的観点をSSWrが少しずつでも身につけるべきである。

　上記の予防保健的ソーシャルワークでは,まだまだ精査すべき事項が多いが,現段階では,ピアサポートの結果として生徒の成長感,自己肯定感,行動力・思考力が高まり,不登校,特別支援,非行,精神的ケア,クラス問題の改善,教師のやる気等[18]の効果が認められており,問題の予防（対処）,生徒・教師の精神保健に関する事項への寄与が示されている。予防保健的ソーシャルワークにおいては,どのような予防的効果や（精神）保健的効果があるのかを証明していき,よりよい介入計画を年度計画として立案していくことが求められるだろう。なお近年では,学力と経済性とのかかわりが認められつつあることを含め,子どもの社会生活の向上の1つの観点から,ど

のような教育方法（授業教授法のこと）が子どもたちの成長や学習する楽しみを高めているのかを検討しているSSWrもいる。この点は，精神保健に限った援助ではないが，SSWに教育の貢献を担うことも求められるならば重要な予防保健的ソーシャルワークの1つになるだろう。今後のSSWrは，問題解決としての不登校の支援のみならず，子どもたちの生きる力を高め，将来のウェルビーイングまで高めることをとらえた事前対応としての予防保健的ソーシャルワークに対する活動ができるようなソーシャルアクションをとれることが望まれる。

文　献

1) 小倉清：子どもの精神療法．花田雅憲・山崎晃資責任編集，児童青年期精神障害，臨床精神医学講座第11巻，中山書店，東京，1998，pp.437-445.
2) 市川宏伸：小児精神医学と薬物療法．花田雅憲・山崎晃資責任編集，児童青年期精神障害，臨床精神医学講座第11巻，中山書店，東京，1998，pp.446-456.
3) 花田雅憲：「児童精神医学」講座の新設について．花田雅憲・山崎晃資責任編集，児童青年期精神障害，臨床精神医学講座第11巻，中山書店，東京，1998，p.12.
4) 山崎晃資：児童青年期精神障害の診断と治療．花田雅憲・山崎晃資責任編集，児童青年期精神障害，臨床精神医学講座第11巻，中山書店，東京，1998，pp.15-25.
5) 風祭元総編集・山脇成人専門編集：コンサルテーション・リエゾン精神医療．精神科ケースライブラリー8，中山書店，東京，1998，pp.3-7.
6) 日本学校ソーシャルワーク学会編：スクールソーシャルワーカー養成テキスト．中央法規出版，東京，2008，p.130.
7) 山本和郎：危機介入とコンサルテーション．ミネルヴァ書房，京都，2000，p.119.
8) E. H. シャイン著・稲葉元吉・尾川丈一訳：プロセス・コンサルテーション―援助関係を築くこと．白桃書房，東京，2002，p.23.
9) 辻村英夫：カウンセリングとコンサルテーション．学文社，東京，2002，p.99.
10) 文部科学省：平成21年度　教育職員に係る懲戒処分等の状況について．2010. http://www.mext.go.jp/a_menu/shotou/jinji/1300256.htm（アクセス2010年11月1日）
11) 福田憲明：学校教師のメンタルヘルス．特集　職場における心理臨床，臨床心理学，vol.4, no.1, pp.52-57, 2004.

12) 厚生労働省：労働者の心の健康の保持増進のための指針．2006．
http://www.mhlw.go.jp/houdou/2006/03/h0331-1.html（アクセス2008年10月27日）
13) Freeman, E. M., Franklin,C. G., Fong,R., et al eds.: Multisystem Skills and Interventions in School Social Work Practice. NASW Press, 1998.
14) Openshaw, L.: Social Work in Schools: Principles and Practice. Guilford Press, 2008. pp.155-177.
15) 日本レクリエーション協会監修：新グループワーク・トレーニング．遊戯社，東京，1995．pp.163-164．
16) G. カプラン著・新福尚武監訳・河村高信等訳：予防精神医学．朝倉書店，東京，2010．
17) 石隈利紀：学校心理学―教師・スクールカウンセラー・保護者のチームによる心理教育的援助サービス．誠信書房，東京，1999．
18) 米川和雄：学校コーチング入門―スクールソーシャルワーカー・スクールカウンセラーのための予防的援助技術．ナカニシヤ出版，京都，2010．

参考文献

1) 門田光司：学校ソーシャルワーク入門．中央法規出版，東京，2002．
2) 門田光司・奥村賢一：スクールソーシャルワーカーのしごと．中央法規出版，東京，2009．
3) 文部科学省：スクールソーシャルワーカー活用事業．2008．
4) 門田光司・鈴木庸裕編著：ハンドブック学校ソーシャルワーク演習―実践のための手引き．ミネルヴァ書房，京都，2010．
5) 日本学校ソーシャルワーク学会編：スクールソーシャルワーカー養成テキスト．中央法規出版，東京，2008．
6) 門田光司：学校ソーシャルワーク実践．ミネルヴァ書房，京都，2010．
7) 米川和雄編著：スクールソーシャルワーク実習・演習テキスト．北大路書房，京都，2010．

第3章 スクールソーシャルワークにおける精神保健福祉士のアセスメント

第1節 精神保健福祉士としての包括的アセスメント

1 精神医学的アセスメント

　精神医学的アセスメントについて本書の主な読者であるスクールソーシャルワーカー（以下，SSWr）に理解してもらうのは，紙面の制限上きわめて困難なことである。その理由は，精神医学的アセスメントを厳密に検討するには，まず，医師 – 患者関係（患者の心理）[1]，主訴と病歴[2]，精神症状の把握[3]（各種の精神症状評価尺度の使用），精神医学的記録法，構造化面接・半構造化面接，さらには，精神医学的診断のための分類（たとえば，国際疾病分類第10版〔ICD-10〕や精神疾患の分類と診断の手引き第4版〔DSM-Ⅳ〕など），心理学的検査（各種バッテリー），神経心理学的検査（たとえば，失語，失行，失認など），神経学的検査（たとえば，脳神経系，運動神経系，反射，感覚など），生理学的検査（脳波，誘発電位，眼球運動など），神経画像的検査（CT，MRI，SPECT，PET，MEG，fMRI），さらには遺伝子学的検査などを総合的に考察する必要性があるからである。

　とはいえ，なんとか精神医学的アセスメントを理解してもらうために，筆者が日ごろより使用している久留米大学医学部精神神経科のカルテについて説明することで，大まかなアセスメントの実態ややり方を理解してもらうの

が近道であると考え，カルテに沿って論を進めてみたいと思う。このカルテは，筆者が精神科に入局する前から使用されており，知るかぎりでは，現在まで（30年間以上）修正されずに，風雪に耐えてきた，いわゆる無駄のない洗練された，しかも年季の入ったカルテである。そういう意味で現役で活用されているカルテをもとに，精神医学的アセスメントについて説明することが好都合であると考えた。

(1) 精神神経科カルテの実態

そのカルテとは，Ａ４サイズで，合計10枚からなっている。

まず，最初の頁先頭の初診日に続いて，①「同伴者」「本人との関係」「陳述者」の欄がある。これは，時折りみられることであるが，同伴者が本人より先に話をしたいと希望することがある。本人を前にして言いにくいことを伝えようとしているわけである。そこで語られる内容が，なぜ本人の前でできないのか，それを考えることは，この同伴者－患者関係を理解するうえで有益である。内緒話をカルテの主人公である本人よりも先に聞くことに対してやや違和感を感じないわけではないが，すでにそこまで悪化した家族（対人）関係であることを示している。

次に，②「受診に対する態度」1．自発的，2．勧められて本人も納得して，3．強制的とある。これについては，おそらく精神科以外の身体科にはない内容であると思われる。最近でこそ自発的受診は増えているが，強制的とも思えるケースは少なくない。家族が買い物やドライブに出ようと誘い，病院に連れてくることも多い。また，身体科の紹介状を持って受診する患者も，その紹介状の内容をまったく知らされていないことも多い。このような状況で受診した患者が，精神科の診察を受けることに抵抗を示さないわけがないのは自明である。

筆者は，そういう場合は，「受診する意思がないのなら診察は行わない」と本人に伝えることが最近は多くなってきた。力づくでの診察に成果はなく，ただ心的外傷体験を与えるだけだと思うからである。

また紹介状に書いてある内容を本人に読み聞かせ，ある合意点が得られる場合は，紹介状の趣旨ではなくとも，その点から診察に入ることにしている。

そして③「主訴」があり，「現病歴」と続く。まず，現病歴はカルテの順番としては，早い順番におかれているが，筆者は一番最後に書くことにしている。その理由は，患者のバックグラウンドである諸情報がこれから明らかにされ，その総体をまだ理解していないからである。

さて，精神科診察で最大の問題となるのが「主訴」[2]である。特に同伴者がいる場合は，主訴は複数になってしまう。つまり，本人の主訴と同伴者の主訴である。特にやや強制的に連れてこられた場合などは，まず間違いなく，本人は「どうもありません」「何も診てもらいたいことはありません」「そこにいる人を診てください」というであろう。同伴者は，これまでの数々の問題点を指摘して，窮状を訴えるであろう。その結果，その場で激しい口論が始まることさえある。そこで，筆者は，両方の発言内容をそのまま主訴として取り扱っている。たとえば，本人の主訴として「どうもありません」「そこにいる人を診てください」となる。また同伴者の主訴は発言されたままの窮状ということになる。しかし，それでは収まりがつかないため二者間の妥協点を暫定的主訴としていることが多い。たとえば，認知症の患者が最近は一段と増えているが，認知症者と同伴者との間には「身体的問題」という共通のテーマが存在しているため，認知症の周辺症状としての精神症状に対しての診療に手を焼くことは少ない。

2頁目は，④「アレルギー体質の有無，薬物過敏症の有無，その他薬物投与前の注意事項」である。これについては，特段の解説はいらないと思う。

3，4頁目は，⑤「既往・生活歴」である。その内容は，以下のとおりである。

- 出生前：母体（妊娠腎・子癇・重症悪阻・切迫流産・その他），使用薬剤
- 出生・分娩：異常の無・有，生下時体重
- 新生児期：異常の無・有
- 乳幼児・小児期：栄養（母乳・人工・混合），発育（正常・異常），首のすわり，歩きはじめ，言語発達状況，知恵づき（早い・遅い），人みしり（無・有〔　月〕）
- 精神神経の既往：無・有（けいれん・失神・意識障害・頭痛・夜なき・ねぼけ・不眠・夜尿・かんしゃく・チック）

・身体的疾患既往：無・有（喘息・頭部打撲・中毒疾患・感染症など）

となっている。

　これらは，特に児童精神医学的アセスメントにとって重要な項目となっているため，丹念に取り扱われるべき内容である。その一方，中高年，認知症者にとっては，まったく意味をもたないとはいえないまでも，患者自身に対する負担を考えるとき，臨機応変にスルーすることも肝要であると思われる。

　次に⑥「学童期」についてである。

・登校拒否の傾向：無・有
・通学態度：勤勉・なまけ・不定
・交友関係：多い・少ない
・養育について：養育者（両親・父・母・その他），養育法（厳格・寛容・過保護・偏愛・両親の態度の不一致），家族への態度（すなお・反発・攻撃・孤独・依存），父母と長期間別れた生活（無・有），その他の問題点

となっている。

　このなかで特に重要と思われるものは，「交友関係」であろう。学童期に交友関係が少ないということは，すでにその時点でなんらかの障害（二次的障害を含めて）を起こしていることを示唆するからである。

　⑦「思春・青年期」については，以下の内容となっている。

・登校拒否の傾向：無・有
・通学態度：勤勉・なまけ・不定
・交友関係：多い・少ない
・身体精神の発達上の問題点：無・有
・第二次性徴の発達：初潮（　　歳）

やはりここでも，「交友関係」が重要な項目となっている。

　⑧「成年期」については次のとおりである。

・結婚：見合・恋愛（　　歳），未婚，内縁関係
・離婚：生別・死別（　　歳）
・再婚（　　歳）

＊以下は女性のみ記入。

・妊娠（　回），分娩（　回），早産（　回），流産（自然〔　回〕・人工〔　回〕）
・月経：規則正しい・不規則，月経困難，閉経（　歳），月経時の精神状態
・飲酒歴：　歳より（種類，量）
・飲酒状況
・酩酊状況
・依存薬物の既往：無・有（薬物名），依存期間（　　年　　　月より　　　年　　月まで）

となっている。

　ここで案外見落とされがちな項目として，飲酒歴がある。アルコールはストレス発散や社交のため多用されているが，「主訴」として抑うつ状態や不眠などを訴えて受診する人のなかにアルコール性二次性うつ病やアルコール性不眠が多数存在する。アルコール性であると推定される場合は，まず，断酒をさせることが必要である。この時点では多くの人は，いわゆるアルコール依存症ではないことが多く，断酒は可能である。このことについては，いまだ広く知られていないため，十分に説明することで問題解決となることもある（アルコールは中枢神経系にとって有害に作用する）。

　また，「依存薬物」については，はっきりとした概念をもっておく必要がある。単に，たとえば，抗不安薬が依存性の高い薬物であると記載されているため，抗不安薬を飲んでいる人は薬物依存であると勘違いをしてはならない。依存とはWHOのICD-10でも記載されているように，「乱用」の結果である。つまり，決められた量や時間などを守らない「乱用」の結果であり，処方どおり服薬しているものは「依存」の概念には当てはまらない。

　5，6頁目の内容は，以下のとおりである。
⑨「発病前性格」については，
・快活，沈みがち，熱中しやすい，やり始めると最後までやる，交際が広い
・親しみやすい，責任感が強い，外から見たままの性格
・感じやすい，ものに動じない，偏屈，矛盾した性格，超然としている
・交際が狭い，親しみにくい，変わり者
・怒りやすい，爆発性，くどい，頑固
・几帳面，馬鹿ていねい，綿密

・誇張的，派手好き，気分が変わりやすい，わがまま，あきやすい
・虚栄心，だまされやすい，嫉妬深い
・自分をつまらなく思う，心配性，遠慮深い，負けず嫌い，自信がない
・いつも自分のことに気が向く
・疑いやすい，曲解しやすい，自己中心的，権利を主張する
・抗争性，狂心的

となっている。

　発病前性格については，このようにただ列挙されているだけだが，診断や今後の治療にとって大変重要なものである。おそらく，この発病前性格を正確に言い当てることができれば，精神医学的アセスメントの本質そのものに迫るものとなろう。すなわち，発病前性格を見抜いた時点で，大まかな診断や今後の治療方針が決定されるといっても過言ではない。医学生に「予診」をとらせ，この発病前性格について聞いてみると，多くのものがランダムにチェックを入れている。つまり，予診をした相手の性格（気質）をまったく理解していないことがわかる。しかし，それも無理からぬことかもしれない。上記にある性格（気質）の個々については，誰しも所有していることで，状況・状態によっては，すべてが当てはまることになるからである。

　さて，この発病前性格について少し詳しくみていくと，実は，6項目のカテゴリーに分類することができる。最初の2行は，クレッチマー（Kretschmer, E.）の循環気質，下田光造の執着気質，テレンバッハ（Tellenbach, H.）のメランコリー親和型に基づいている。次の2行は，分裂気質であり，その次の2行はてんかん気質，以降2行ごとに，それぞれ，ヒステリー気質（ヒステリーという用語は現在では用いられない），神経質（心配性）気質，偏執性気質となっている。ここで重要なことは「発病前」の性格（気質）を見抜かなければならないことである。たとえば，抑うつ気分をもった人が受診した場合，どうしても「現在症」的な判断に陥りがちである。では，実際にはどのようにして「発病前性格」を判断しているのかというと，言葉で表現することはなかなか難しい。筆者の場合は，診察中，相手に漂う「雰囲気」「香り」あるいは相手が残した「残り香」ともいうべき人物像を頼りにしている。「病気になる前はどんな人だったのか」とういスクリーニングは診察中繰り返し行っているが，その人が立ち去ったあとの「雰囲気」も重要である

と考えている。診察後，相手の顔を思い浮かべながら「あの人はこんな人物だった」と判断しているのである。

⑩「学歴」については，
・最終学歴：＿＿＿＿在学・＿＿＿＿中退・＿＿＿＿卒業
・義務教育終了時点の学業成績：上・中・下
・成績の変動（具体的に）

となっている。

ここで特に重要なことは，「成績の変動」である。ある時点で成績が急に悪くなることがよくある。いわいる「屈曲点」といわれるものである。この屈曲点は，その人が「発病した時点」とよく合致しているという経験則に基づいており重要な所見である。

⑪「職歴」については，転職を繰り返していることなどが確かめられれば，その人の社会性に疑問をもつ必要がある。また単身赴任や昇進に伴ううつ病などを疑う場合は，職歴の変遷は，重要な情報となる。

⑫-1「家族歴」の項目は，Ⅰ　祖父母系，Ⅱ　両親系，Ⅲ　患者系，Ⅳ　子系，Ⅴ　孫系である。

⑫-2「遺伝負因について」は，
・精神病，感情病，神経症，精神薄弱（知的障害），人格障害，痴呆（認知症），自殺，薬物依存，アルコール依存，てんかん，神経疾患，その他
・内科的遺伝負因：高血圧・心疾患・糖尿病・肝炎・その他
・血族結婚：無・有

となっている。

まず，家族歴については，詳しければ詳しいだけ有用である。その理由は，患者本人がどのような家族環境のなかで生活してきたか，今はどうなのかを知ることができるからである。また，時として，本人が寝起きしている家の模式図を描いてもらうこともある。それをみると，本人のおかれている場所・立場がよくわかるし，家族間の関係も知り得ることができる。これは最近，実際あったことであるが，二間しかないアパートに，本人とその妻，離婚して二人の子どもを連れて戻ってきた娘，そして本人の年老いた両親が同居をしていた。本人は夜も眠られず，抑うつ感を訴えていた。これは，精

神科的治療の問題ではなく，生活環境の問題で，ソーシャルワークの領域である。精神保健福祉士の介入で程なく，症状は消退した。このようにいわゆる家族歴は，SSWrにとっての精神医学的アセスメントに必須なものである。

次に遺伝負因については，精神疾患の発症に遺伝負因の関与が知られているため，可能なかぎり聞き出すことがアセスメントとしては重要である。しかし，本人・家族が体面を気にすることも多く，無理をしない程度が好ましい。

⑬「既往疾患」については，
・身体疾患：無・有（外来・入院，治療期間，病名）
・精神疾患：無・有（外来・入院，治療期間，病名）

となっている。

身体疾患の既往を書けるスペースは，たったの1行である。それに比べ，精神疾患の既往については仔細漏らさずといったところであり，この点の情報は後日のスクールソーシャルワーク（以下，SSW）に大変役に立つものである。

7，8頁は現在症である。

⑭「精神的現在症」については，面接内容となっている。

面接により精神的現在症を診ていくことになる。精神医学的アセスメントにとって，大変重要な項目である。しかし，そのために必要な技法や理論について，安易に書き示すことは，かえって混乱を招く。また許容枚数の関係で十分には言及できないため，これまでに多くの成書や論文があるので，それを参照されたい。面接内容は最終的に診断の項目のあとにまとめとして記載されることになっている。

9頁目は，⑮「身体的現在症」である。
・体格：小柄・中背・大柄，やせ・中肉・肥満，身長，体重
・外見：奇形，外傷，手術痕
・眼底（乳頭，動脈硬化像），瞳孔（形，大きさ，左右差，対光反射，輻輳反応），眼球運動，眼震
・軟口蓋，嚥下障害，舌，構音障害
・運動系：不随意運動，筋萎縮，筋トーヌス，筋力，協調運動，歩行
・ロンベルグ試験：反射（－　±　＋　＋＋　＋＋＋），感覚機能

・自律神経機能：心音, 肺音, 血圧, 脈拍, 腹部, 皮膚
・注意すべき身体的所見

となっている。

　この点についても，これまでの多くの成書や論文を参照されたい。

　最後の10頁目の内容は，以下のとおりである。

　⑯「初診時のまとめ」として，Ⅰ 診断，Ⅱ 治療方針・検査方針，Ⅲ 現病歴の要点，Ⅳ 初診時の主症状・主な検査所見，そして最後にⅤ 問題点の記載である。

　ここまできて，ようやく「診断」にたどり着くことになる。これまでに蓄積された情報をもとに診断がくだされることになるわけであるが，身体科と異なる点に，いわいる「印象診断」ともいうべきものがある。精神症状に対してていねいなアセスメントを行い，個別症状が積み上げられ，その「部分」が，たとえばDSMやICD診断分類の項目をどの程度満たすのかということで診断がくだされる場合もあるが，精神科診断では，個々の症状に先立って，すでに全体視[3]がある。それはたとえば，初対面時の雰囲気であったり，受診への態度であったり，診察という特有の対人関係であったり，病前性格の人物像であったりするわけである。古くは統合失調症にみられる，リュムケ（Rümke, H. C.）のいう「プレコックス感」もこれに当たる。リュムケはこの感じが，患者から喚起されなければ統合失調症との診断は避けるべきであるとも述べている。

　精神医学的アセスメントの最終ゴールともいえる「精神科診断」では，精神科カルテを通してみてきたような「部分」を積み上げて診断をする形式（DSMやICDを用いた）が最近は多く，社会的な要請でもある。しかし，部分・細部の情報の集積は全体を表さないのも事実である。治療者（本項ではSSWrを含めた診断者をいう）が，精神科カルテから透けてみえ，治療者のこころに響いてくる病者からの印象を感じとることも，重要な精神医学的アセスメントであることは銘記しておかなければならないと思われる。

　以上，現役で使用されている精神神経科のカルテをとおして，精神医学的アセスメントの実態とその概要・要点について言及した。

❷ 精神保健福祉学的アセスメント

　アセスメントの正確さは、その後の個別支援計画の策定や効果的なケース会議の展開に大きな影響を与える。それだけに、精神保健福祉士にとってのアセスメントはソーシャルワーク実践のなかでも大変重要な過程である。また、アセスメントの過程は、クライエントが精神保健福祉士との対話をとおして、クライエント自身が自分のおかれている状況や問題に気づき、主体的にその解決に参加するというエンパワメントとしての側面も持ち合わせている。ここでは、このようなソーシャルワーク実践のなかで重要な過程であるアセスメントについて、精神保健福祉学の観点からその意義と視点を整理し、そのうえで精神保健福祉士が学校現場で使用しているアセスメントシートの特徴についてみていくことにする。

(1) 精神保健福祉士にとってのアセスメントの意義

　一般的にアセスメントは、①査定・評価、②（人や物などの）評価・判断、③事前影響評価という意味で用いられている。『精神保健福祉用語辞典』では、アセスメントとは「事前評価・初期評価を意味し、援助過程においてインテーク、情報収集に次ぐ局面に位置すると考えられている。具体的には、実際の援助活動を方向づける援助計画を作成するにあたり、（中略）クライエントのニーズおよび意思を尊重しながら、クライエントの現状を包括的・全体的に評価・査定すること」[4]と解説している。同書ではさらに続けて「実際のアセスメントは、援助過程において限定された特定の一局面においてのみ実施されるのではなく、ソーシャルワーク援助過程全般を通して必要時に繰り返されるのが通常であり、そのような意味からすると、アセスメントをある特定の段階や局面を指すものとしてとらえるのではない」[4]と示している。この点については、『新・社会福祉士養成講座7　相談援助の理論と方法Ⅰ』においても、アセスメントは個別の状況について、「問題把握」「支援標的・目標設定」「ニーズ確定」を行っていく段階である[5]と示されていることからも、精神保健福祉士にとってのアセスメントは、ソーシャルワーク過程全体の一部であり、「受理面接（インテーク）」と「個別支援計画の策定（プランニング）」をつなぐ位置にあるといえる。また加えて、アセ

スメントは「モニタリング」の段階で新しいニーズが出てきた場合や個別支援計画がうまくいかなくなった場合にも，より適切な個別支援計画を立て直すために再び「アセスメント」を行う。そのため，アセスメントは「モニタリング」と「再個別支援計画の策定（再プランニング）」をつなぐ位置にもあるといえる。

つまり，図3-1のように精神保健福祉士は常に変化するクライエントのニーズを正確にとらえるためにも，アセスメントを繰り返し行うことが必要となる。

（2）アセスメントを実施するうえでの精神保健福祉士の視点

次に，アセスメントを実施するうえでの精神保健福祉士の視点について述べる。

精神保健福祉士はアセスメントにおいて，クライエントの主訴あるいは生活上の困難さを解決するために，さまざまな情報を系統的に収集しなければならない。特に，精神保健福祉士は人と環境との関係性の観点から，クライエントを取り巻く環境の相互作用を把握することが重要になる。すなわち，精神保健福祉士にとってのアセスメントは，クライエントの生活の全体性と

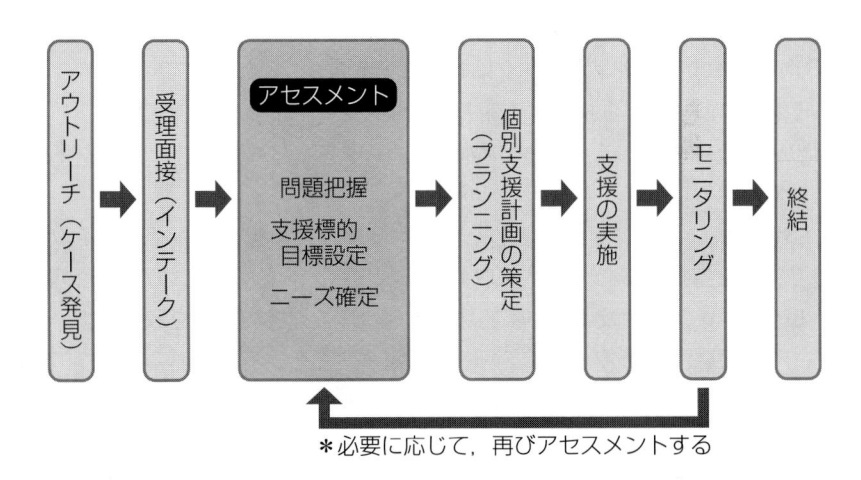

アウトリーチ（ケース発見） → 受理面接（インテーク） → **アセスメント**　問題把握　支援標的・目標設定　ニーズ確定 → 個別支援計画の策定（プランニング） → 支援の実施 → モニタリング → 終結

＊必要に応じて，再びアセスメントする

図3-1 ソーシャルワークの展開におけるアセスメントの位置づけ

表 3-1 アセスメントシート A

アセスメントの詳細項目
基本属性 　（①氏名，②性別，③生年月日，④身長・体重，⑤学級・学級担任， 　　⑥住所・電話番号)) ジェノグラム 生活歴 生徒の生活状況 生徒の家庭環境 生徒の学校生活状況（①学習面，②生活面） 生徒の出席等状況（①年次別欠席状況，②月別出席状況） エコマップ（人と環境の交互作用関係図）

関係性を明らかにする作業といえる。その際，精神保健福祉士に求められる視点は，クライエントをたとえば"不登校児童"や"いじめの被害者"などといった属性でとらえるのではなく，"生活者"としてとらえるという見方である。つまり，精神保健福祉士はクライエントの生きざまを尊重し，その人の持ち味を最大限に生かすことに焦点を当て，クライエントのもつ健康的な部分やストレングスが発揮できるような視点をもつことが必要である。

(3) スクールソーシャルワークにおけるアセスメントについて

それでは，学校現場における精神保健福祉士にとってのアセスメントにはどのような特徴があるのだろうか。次にSSW実践におけるアセスメントについて述べることにする。

SSW実践においても，先述した精神保健福祉士の視点から子どもを取り巻く環境を把握するために情報収集して状況の分析を行っていく。その際，子どものニーズ，学校環境，家庭環境，地域環境などの情報を収集していくが，その場合，アセスメントシートを活用することが有効である。

門田光司[6]は，スクール（学校）ソーシャルワークおけるアセスメントでは，アセスメントシートを活用して，①ジェノグラム，②エコマップ，③パワー交互作用マップ，④ニーズアセスメント，⑤行動の頻度の測定などの児童生徒がかかえる状況をとらえていく必要があると述べている。なお，参考

第3章 スクールソーシャルワークにおける精神保健福祉士のアセスメント

表3-2 アセスメントシートB

アセスメントの詳細項目

基本属性
　（①氏名，②性別，③生年月日，④学級・学級担任，⑤住所・電話番号）
相談主訴
相談種別（養護・非行・育成・障がい・その他　の中からチェックする）
ジェノグラム
相談に至る経緯
生徒の生活状況（①生育歴，②小学校時の状況，③現状）
生徒の家族と環境の状況
　（①保護者の状況，②保護者の意向，③兄弟関係，④その他の関係者）
生徒の学校生活状況
　（①全体的な印象，②気になる様子，③これまでの指導・支援の経過，
　　④友人や部活での様子，⑤進路希望）
生徒の基本的生活習慣（衣食住）
生徒の行動の特徴
生徒の基本的学力（①読み・書き・計算，②得意不得意）
コミュニケーション
健康（①身体的側面，②精神的側面）
興味・関心
生徒の思いや希望

として表3-1～3に，実際にSSWrが使用している3種類のアセスメントシートに収められている項目を示す。

表3-1～3の3つのアセスメントシートに共通している点は，①児童生徒の学年，性別，生年月日，担任氏名，住所，電話番号などの基本的属性に関する情報，②児童生徒の出席状況に関する情報，③児童生徒の生育歴，生活状況に関する情報，④児童生徒の学校での生活状況に関する情報，⑤ジェノグラムなどの家族関係に関する情報，⑥児童生徒の家族，家庭状況に関する情報などである。これは，学校現場での精神保健福祉士にとって，最低限，必要とされるアセスメント項目であるといえる。また，これらのアセスメントシートのなかには，ケース会議等（教育的支援内容の現状）の情報や，生徒や保護者の意向や思いに関する情報などの独自のアセスメント項目もみられ，各教育現場のSSWr（＝精神保健福祉士）によって創意工夫され

表3-3 アセスメントシートC

アセスメントの詳細項目
基本属性
　（①氏名，②性別，③生年月日，④学級・学級担任，⑤住所・電話番号）
相談主訴
ジェノグラム
生徒の生育歴
生徒の生活歴
生徒の出席等状況（①年次別欠席状況，②月別出席状況）
生徒の学校での生活状況
生徒の家庭での生活状況
家庭環境
生徒のニーズ
保護者の意向
ケース会議等での状況（①教育的支援内容，②指導的内容）
エコマップ（学校外の機関との関係図）

ていることがうかがえる。さらに，不登校に関するアセスメントについては，児童精神医学の領域において独自の多軸的アセスメントが用いられており，以下に紹介しておく。

　齋藤万比古[7]は，不登校に関する多軸的アセスメントとして，①不登校を主訴とする背景に発達障害の徴候がないかどうかを評価すること，②不登校の経過のどの段階にあるかを知ること，③子どものコーピングスキルのタイプを同定すること，④子どもを取り巻く社会的環境を評価することが必要であるとして不登校の多軸評価を構築している。また，小澤美代子[8]は，子どもの不登校状態をアセスメントするために，不登校の背景と原因をタイプに分け，不登校が進行していく5つの「段階」を軸としたアセスメントを考案している（表3-4）。

　このようなタイプ分けによるアセスメントも大変有効であり，場合に応じて活用することも必要であろう。

　これまでみてきたように，精神保健福祉学的アセスメントは，①生活基盤に関するアセスメント，②健康・障害・疾病に関するアセスメント，③日常生活に関するアセスメント，④コミュニケーションスキルに関するアセスメ

表 3-4　不登校の背景と原因のタイプ分けと進行段階のアセスメント

① 不登校の原因別タイプ分け

【背景のタイプ】

心理的要因	・敏感すぎる，強い不安などの特性をもつ ・何かのきっかけで心に傷を受け，不安や混乱が多い
教育的要因	・学習の遅れ　・友人関係のトラブル　・教師とのトラブル
福祉的要因	・家庭崩壊　・経済的困窮　・ネグレクト　・家族の病気 ・虐待

【発生のタイプ】

急性型	何かの出来事をきっかけに急激に不適応状態に陥り，葛藤が強く不登校になる場合
慢性型	日ごろから欠席がちであり，特に大きなきっかけが見当たらないのに休み始め，気がついたら不登校状態であった場合

② 不登校が進行していく段階

段階	行動の状態	情緒の状態	支援の目的
前兆期	不活発	煩悶	孤立緩和
初期	不安定	混乱	安定させる
中期	膠着	安定	エネルギーをためさせる
後期	回復	試行	考え・行動に方向性をもたせる
社会復帰	活動	自立	活動への援助

出典：小澤美代子編著：タイプ別・段階別　上手な登校刺激の与え方．ほんの森出版，東京，2006，p.124．

ント，⑤社会生活技能に関するアセスメント，⑥社会参加に関するアセスメント，⑦家族支援に関するアセスメントなどの広範囲にわたる事柄を包括的にアセスメントすることである。このような包括的なアセスメントは，クライエントを「生活者」としてとらえる視点から，広く社会環境をアセスメントするものであり，精神保健福祉学的アセスメントの特徴であるといえる。

最後に，筆者が学校現場で使用しているアセスメントシートと個別支援計画の様式を資料として示すので参考にしていただきたい（**資料3-1～2**）。

資料3-1 アセスメントシート

アセスメントシート

ふりがな				
児童生徒の氏名		生年月日　　年　　月　　日		
性別				
身長　　　cm　体重　　　kg				
学級　　　年　　組　担任氏名				
住所　〒				
電話				

生徒の出欠状況

① 年次別欠席状況

	1年次	日	2年次	日	3年次	日

② 200×年の出席状況

4月	5月	6月	7月	8月
9月	10月	11月	12月	1月
2月	3月	合計	特記事項	

ジェノグラム　　　　生活歴

エコマップ

児童生徒の生活状況

児童生徒の家庭環境　　　　保護者の思いや希望

　　　　　　　　　　　　　教職員の思いや希望

児童生徒の学校生活

学習面　　　　　　　　　　生活面

作成者氏名　　　　　　　　作成日

第3章 スクールソーシャルワークにおける精神保健福祉士のアセスメント

資料3-2　個別支援計画

個別支援計画

	作成年月日	年　月　日
	作成者氏名	

本人氏名：		学年	年	クラス
保護者氏名：				

意向・希望

本人	保護者	教職員

アセスメントから導き出された課題

援助方針

学校生活課題に関する支援計画

生活課題（解決すべき課題）	
長期目標	短期目標
支援内容	
支援担当者	

家庭地域生活に関する支援計画

生活課題（解決すべき課題）	
長期目標	短期目標
支援内容	
支援担当者	

第2節 アセスメントの記録方法

ここでは,「1 記録方法」で,精神保健福祉士の相談記録の意義ならびに具体的な記録内容,相談記録の支援への活用という観点から記録方法について整理していく。さらに,「2 マッピング技法」ではさまざまな情報を視覚的に表示するマッピング技法のうち,ジェノグラムとエコマップについて紹介することにしたい。

1 記録方法

(1) 精神保健福祉士にとってのアセスメント記録の意義とは

クライエントを生活者としてとらえ,クライエントの生活全体を理解するという視座をもつ精神保健福祉士は,クライエントの生活そのものを支援するという専門性を有する。

しかし,精神保健福祉士がクライエントの生活そのものを理解して支援するといっても,それほど容易なことではない。その理由は,生活には多くの人・物・情報・サービスなどが複雑に関係し合っているためである。したがって,精神保健福祉士がクライエントの生活を援助記録に書き留める際に重要なことは,生活に関するさまざまな側面を平面的に網羅するのではなく,それぞれの側面を組み合わせて,体系的かつ包括的に生活全体をとらえていくことである。

それでは,精神保健福祉士にとっての相談記録とは何なのであろうか。ここでは,相談記録の意義について整理しておきたい。

岩崎久志[9]は,精神保健福祉士における相談記録の目的として,次のようにまとめている。①クライエントの問題や状況を振り返ることによるクライエント理解の促進,およびアセスメントやプランニングなどの援助過程の検証,②クライエントと援助者との人間関係を客観的にとらえ,援助者自身の洞察を深め自己覚知に至らせる,③施設や機関が行った援助や提供したサービス全体の理解,④業務の引き継ぎのため(記録は公文書とみなされる),加えて,連携・送致先への情報提供の資料としての活用,⑤スーパービジョ

ンやケース会議のための資料，加えて，援助過程の分析や効果測定などの調査研究の資料，⑥権利擁護や契約の観点から，クライエントに対してなぜこのサービスを提供したのかを説明する責任のための資料。このように，精神保健福祉士にとって，ソーシャルワークの展開過程における記録は，記録を書くこと自体が自らの実践を振り返ることであり，それはクライエントや精神保健福祉士自らの心理状態や行動の意味に気づくことである。また，記述された記録を読み返すことによって，クライエントの気持ちや訴えなどの変化，さらには精神保健福祉士の支援内容や具体的な支援方法などの変化にも気づくことにつながってくる。したがって，記録はクライエントを理解するうえで必要不可欠なものであると同時に，精神保健福祉士が専門職として存在するうえで欠かすことのできないものである。

　また，記録は援助内容やクライエントの様子などを自由に記述すればよいというものではない。記録を書くためには次のような一定の条件があることを理解しなければならない。それは，①誰が読んでも理解できる客観性があること，②記録を読めばクライエントがどのような人で，どのような主訴（意向）をもち，どのような状況にあるのかが浮き彫りにされ，援助過程も具体的に理解することができること，③クライエントの表情，態度，しぐさ，話し方，言葉づかい，ソーシャルワーカーへの反応など，非言語的内容も含んで観察された側面が示されていること[9]である。

　記録の内容は援助目的によって変わってくるため，その援助目的が漠然としていれば，記録もあいまいなものになってしまう。また，ケースワークやグループワーク，コミュニティワーク，ケースマネジメント，社会資源の活用などの援助方法によっても記録の書き方は変わってくる。よく「記録なくして実践なし」または「すぐれた実践はすぐれた記録から生まれる」と表現されるように，精神保健福祉士がソーシャルワーク業務のなかで，記録を面接と並んで重要な手段および技法として位置づけているのは，記録と実践が密接で不可分な関係だからである。すなわち，記録とは，援助実践を映し出す鏡のようなものといえる。

（2）相談記録の種類と記録内容

　次に，精神保健福祉士の実践場面における具体的な相談記録の種類と記録

内容について示したい。

ソーシャルワークの過程における相談記録の様式には，①フェイスシート（基本事項用紙），②アセスメントシート（事前評価用紙），③プランニングシート（支援計画用紙），④プロセスシート（支援過程用紙），⑤モニタリングシート（経過観察用紙），⑥エバリュエーションシート（事後評価用紙）などがある。これらの様式について以下に説明を加える。

①フェイスシート（基本事項用紙）
　インテーク（初回）面接によって得られた個人の基本的属性（住所，氏名，生年月日など）や支援開始時の状況などの情報を記録する用紙。

②アセスメントシート（事前評価用紙）
　事前にどのような援助を実施するのか評価を行うものである。そのため，クライエントの生活のさまざまな側面やその環境条件，ニーズ，解決すべき課題などを記述し，事前評価としてまとめる用紙。

③プランニングシート（支援計画用紙）
　アセスメントの結果をもとに，長期目標・短期目標からなる支援目標とともに支援に関する計画をまとめるための用紙。

④プロセスシート（支援過程用紙）
　支援過程における精神保健福祉士（ソーシャルワーカー）とクライエントとの相互のかかわりやその過程を記録する用紙。時間の流れに沿って記録される部分と，定期的もしくは随時記録される部分がある。

⑤モニタリングシート（経過観察用紙）
　アセスメントやプランニングにおいて記録された項目の変化や，新たに生じた問題などを追加してまとめる用紙。

⑥エバリュエーションシート（事後評価用紙）
　支援の終結後に支援過程全体を振り返って，一連の援助過程を評価するも

ので，アセスメント，プランニング，プロセス，モニタリングが適切に実施されたか否か，さらに目標は達成されたのか否かについての評価を記録する用紙。

以上のように，ソーシャルワークの展開過程における相談記録の様式は，それぞれに目的をもって作成されている。どの様式を用いるのかについては，各過程での目的や状況を考慮して使用することになる。また，実際の支援場面では，支援の状況に合わせて必要な様式を組み合わせて用いることもある[10]。

(3) 相談記録に網羅すべき記録内容

相談記録では，①具体的に困っている問題は何か，②その問題がいつ起こり，どのような経過をたどったのか，③クライエント本人やその家族あるいは関係する人びとがその問題をどのようにとらえているのか，④クライエント本人はその問題をどのように感じているのか，⑤ソーシャルワーカーの援助内容，⑥援助をとおしてソーシャルワーカーが感じたこと（所感）[10]などの内容を網羅する必要がある。

特に，上述したアセスメントシート（事前評価用紙）においては，事前に得られるさまざまな情報を探索的に記述する必要がある。小嶋章吾[11]は，アセスメントにおける情報把握のための枠組みとして，「問題とそれを取り巻く状況および経緯」「クライエントの概要」「問題の背景やメカニズム」「援助方法」の4つをあげている（表3-5）。

このように相談記録ではさまざまな情報を把握し包括的に記述するのであるが，さらに視覚的にわかりやすく把握する手段として，ジェノグラムやエコマップといったマッピング（地図化）技法が用いられる。なお，ジェノグラムやエコマップについては次項で詳しくみていくことにする。

次に，これまで述べてきた相談記録を実際の支援に活用するための工夫と留意点について述べたい。

(4) 相談記録を支援に生かすための工夫

先にも述べたように，相談記録はクライエントの生活そのものを把握し理

表3-5 情報把握のための4つの枠組み

(1) 問題とそれを取り巻く状況および経過 ①クライエントの問題 ②関係者が呈示する問題 ③問題が生じている状況 ④問題が生じてきた経緯	(3) 問題の背景やメカニズム ①クライエントの性格特性 ②生育歴 ③家族関係と家族力動 ④社会関係と相互力動
(2) クライエントの概要 ①家族構成 ②生活状況 ③生活歴 ④親族・支援者の状況 ⑤社会関係	(4) 援助方法 ①過去の援助歴とその評価 ②各種社会資源の現状と課題

出典　小嶋章吾：事例研究の書式（フォーマット），日本社会福祉実践理論学会監修・米本秀仁・高橋信行・志村健一編著，事例研究・教育法―理論と実践力の向上を目指して，川島書店，東京，2004，pp.135-136.

解することであるため、クライエントを取り巻く生活環境を明確に把握する必要がある。その際、クライエントの生活状況は「クライエントと環境の相互作用」によって営まれているととらえるエコロジカルな（生態学的な）視点が有効になる。このエコロジカルな視点では、人間の生活を3つのレベルでとらえる。それは、個人や家族、グループ（集団）を対象とするミクロレベル、学校、病院、町内会や近隣などの地域（community）を対象とするメゾレベル、さらに、制度や法律を対象とするマクロレベルである。さらにこれら3つの生活レベルは相互に循環し、空間的な広がりをもつものとしてとらえられる（図3-2）。

つまり、精神保健福祉士はミクロからマクロレベルまでの3つの生活空間で繰り広げられる空間そのものや人と環境の接点（インターフェイス）を把握することにより、さまざまな角度からクライエントにとっての生活について見つめていくことが必要になる。さらに、エコロジカルな視点に時間軸（生活時間）を組み入れた発想も情報収集をする際に有効である。なぜならば、時間は人間の生活のなかで、非常に強烈な役割を演じており、時間の流れのなかで生活は営まれているからである。この発想を先ほどの3つのレベルと組み合わせたものが図3-3である。

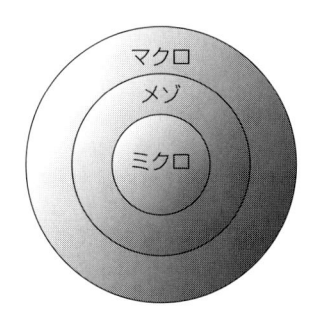

図3-2 人間の生活空間（ミクロからマクロレベルへの広がり）

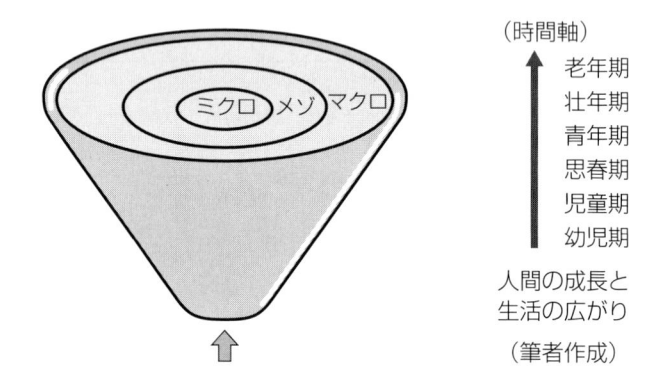

図3-3 人間の成長と生活の広がりを取り入れたエコロジカルな視点

このように，クライエントにかかわる諸要素とその関係を時間的変化に関する情報として理解することで，今後，将来的にかかわる可能性のある情報を把握することは，個別支援計画を作成するにあたっても有用な発想となる。

（5）相談記録を支援に生かすうえでの留意点

相談記録を支援に生かすうえでの留意点として，まず，客観的事実と精神保健福祉士の解釈を分けて記述することが重要である。解釈には，当然ながら精神保健福祉士の判断や意見が含まれる。したがって，判断の根拠や精神保健福祉士が支援の過程で思考した過程についても記述することが必要である。また，クライエントの言葉や行動，および周囲の状況について，5W

1 H（when, where, who, why, what, how）に基づきながら正確に記述することが求められる。

　さらに、記録の取り扱いについては、情報の共有や開示と同時に個人情報保護（秘密の保持）という、相反する課題がある。記録をとることやその活用方法についてはクライエントの承諾を得ることが重要である。ケースカンファレンスをはじめとする関連機関等との情報共有など記録の開示については、必要に応じて口頭だけでなく承諾書などで明文化することも大切である。また、日常の記録については、記録を行う場所、記録の持ち運び、保管場所などの情報保護の意識を常にもっておくことが必要である。特に、記録の保管については、厳重な鍵つきの保管庫の使用や持ち出しの制限など一定のガイドラインの作成[12]も必要である。

　繰り返しになるが、相談記録はクライエントの生活をとらえ、理解することであり、ソーシャルワーク過程において効率的にクライエントのニーズと社会資源を結びつけ、クライエントの自己決定や自己実現が行われるための必要不可欠な実践である。そのため、クライエント主体であることを明確に意識しなければならないことと同時に、相談記録はクライエントのためにあるということを忘れてはならない。

❷ マッピング技法

　相談記録ではさまざまな情報を把握し包括的に記述することになるが、さらに視覚的にわかりやすく把握する手段としてマッピング技法がよく用いられる。

　マッピング技法は、対人援助における複雑な問題状況を図式化することによって、クライエントの問題を明確にすることができ、特に、人と環境の相互作用関係や生活環境のさまざまな要素間の関係性を全体的に表すことが可能になる。したがって、マッピング技法を用いることは問題の状況、人間関係、役割葛藤、ストレス状況などの関係性を一目で把握することになり、精神保健福祉士が対人援助を行う際の大変有効なアセスメント技法となる。

　では次に、マッピング技法のうち、対人援助の場面でよく使用されるジェノグラムとエコマップの活用について詳しく紹介していく。

(1) ジェノグラムの活用

ジェノグラム（genogram）は，家族療法家であり，精神科医でもあるボーエン（Bowen, M.）によって考案されたものである。ジェノグラムは2～3世代以上の家族メンバーとその人間関係を記載する家系図作成法であり，日本では，「家族関係図」や「世代相関図」ともいわれる。主に家族療法の領域で広く用いられているが，近年では精神保健福祉領域でも多用される。

このジェノグラムでは，複雑な家族構造や家族メンバー間の情緒的関係，さらには前世代からの長い家族歴を視覚的に表示することが可能[13]になる。そのためクライエントの問題や症状が家族との関係でどのように形成されてきたか，そしてその問題が現在の家族という場のなかでどのような位置づけにあるのかを理解する手がかりとなる。

また，ジェノグラムを用いて家族関係の歴史に焦点を当てることによって，今まで見えていなかった家族内での問題の形成過程や家族機能の状況，連鎖する一定の家族パターンについての有効な援助仮説を導き出すことも可能になる。実際に，児童相談所などの虐待ケアを行う機関では，"虐待の連鎖"を把握するためにジェノグラムが用いられている。

なお，表3-6はジェノグラムを描く際の基本的なルールをまとめたものである。また，図3-4にある家族のジェノグラム（架空）を参考として示すので参照されたい。

(2) エコマップの活用

エコマップは，1975年にハートマン（Hartman, A.）によって考案されたもので，「ecological map（生態学的地図）」を略して"eco-map（エコマップ）"という。エコマップはクライエントを取り巻く諸要素とそれらの関係を記号で表示することによって簡便な理解を促進することに特色がある。エコマップの効用として，人間関係や社会（資源）関係のネットワークを視覚的にわかりやすく把握できる，諸関係の現状を把握できるとともに欠如や不足なども理解できる[14]などがある。表3-7に示すように，エコマップを描く際のルールとしては，①エコマップの中心には先述したクライエントおよびその家族のジェノグラムがおかれる，②生活するうえで関係の深い組織，人，物，ペットなどが配置される，③関係の強さ（あるは心理的距離）に

表3-6　ジェノグラム作成にあたっての基本的ルール

①男性は「□」，女性は「○」で描き，名前や年齢は記号のなか，もしくはそばに記す。
②夫婦を描く場合，原則的に男性を左，女性を右に描く。
③夫婦の子どもは，一段下に並列に描き，生年順に左から描く。
④夫婦，親子，兄弟姉妹などは1本の直線でつなぐ。
⑤夫婦の場合，結婚した年あるいは婚姻期間がわかる場合は，その直線上に記す。
⑥同居している人同士を線（点線など）で囲い，居住する場所も記す（たとえば，A県B市など）。
⑦学年，職業，疾病や障害の有無，健康状態などがわかる場合には，記号のそばに記す。
⑧死亡した人の年齢がわかる場合は記号に書き込む。
⑨特別に情緒的な支えになっているペットなどがいる場合も表示することがある。

よって位置が定められる，④配置される諸資源は，場合によってはフォーマル資源とインフォーマル資源に分けて記される[15]などである。なお，図3-5にあるクライエントのエコマップ（架空）を例示する。

エコマップの活用によって，全体像や関係性を把握することに加え，社会的な支援のネットワークのなかでの欠如や不足なども理解することができる。また，図3-6のようにエコマップを並べることによって，支援過程の変遷についても把握することができ，支援（介入）の効果を評価する際にも有効である。

以上のように，ジェノグラムとエコマップなどのマッピング技法を活用することで，クライエントが家族あるいは社会との関係のなかでかかえる錯綜した問題を視覚的に把握することができ，生活全体の構造のなかでどのような問題や課題があり，家族の歴史あるいは地域社会の文化のなかでどのような変化や経過をたどっているのかを理解することが可能になる。

```
                         幸代
                         65歳              洋一      美恵子
              茂夫        無職              63歳      61歳
              2005年に死亡（年金受給）      自営業    自営業手伝い
               ⊠─────○                □──────○      熊本県
                      │                      │          C市在住
           埼玉県      │                      │
           B市在住     │                      │
      太一           ┌─┴─┐                  │
      33歳          □    □──────────────────◎   良子
      食品工場      健二                          31歳
      勤務          29歳                          専業主婦
                    IT企業勤務
                         福岡県         ○
                         A市在住       めぐみ
                                       4歳
                                       保育園児
```

【ジェノグラムで用いられる記号の例】

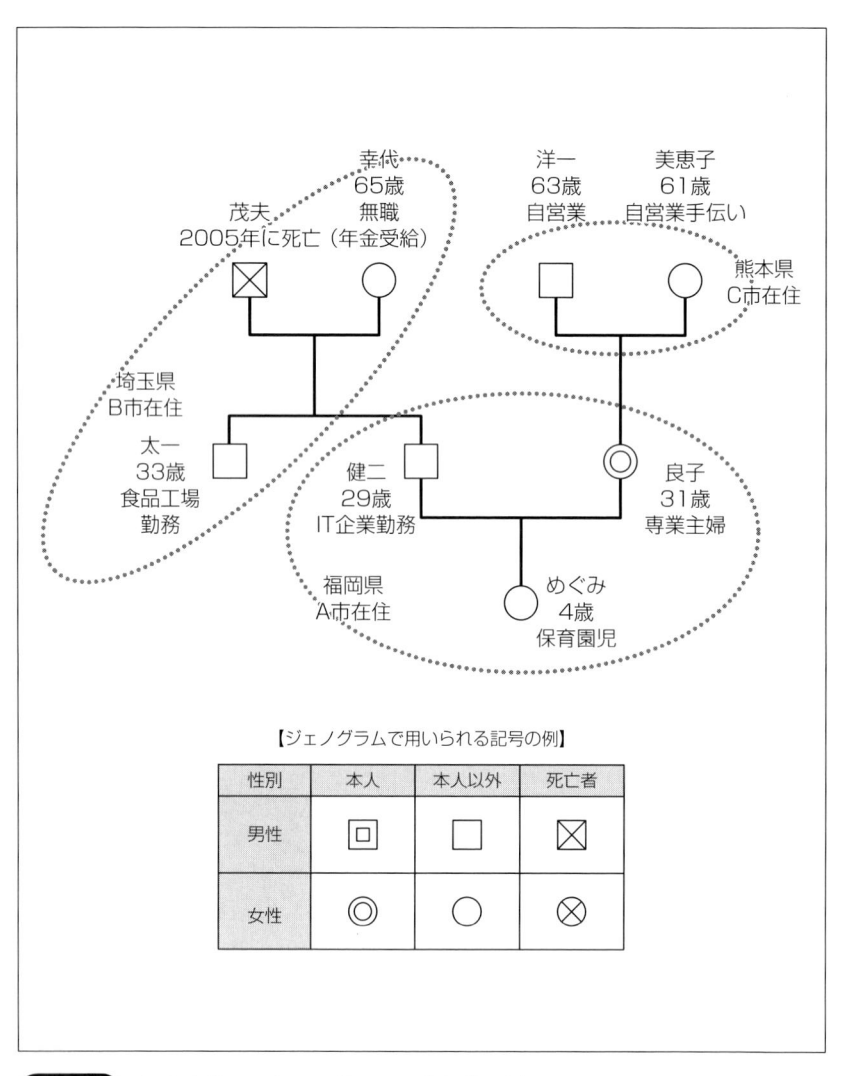

性別	本人	本人以外	死亡者
男性	□	□	⊠
女性	◎	○	⊗

図3-4 ある家族のジェノグラムの例（架空）

表3-7 エコマップを描く際の基本的なルール

①ジェノグラムは，エコマップの中心に記す。
②生活するうえで関係の深い組織，人，物，ペットなど（たとえば，学校，職場，趣味，友人，近隣，役所，保健医療サービスなど）を描き出す。
③二重線，点線，波線，点線などの記号を用いて，各社会資源との関係性を記す。
④場合によって，諸資源はフォーマル資源とインフォーマル資源に分けて記される。

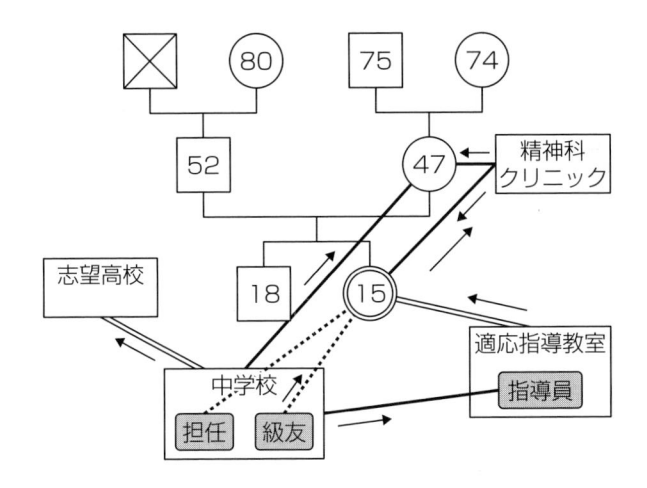

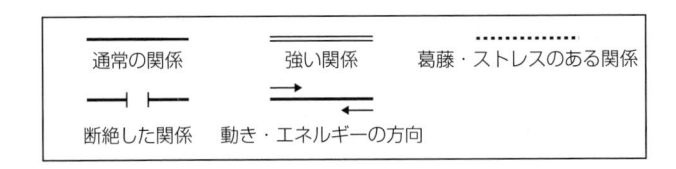

図3-5 エコマップ作成における記号の意味と具体例

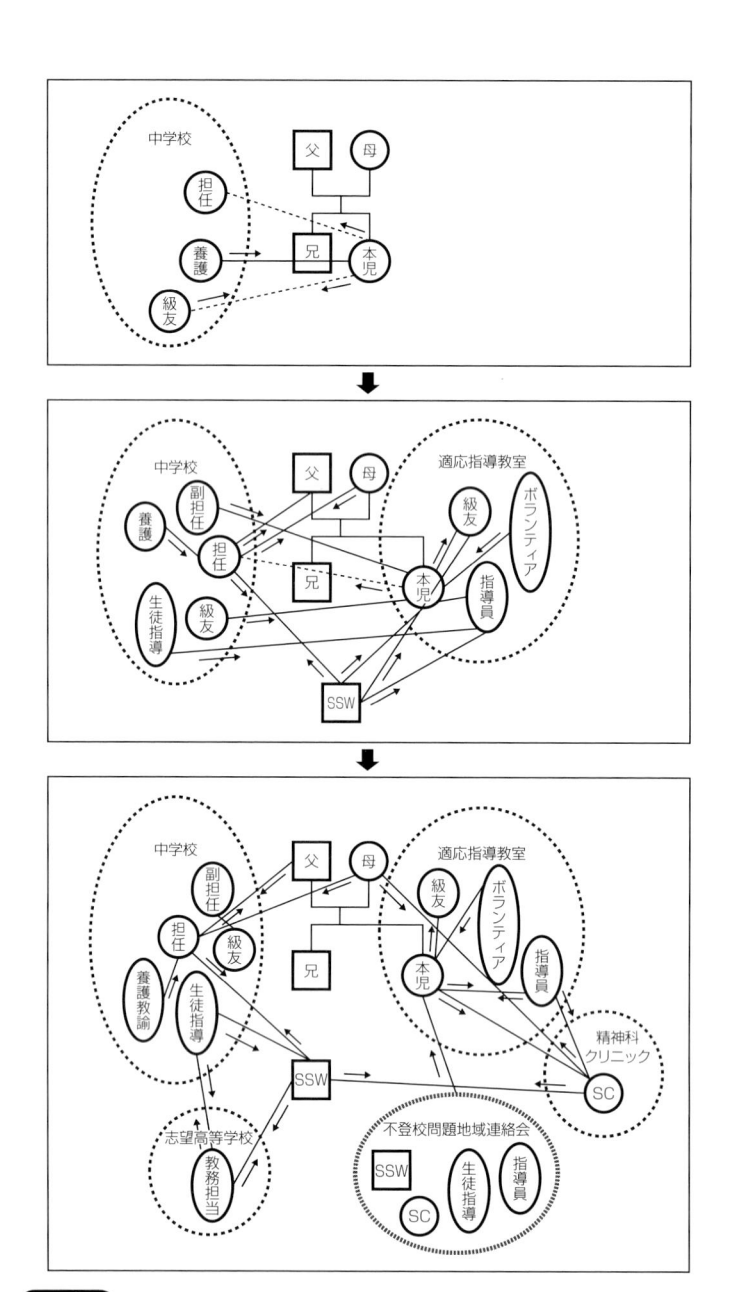

図3-6 エコマップからみた支援過程の変遷（ある支援過程の例）

第3節 スクールソーシャルワーク実践におけるアセスメント記録

❶ 「書かされる記録」と「書く記録」

　クライエントの支援を行う際，当然だが，多くのSSWrは何らかの「記録」や「メモ」をとる。それは何のためか？「学校や教育委員会へ報告するための必要な作業」という消極的な側面をはじめ，「SSWr自身の記憶があいまいだから（大切なことを忘れないため）」といった理由や，「支援中のメモ書きをまとめたもの」といった認識もあるだろう。確かに，「記録する」という作業は時間がかかる。本格的に行うにはそれなりの時間を要し，客観的に他者が見てもわかるような体裁を整えるのには苦労する。

　しかし，「何のための記録か」という問いを立てたとき，その答えは決して上述したようなことだけではない。①クライエントの利益や権利擁護をめざし，より適切な支援活動を実施すること，②他機関・他職種との情報共有を円滑に行うこと，③適切な支援活動の継続性を保障すること，④クライエントとの情報を共有しコミュニケーションを促進すること，⑤公的活動としての適切性を示すこと（法的根拠や定められた手続きに基づいた活動であることを示す），⑥支援活動の内容と結果（影響・成果）を資料として蓄積すること，などが記録の目的としてあげられる[16]。こうした観点からも，「書かされる記録」ではなく，積極的に活用することを前提とした，主体的な「書く記録」としての価値づけがなされる必要がある。

❷ 記録と倫理

　SSWrは，これまで述べてきたような目的に向かってさまざまな場面で記録を行うが，そこでは記録を書く，あるいは情報を収集する際の倫理的配慮について考える必要がある。ケーグル（Kagle, J. D.）は，ソーシャルワーカーが行う記録に対し，プライバシー保護の基本原則として以下の4点を示している[17]。

①秘密保持の原則：クライエントが専門職との関係において明らかにした，個人的な情報を開示から守ること。
②制限の原則　　：個人情報の収集，文書化，および保持を制限することによってクライエントのプライバシーを保護する。
③アクセスの原則：クライエントとその家族，および代理人が記録にアクセスすることによって，どのような情報が収集され，文書化されて，機関のなかで情報がどのように解釈され，用いられているかを，サービスの受け手が知ることを認めることによって，クライエントのプライバシー（権）を高める。
④匿名性の原則　：クライエントの情報を特定の価値ある目的のために使用することを認めるにあたって，クライエントの名前および他の識別情報を覆い隠すことによって，プライバシーを保護する。

また，SSWrの多くは専門職団体に所属している（たとえば，日本ソーシャルワーカー協会や日本社会福祉士会，日本精神保健福祉士協会など）。そこには各種の倫理綱領が定められており，そのなかには記録や情報収集の際に重要な示唆を与える規定がある。ここでは，社団法人日本精神保健福祉士協会倫理綱領を中心にみてみたい（表3-8）。

この倫理綱領では，倫理原則と倫理基準をもとに構成されているが，このうち，倫理原則は，「専門職の責務として認識するべきことを提示したもの」であり，倫理基準は「実際に目的達成のために行うべきことや，してはならないこと」を示している[18]。

表3-8に示しているのは，この倫理原則と倫理基準のうち，記録を行う際に注目しなければならない部分である。すなわち，「クライエントに対する責務」のなかの「プライバシーと秘密保持」に該当する部分である。クライエントの自己決定や主体性の尊重というソーシャルワーク実践における中心的課題を見据えながら，SSWの実践レベルに落とし込み，倫理基準の各項目を解釈しながら考え，実践することが求められる。記録を書きはじめる際，あるいはインテーク面接など初回のかかわりの際に，記録をとること

表 3-8 社団法人日本精神保健福祉士協会の倫理綱領（一部抜粋）

秘密保持
倫理原則
1．クライエントに対する責務
（3）プライバシーと秘密保持
　　精神保健福祉士は，クライエントのプライバシーを尊重し，その秘密を保持する。

倫理基準
1．クライエントに対する責務
（3）プライバシーと秘密保持
　　精神保健福祉士は，クライエントのプライバシーの権利を擁護し，業務上知り得た個人情報について秘密を保持する。なお，業務を辞めたあとでも，秘密を保持する義務は継続する。
　a　第三者から情報の開示の要求がある場合，クライエントの同意を得たうえで開示する。クライエントに不利益を及ぼす可能性がある時には，クライエントの秘密保持を優先する。
　b　秘密を保持することにより，クライエントまたは第三者の生命，財産に緊急の被害が予測される場合は，クライエントとの協議を含め慎重に対処する。
　c　複数の機関による支援やケースカンファレンス等を行う場合には，本人の了承を得て行い，個人情報の提供は必要最小限にとどめる。また，その秘密保持に関しては，細心の注意を払う。
　　クライエントに関係する人びととの個人情報に関しても同様の配慮を行う。
　d　クライエントを他機関に紹介するときには，個人情報や記録の提供についてクライエントとの協議を経て決める。
　e　研究等の目的で事例検討を行うときには，本人の了承を得るとともに，個人を特定できないように留意する。
　f　クライエントから要求があるときは，クライエントの個人情報を開示する。ただし，記録の中にある第三者の秘密を保護しなければならない。
　g　電子機器等によりクライエントの情報を伝達する場合，その情報の秘密性を保証できるよう最善の方策を用い，慎重に行う。

出典　社団法人日本精神保健福祉士協会.

や，記録の使用法について十分な説明と同意が必要になる。そのうえに立って，記録をSSWr以外の第三者に開示するときは，その旨の理解を得る必要がある。特に他機関との連携はSSWrにより実践場面で多く営まれるネットワーク構築場面である。この際にも，クライエント中心の立場により，クライエントの承諾や理解を得たうえで連携をとる必要があろう。ともすれば，「あの人には言ってほしくなかったのに」「SSWrに相談したことで，周りの人と気まずい関係になった」「私たちの知らないところで勝手に私たちのことを考え，物事を進めている」など，「よかれと信じてなされた支援」がクライエントとの関係性を崩壊させ，結果としてクライエントの生活のしづらさを増幅させることにもつながりかねない。

　さらに，ここでは他機関とのケースカンファレンスについてもふれられている。ケースカンファレンス（ケース会議）では他機関（学校・行政・医療機関・民生委員など）や他職種との情報交換だけでなく，そこでの支援方針の検討・役割分担などがなされる。当然そこには記録が介在する。そのため，事前にその用途や方法（どのような目的で，どのような人たちが，どのような資料を扱うか）について，クライエントの了承を得ておくことが必要になる。加えて，必要に応じてケース会議へクライエントと共に参加することも考えられる。その際はケース会議のコーディネートを行う一方で，事前に十分な打ち合わせなどを行い，クライエントが自発的な発言をできる機会の保持につとめたり，クライエントの代弁者となることができるよう働きかける必要がある。

　そして，記録の方法である。前述したとおり，記録を行うにはそれなりに時間を要する。特にSSWrは教育事務所や教育委員会，基幹となる小中学校に配置されることが多く，所属機関と学校や家庭，連携先の他機関との間を往復することも多い。そのようななかで作成される記録であるが，ここでも十分な注意が必要である。記録用紙を持って移動することが多いため，その保管には十分な注意が必要である。また，記録媒体の保管も同様である。基本的に記録はソーシャルワーク実践の一連の流れのなかで行われるものである。訪問先や自宅での記録は最小限にとどめ，記録はSSW業務の一部であることを再認識し，自己の実践をていねいに振り返りながら所属機関で記録を作成したり保管することが望ましい。

③ スクールソーシャルワーカー（精神保健福祉士）の行うアセスメントと記録

(1) アセスメントの視点

　精神保健福祉士がSSWrとして子どもや家庭，ひいては学校や地域の支援にあたるとき，常に念頭においておきたいのがリカバリー概念を機軸にしたストレングス視点である。リカバリーの意味するところは，日常生活の悩みを病理的であるとすることをやめ，その代わりに，生活の困難を乗り越えて，どうしたらうまく彼らの願望の達成を援助できるかに集中することである[19]。不登校や引きこもりといった，「生活を抑圧された環境」に身をおく子どもやそばにいる家族たちの支援にあたるとき，「病気」や「障害」「欠陥」などに固執した視点から解き放たれ，「願望」や「能力」「機会」といった「可能性」から彼らをとらえなおす機会がアセスメントでは求められる。ラップ（Rapp, C. A.）とゴスチャ（Goscha, R. J.）は従来の問題志向のアセスメントとストレングス志向のアセスメントを**表3-9**のように整理し，比較を行っている[20]。

　SSW実践の多くは，学校関係者からの「依頼」により情報収集や家庭訪問などの介入が始まる。しかし，その多くは「学校に来ていない」という現象そのものを問題ととらえていたり，「怠学傾向」「経済問題がある」「親が育児をきちんとしていない」など，子どもや家庭の「問題」といわれる現象に着目されがちになる。しかしながら，「評価」とは果たしてこの子どもや家庭の「問題」のみを評価するのであろうか。ここでいう「評価」は，ソーシャルワークを基盤とするそれぞれのSSWrが，共有する理論（知識），技術，そして価値や倫理といったものを対象となる子どもや家庭へ照射し，それらの現状を見立て，適切な支援計画を立てるための視座となるものを生み出す作業である。「問題の早期解決」のために，問題点のみに固執するのではなく，健康な部分や将来の可能性を意識し，問題を「子どもや家庭の一部分」と見立てる必要性がSSWrには求められる。

　この評価プロセスにおいては，エンパワメントの概念が重要視される。SSWrの支援がめざすものは，子どもや家庭がエンパワメントされていくことを支えることである。このエンパワメントには5つのプロセスがあるとされる。①基本的な生活ニーズの充足が主要な段階，②新しい知識やサービス

表 3-9 アセスメントの比較

ストレングス志向のアセスメント	問題志向のアセスメント
・人が望み，欲し，希望し，願望し，夢見るもの，人の才能，技能，知識。全体的な描写。 ・利用者がおかれている状況の観点から情報を収集する。 ・民族文化的背景。 ・対話と目的に富む。	・問題として診断をくだす。 ・問題と関連して質問が続けられる。ニーズ，欠陥，症状。 ・問題志向のアセスメントは，専門家の視点からみたクライエントの問題の原因を追究する。分析的。 ・疑問文の面接である。
・「今ここで」に焦点が当てられる。将来／過去について話し合う。これまでどのようにしのいできたかを問う。 ・人びとは個人と環境のなかで自分の望むものを決定する，かけがえのない人間としてみなされる。 ・アセスメントは関係性が基盤にあり，現在進行形で，決して完全なものではない。 ・励まし，助言，承認は過程において不可欠である。 ・ストレングスアセスメントは特有で詳細なものである。人を個別化する。 ・自然な支援のネットワークの活性化と形成を調べる。	・機能水準を確認するための診断評価の手順に焦点が当てられる。 ・クライエントは行動に関して洞察に欠き，問題や病理については否認しているとみなされる。 ・クライエントは直接決定を導くサービス供給者の介入のために，無抵抗で受動的になっている。 ・専門家に特有で均質な言葉を使いながら，診断または問題の分類の対象として人を診る。 ・解決策とみなされているフォーマルサービスで，問題とニーズを管理することを強調する。
・利用者の権威と所有意識。 ・専門家は「私はあなたからなにを学ぶことができますか」と尋ねる。	・専門家によってコントロールされる。 ・専門家は「あなたが学ぶ必要があること／就くべき仕事は」と指示する。

出典 C.A.ラップ・R.J.ゴスチャ著・田中英樹監訳：ストレングスモデル―精神障害者のためのケースマネジメント．金剛出版，東京，2008，p.36．

のアクセスの欠如を認識する段階，③自己のおかれている差別や搾取の構造を認識し，変革に向かうことを意識化する段階，④積極的に社会変革のために社会活動に参加する段階，⑤エンパワメントが進むなかで得たパワーのコントロール（権力行使）の自由な選択が可能になる段階である[21]。子どもや家庭の問題解決を行うのがSSWrではない。子どもや家庭が主体的に問題を解決していく力を取り戻す（自律する力を養う）プロセスを支えるのがSSWrである。

(2) 実践プロセスとアセスメント記録

1) 経過記録用紙

①経過記録用紙の例

date/time	data	assessment	check
9/14 10:00	【電話相談】○○中学校校長より相談。3年生男子，平成○○年○月より不登校傾向，○○月より完全不登校，現在は家庭に引きこもり，学校関係者との接触が図れない状態。学校関係者による母親との面会は可能であるとのこと。	情報収集のため，校長のほか，担任と養護教諭の同席を依頼する。	9/16 11:00 に情報収集と打ち合わせのため○○中学校訪問。
9/16 11:00 〜12:20	【学校訪問】情報収集・打ち合わせ。 【参加者】校長・養護教諭・担任・SSWr 担任・養護教諭とは初対面であったため，簡単にSSWrの役割の説明と自己紹介を行う。 【概要説明（校長）】校長の考えでは，小学校から行っていた野球の成績が振るわなくなったのが原因ではないかと考えられるとのこと。 【養護教諭】これまでの健康診断の状況から，身体的問題はないと考えている。 【担任】家庭訪問を行っても本人は顔を見せず，父親・もしくは母親が顔を見せるが「本人の気持ち次第」とあまり積極的な姿勢を見せない。野球以外の要因があるのではないかと考え始めている。 学校としては，家庭状況の把握ができていないことなどからSSWrに協力を得たいとのことで了承する。 担任からSSWrの役割を保護者に伝えてもらい，SSWrの訪問の可否を本人・保護者にうかがうこととした。	野球以外の要因も十分に考えられる。家庭訪問による家庭状況の把握・信頼関係づくりが必要。	9/18 担任より連絡。SSWr訪問の許可が保護者より得られたとのこと。訪問は9/23 16:00
9/23 16:00 （この時間帯が母親を含めた家庭訪問が行いやすい）〜17:00	【家庭訪問】 【参加者】母親・担任・SSWr A君宅訪問。A君は在宅しているものの，部屋から出てこない。両親とも在宅しているが，母親が応対する。SSWrが自己紹介と役割の説明を行い，今回の支援についての了解を得る。 【家庭での様子（母親より）】朝の起床が遅く，自宅内でゲームをして過ごしたり，近所の本屋・ショッピングセンターなどへ一人で出かけている。 【家庭の状況】祖母が入院中。父親は不景気により，これまで勤務してきた会社を解雇され，最近高齢者福祉施設でデイサービスの送迎の	学校へは行かないものの，<u>買い物へ出かけるなどの行動をすることはできている</u>。 母親は，5年前に再婚し，東京から引っ越して	

141

date/time	data	assessment	check
	仕事（嘱託）を始めたばかり。母親はパートでスーパーの惣菜づくりをしている。 【その他】部屋の整理が行き届いていないことがよくわかる。次回の訪問はSSWrのみで行う旨をA君に伝えてもらう。	きた。自動車の運転免許をもたず、自転車で仕事と祖母の病院、自宅を往復する。	次回訪問は9/25を予定。それまでに母親からSSWrをA君に紹介しておく。
9/25 16:20 〜17:15	【家庭訪問】 【参加者】A君・母親・SSWr A君と面談（母親には席をはずしてもらう）。SSWrの役割を説明し、日常会話から信頼関係を構築する。学校へ行くことを当初からの目標にせず、一緒に目標づくりをするところから始めることを伝える。父親の仕事の状況や母親の様子から、家庭の経済状況への不安と将来不安が派生していることが話された。 母親と面談。母親自身も生活上の困難さを吐露する（長女の子育て、交通手段のなさ、祖母の入院、パート、自宅の経済状況）。傾聴を心がける。	初対面だからか、会話が長く続かない。短い時間で自室と往復したりモジモジ・手遊びなどが散見される。 母子ともに、経済的不安や将来不安がある。	
9/28 16:00	【家庭訪問】 【参加者】A君・母親・SSWr 自宅の経済的問題・特に修学旅行の積立金などについて教育委員会の補助の活用を案内する。当初は困惑気味であったが、ていねいに説明するなかで、活用に対して前向きな姿勢をみせるようになる。	経済不安に対する就学援助制度の活用	学校長・事務職員との情報共有。説明書類の準備。 次回訪問 9/30 13:00〜
9/30 13:00	【家庭訪問】 【参加者】A君・SSWr 継続して面談を続ける。信頼関係もだいぶ構築されてきた。 【本人】学校に行きたいわけではないけど、勉強もついていけないし…妹の面倒もみなければならないし…。 →これまで祖母が面倒をみてきた妹について、家族が不在のときにA君が面倒をみていたことがわかった（本日は父親が在宅）。	学校に行くこと自体に対して、決して否定的ではない。 本人のモジモジする態度や会話の持続力は変わらない。SCとの連携が必要か。	

第3章　スクールソーシャルワークにおける精神保健福祉士のアセスメント

date/time	data	assessment	check
		長女の問題については子育て支援センターなどと連携する必要がある。	母親の了承を得ることができれば関係機関と情報共有のうえ，ケース会議の実施。次回訪問 10/1 14:00～
10/1　14:00	【家庭訪問】 【参加者】父親・母親・SSWr 母親のこれまでの生活のしづらさをていねいにうかがいながら，長女の育児に関する状況について話し合う。 【母親】A君には申し訳ない思いがある。これまで祖母が面倒をみてくれていたが，生活のことを考えるとどうしても仕事に行く必要があり…どうしていいかわからない。 【父親】A君のモジモジや会話については，今の時期だけじゃないかとあまり気にしていない様子。もし，専門的にみてもらえるならお願いしたい。 →SSWrとSCの役割の違いをていねいに説明。本人・保護者の同意により，SCによる訪問を行ってもらうようにする。 【SSWr】A君に対する支援だけではなく家庭全体のことについて支援者で話し合うことを提案。想定される支援者と家族を図（エコマップ）に示しながら，一度関係者で話し合いの場をつくることを提案する。母親は戸惑いながらも，守秘義務のことや家族の自己決定の尊重などを説明すると了承する。	母親は，今の状況ではいけないという強い思いがある。 父親もまったく家庭・A君のことを考えていないわけではない。 ケース会議開催に向けたA君・母親との事前打ち合わせが必要。	SCへ訪問を依頼（学校へも連絡）。
10/2	【情報共有】 A君のケースについて情報の共有を行うと同時にケース会議の開催に向けた準備・日程調整などを行う。		日程・場所の設定。
10/8　10:30	【校内ケース会議】 【参加者】校長・担任・SC・子育て支援課・子育て支援センター・A君・母親・SSWr 簡単な自己紹介とA君家族のかかえる困難さについて説明。 SSWrがコーディネートしながら，ケース会議を開催。		

date/time	data	assessment	check
	会議終了後，A君・母親とも緊張したものの，「よかった」と語られる。 ※詳細については【支援計画と関係者の役割】に記載。		

②経過記録用紙の解説

　a）date/time

　　基本的なことであるが，「いつ，どこで，誰と，何を，どのように」実践したのかを記録することが大前提である。家庭の都合に合わせた訪問しやすい時間帯や，担任などと連携する際の都合のいい時間帯（休憩・あき時間）を記載しておくと，あとの連絡調整を行いやすい。

　b）data

　　ここでは，大まかな内容を【電話相談】【家庭訪問】【情報共有】【連絡調整】【ケース会議】，などと示しておくとあとの振り返りや整理を行いやすい。またそこへの【参加者】も記しておく必要がある。さらに，客観的な情報にするために，誰がどのような内容を語ったのかを記載する。得られた情報を記録する方法（記録の文体）としては，以下のように叙述体や説明体などがある[22]。

　　叙述体：時間の経過に沿って起こった出来事だけを（記録者の説明や解釈を加えずに）記述する文体。叙述体は，記述の詳細の程度によって，ソーシャルワーカーやクライエントの相互作用を詳細に記述する過程叙述体と，要点を絞って全体を短縮して記述する圧縮叙述体に分けられる。
　　説明体：客観的事実やクライエントの発言に対するソーシャルワーカーの解釈や見解を説明するための文体。あらかじめ主観的情報と客観的情報が項目分けされていない場合，これを明確に区別して記述することが重要。

　c）assessment

　　ここでは，【電話相談】や【家庭訪問】【ケース会議】などを行った際，

SSWrの気づきや主観を記述する。先に述べたアセスメントの視点に従い記述を行い，アセスメントシートの作成やケース会議でのクライエントの主体性・自己決定をサポートする場面で活用される。それらをもとに支援計画が子どもや家族とともに作成される。

d) check

data欄，assessment欄に対応し，次の行動予定や，行動の完了などを記載し，SSW業務が円滑に遂行されるようにする。備考欄としても有効に活用できる。

2) アセスメントシート
①アセスメントシートの例

開始 20XX・9・14/終了			No. 0123
再開　　　　／終了			SSWr　○○　××
氏名	○○ △△（A君）　（Ⓜ・F）	19XX年XX月XX日生（　）歳	
住所		○○中学校3年X組	
自宅連絡先　000-000-0000 学校連絡先　111-111-1111		学校関係者 校　　長　○○○○ 養護教諭　○○○○ 担　　任　○○○○	

関係機関・氏名	連絡先	関係機関・氏名	連絡先
○○教育委員会　B氏	222-222-2222	民生委員　F氏	666-666-6666
○○中学校SC　C氏	333-333-3333	保健福祉センター　G氏	777-777-7777
○○市子育て支援課　D氏	444-444-4444		
子育て支援センター　E氏	555-555-5555		

【学校での状況など】	【出席状況など】
・小学校3年生からソフトボールを始め，中学校入学と同時に野球部に所属。小学生時はソフトボール部の主力メンバーとして活躍していたが，中学校の野球部では目立った活躍をしていない。 ・学習面の遅れが目立つ。低学力。 ・小学校時からの友人は多い。 ・登校時は，友人と談笑したりするなど，普通の生活をおくることができている。 ・高校の受験のことなど，将来のことについて学校・保護者を交えた検討がなされていない。 ・欠席日数の多さが，これからの受験に影響を与える可能性もある。	中学2年○月より登校をしぶりだす。週2～3日の登校をしていた（遅刻早退を含む）が，○○月より完全不登校。 1年次欠席：○○日 2年次欠席：○○日 3年次欠席：○○日

【生活歴・家庭状況など】
・父親は前の妻と離婚後に現在の妻と再婚し，長女をもうけている。
・母親（継母）は，入院中の祖母の病院への見舞い（洗濯物の交換），パート，長女の子育てに

追われる日々。交通手段がないため，長距離を自転車で往復している。
- これまで長女の面倒をみていた祖母が入院したため，パートが休みのときの母親・父親・そしてA君が交互に長女の面倒をみていた。
- 自宅は明らかに散らかっており，片づけなどが行き届いてない様子がわかる。
- 父親は不況の影響で前職を解雇され，現在は高齢者福祉施設でデイサービスの送迎の仕事（パート）を行っている。

【保険・社会資源など利用状況】

- 国民健康保険，国民年金
- 就学支援制度（〇〇年〇〇月申請）

【子ども・家族のニーズ】
- A君は学校に行きたいと思っている。家庭の現状から具体的に動き出すことができずにいる。
- 母親も今の状況を改善したいと願っている。
- 母親はA君にとって継母だが，しっかりA君や祖母など家族のことを考えて，これからの生活を立て直したいと考えている。

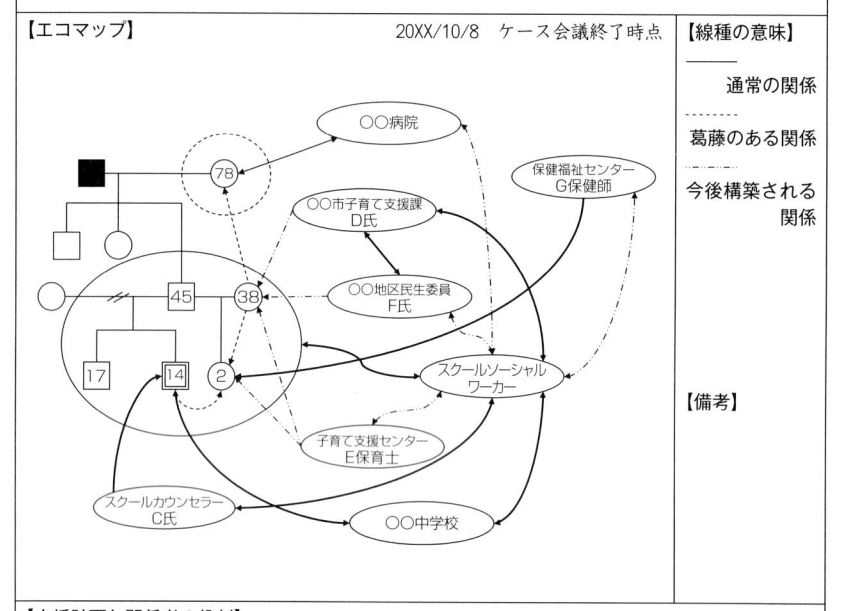

【エコマップ】　20XX/10/8　ケース会議終了時点

【線種の意味】
―――― 通常の関係
------ 葛藤のある関係
―・―・ 今後構築される関係

【備考】

【支援計画と関係者の役割】

目標（短期）	担当者(含:本人)	支援内容	評価
安定した学校生活が営めるよう経済不安の軽減	母親・校長	就学援助制度の活用を中心にA君の学校生活に必要な経費の捻出を行う。	校長より再度母親へ制度説明を行い，申請。

長女の育児方針の確立	母親・子育て支援課・子育て支援センター・SSWr	母親・A君の負担軽減のため、保育園の活用に向けた準備、その他に活用できる社会資源の検討を行う。地区の民生委員（女性：子育て経験者）の紹介と顔合わせも検討。保健福祉センター保健師とも情報共有していく。祖母の退院時期や、祖母の状態を検討しながら進めていく（○○病院SWとの調整）。	〈現在進行中〉
A君の発達上の課題の明確化	A君・SC・校長	SCによる訪問と心理的アセスメントにより、課題を明確化する。そのうえで、効果的な復学に向けた学校内での支援体制を再度検討する。	<u>SCによる所見：発達にばらつきがみられる。普通学級での指導は可能であるが、サポート体制の構築が必要。</u>
全体的な支援のコーディネート	SSWr	A君と家族の自己決定を大切にしつつ、関係者との調整を行う。必要に応じたケース会議の実施（中期的視点）。	〈現在進行中〉

目標（長期）本人の希望・願望	担当者（含：本人）	支援内容	評価
A君が主体的に日常生活上の問題について取り組めるようになる	A君・家族・担任・SSWr	家庭への介入を機に、A君の変化をていねいに観察しながら、関係機関と評価を共有し、A君の最善の利益を重視し、自己決定できる環境を設定していく。	〈現在進行中〉
A君が具体的な将来像を自分の意思で考えられる（言葉に表す）ようになる	A君・担任・SC・SSWr	これからの家庭環境の変化により、徐々に不安軽減が図られる。その際に、これまでA君が抑圧してきた将来への願望を表現できるよう定期的な面談の場を設ける。	〈現在進行中〉
安定した家庭生活の実現	A君・母親・SSWr・民生委員	家庭の状況改善と同時に日常生活上の不安・負担について相談・解決できる力を養う。民生委員などとのネットワーク構築。	〈現在進行中〉

②アセスメントシートの解説

アセスメントシートの記入については，当初からシートを意識することで，それに頼りがちになり，家庭訪問や面談の際，シートの空欄を埋めていくような「閉ざされた質問」を多用したコミュニケーション（SSWrだけにとって都合のいい面接）に陥りやすい。種々の情報は必要な事項を必要なときに，子どもや家族の語る苦しみや感情表出に合わせ，経過記録用紙を活用しながら経過記録用紙のdata欄も含めて，記載していくことが重要である。

特に不登校や引きこもりのケースになると，その事象だけに着目されがちで，早期の「問題解決」を迫られることもある。しかし，それを引き起こしている背景や家族全体の状況，子ども本人を取り巻く環境との接点に着目しながらかかわっていく。そのなかで主体的に語られた希望や願望をアセスメントシートに落とし込んでいく作業が必要になってくる。

エコマップの作成に関しては，クライエントと共に課題を整理するために作成していくことも1つの手段である。また，ケース会議時にホワイトボードなどを活用しながら関係者・本人を含めた集団のなかで作成され，支援の進捗に合わせてつくり直されていく。この際，支援計画と関係者の役割も明確にしておく。目標を「登校」とする場合もあるかもしれないが，目の前の「次の身近なステップは何か？」を常に意識しながら，具体的かつ社会的な手当を計画のなかに盛り込んでいく。特に，支援プロセスにおいて子どもや家族が担う役割も併せて記載し，共にリカバリーしていく共同体であることを意識づける。エンパワメントの視点から考えても，自らのことに自ら取り組むことで，失われた自己肯定感を取り戻し，主体的にリカバリーしていくことを後押しすることが必要である。

文　献

1) 藤縄昭：面接―患者心理，医師-患者関係を含む．小椋力・田辺敬貴編，精神医学的診断法と検査法，臨床精神医学講座第16巻，中山書店，東京，1999．pp.11-18．
2) 原田憲一：主訴と病歴．小椋力・田辺敬貴編，精神医学的診断法と検査法，臨床精神医学講座第16巻，中山書店，東京，1999，pp.21-25．
3) 笠原嘉・西岡和郎：精神症状の把握．小椋力・田辺敬貴編，精神医学的診断法

と検査法，臨床精神医学講座第16巻，中山書店，東京，1999，pp.31-40.
4) 日本精神保健福祉士協会・日本精神保健福祉学会監：精神保健福祉用語辞典．中央法規出版，東京，2004，pp.6-7.
5) 社会福祉士養成講座編集委員会編：相談援助の理論と方法Ⅰ．新・社会福祉士養成講座７．中央法規出版，東京，2009，pp.106-108.
6) 門田光司：学校ソーシャルワーク入門．中央法規出版，東京，2002，p.87.
7) 齋藤万比古編：不登校対応ガイドブック．中山書店，東京，2007，pp.121-124.
8) 小澤美代子編著：タイプ別・段階別　続上手な登校刺激の与え方．ほんの森出版，東京，2006，pp.68-70.
9) 岩崎久志：ケース記録の意義と方法．米川和雄編著，スクールソーシャルワーク実習・演習テキスト，北大路書房，京都，2010，pp.71-76.
10) 大塚理加：記録の種類と取り扱い．副田あけみ・小嶋章吾編著，ソーシャルワーク記録—理論と技法，誠信書房，東京，2006，pp.30-31.
11) 小嶋章吾：事例記録の書式（フォーマット）．日本社会福祉実践理論学会監・米本秀仁・高橋信行・志村健一編著，事例研究・教育法—理論と実践力の向上を目指して，川島書店，東京，2004，pp.135-136.
12) 蔵野ともみ：記録の留意点．副田あけみ・小嶋章吾編著，ソーシャルワーク記録—理論と技法，誠信書房，東京，2006.
13) 太田義弘：ソーシャル・ワークにおけるアセスメント—その意義と方法．ソーシャルワーク研究，vol.20，no.4，1995，pp.260-266.
14) 米本秀仁：エコマップ．日本社会福祉実践理論学会監・米本秀仁・高橋信行・志村健一編著，事例研究・教育法—理論と実践力の向上を目指して，川島書店，東京，2004，pp.56-63.
15) 木原活信：マッピング・プラクティスの活用．岡本民夫・平塚良子編著，新しいソーシャルワークの展開，ミネルヴァ書房，京都，2010，pp.121-123.
16) 副田あけみ：記録のとらえ方と目的．副田あけみ・小嶋章吾編，ソーシャルワーク記録—理論と技法，誠信書房，東京，2006，pp.4-5.
17) J.D.ケーゲル著・久保紘章・佐藤豊道監訳：ソーシャルワーク記録．相川書房，東京，2006，pp.200-205.
18) 日本精神保健福祉士協会編：日本精神保健福祉士協会生涯研修制度共通テキスト．第１巻，2008，p.49.
19) C.A.ラップ・R.J.ゴスチャ著・田中英樹監訳：ストレングスモデル—精神障害者のためのケースマネジメント．金剛出版，東京，2008，p.36.
20) 前掲書19)．p.129.

21) 久木田純：概説／エンパワーメントとは何か（エンパワーメント―人間尊重社会の新しいパラダイム）．現代のエスプリ，376，1998，p.13．
22) 木谷雅彦：記録の文体とスタイル．副田あけみ・小嶋章吾編，ソーシャルワーク記録―理論と技法，誠信書房，東京，2006，pp.35-36．

第4章 事象別実践事例

① 経済的困難

【事　例】

　X年7月に開かれた教育相談委員会にて，中学校2年生のA君が気になる生徒としてあがった。A君は両親が離婚し名字が変わったころから遅刻が多くなり，頑張っていた野球部もやめたいとクラスメイトに告げている。スクールソーシャルワーカー（以下，SSWr）が学校事務に確認したところ修学旅行の積立金が2カ月分と給食費が1カ月分滞り，電話をしても留守番電話になってつながらない状態であった。

　その日の放課後にSSWrはA君と面談した。A君は視線をやや下に向け聞き取りにくいしゃべり方が気になるが，日焼けした顔は健康的であった。部活に関して聞くと，「明日にでも顧問の先生にやめることを言うつもりだった。理由は新調が必要なユニフォームやグローブを買ってもらえそうにないから」と話していた。

　そこでSSWrは，「ユニフォームやグローブについては顧問の先生が相談に乗ってくれるし，お母さんに対しても私から話をすることで君の役に立つことがあると思う」とA君に話をして，母親とも面談することを約束した。

○経過1
〈母親との面談より①〉

　X－1年の12月に母親は家を出てA君と共に実家に戻り，X年3月から2人で賃貸のアパートに移っている。夫は自営業で工務店を営んでいるが，仕事が減ってきて生活が苦しくなり夫婦仲も悪くなった。また，夫から必要な生活費をもらえなくなったため，消費者金融に借金をしてなんとか生活していた。しかしそのことに関して争いが多くなり，また夫から暴力を振るわれたこともあって別居となり，X年6月に正式に離婚している。

　X年3月からスーパーマーケットでの仕事を始めたが，仕事仲間から絶えず悪口を言われているような思いが強くなり2カ月で退職。憂鬱な気分が続き元気が出ないとのことであった。

　アパートへの引っ越し費用などもかさみ，5カ所の消費者金融から借金をしている。催促があった業者に，別の業者から借りて返しているような状態で，最近は電話に出ることが怖くなっていてなんとかしたいと話す。

　母親は子どもには迷惑をかけたくないし，クラブ活動なども普通にさせてやりたい。離婚した夫にも子どものことについては協力してもらいたいと思っていると語っていた。

　本事例におけるこの場面での課題として以下のことが考えられた。
　課題1：メンタル面の健康状態に問題があると考えられる。
　課題2：現在失業中であり安定した収入がない。
　課題3：多重債務の問題があり解決の糸口がみえない。
　課題4：A君の父親からの協力が得られていない。

●支援1

　SSWrは家庭生活の安定がA君の利益にもつながるので，現状を改善する方法を一緒に考えていった。

　まず課題1に対して，気持ちの落ち込みは以前からあり，最近は幻聴が聞こえることもあるとのことから精神科の受診につなぎ，服薬による加療，訪問看護の定期訪問を利用することで生活の安定を図ることを検討した。その後，現在かかえている課題について説明，課題を共有したうえで生活の改善を進め，受診については抵抗があったようだが，課題解消のために大切な要

因であることを理解してもらった。診断の結果，統合失調症との診断であったが症状は軽度で就労にも問題はなく，気持ちの安定と服薬管理を定着させるために当面週に1回の看護師による訪問が行われることとなった。

課題2に対して，資格をとりたい，福祉の仕事にも関心があるとのことなので，SSWrはハローワークが窓口になっている「緊急人材育成支援事業」の介護職員養成のプログラムを紹介した（6カ月の訓練期間中は世帯主に対し毎月12万円の生活費が支給される）。その後，ハローワークへSSWrも同行し，「緊急人材育成支援事業」の窓口で手続きを行った。ハローワークではキャリアコンサルタントから事業に対するていねいな説明を受け安心されている様子であった。今後はキャリアコンサルタントが訓練や就労についての相談窓口となる。

課題3に対してSSWrは債務の累積は300万円を超えていて現状では返済は困難であるため，多重債務等の相談機関である「法テラス」を紹介して，弁護士や司法書士による法的な措置につないだ。その後，「法テラス」から登録されている司法書士の紹介を受け，債務整理の契約を結ぶこととなった。母親は法律相談ということで不安そうであったが，司法書士事務所での面談にも同行できる旨を伝えると安心された。のちに自己破産の手続きが必要との判断になった。低所得者は法律扶助が活用でき，司法書士への支払いは免除される制度があること，今後借り入れができなくなること以外には大きな不利益はないことと，子どものためにも仕事をして安定した生活ができるよう努力してもらいたいといった話が司法書士からなされた。

課題4に対してSSWrは父親と面識がある野球部の顧問に父親との面会を依頼し，今後のA君の教育や部活を続けるための支援についての相談をしてもらった。父親からは新しい家庭をもつ予定もあり自分の事業も債務が増えたいへんなことと，別れた妻がA君の面倒をみる約束になっているとの話がなされた。教諭からはまだ父親の通帳に振り込まれている「子ども手当」を母親の通帳に移す手続きをすること，さらにA君の高校進学に関する学費については考えてもらいたいとの話をしたところ了承がもらえた。また野球のユニフォームについては学校で準備し，グローブについては父親が購入することになった。

★視点1

　ソーシャルワーカーの専門性の1つは社会資源等の活用について引き出しをたくさんもっていることである。つまり福祉やその周辺分野の諸制度に関する知識，地域の社会資源についての理解，そして幅広い人的ネットワークをもつことである。

　「経済的困難」を考える場合，学校に通っている生徒以上にその家庭に介入する必要があり，ソーシャルワーカーが培ってきた経験と技量を問われることとなる。しかしその際，SSWrが直接支援すべきは子どもたちであることを忘れてはならない。

○経過2

〈A君の担任より〉

　A君は，以前に比べクラスでの活動にも積極的に参加していて遅刻もなくなった。将来の夢について聞くと，大学まで行きたいと言っており勉強も頑張っている。またグローブを買ってもらったことで途絶えていた父親との交流もできているようで，先日は休みの日にキャッチボールをしたと楽しそうに話していた。ほとんど会話をしなかった母親にも，学校であったことをいろいろ話すようになったため母親から驚かれていると言っていた。

〈母親との面談より②〉

　ハローワークへの同行や債務整理の契約のための支援を行ったこともあり，SSWrとA君，母親との信頼関係は強くなった。そこで次の段階を一緒に考えることにした。

　債務の返済を行っている間は原則的に生活保護の対象とならないが，債務整理を行えば生活保護の申請も可能となるため母親に保護申請を検討してもらうことにした。

　本事例におけるこの場面での課題として以下のことが考えられた。

　課題5：現在は職業訓練中であるため生活費の給付があるが，給付には期限がある。

　課題6：現在は精神的に安定した状態が続いているが，職業訓練後の就労については母親自身がとても不安をもっている。

課題7：病気の治療は継続する必要があり，生活保護の医療扶助が受けられるようになれば安心して治療ができる。

●支援2

これまで安定した収入の家庭で生活してきた母親にとって，生活保護世帯になることには戸惑いがあり，特に市役所から親族に対し生活の援助ができないかどうかの照会通知が送られることに対して抵抗があった。

SSWrは以下の①～③の説明を行い，これから進学するA君も含めた今後の生活について考えて判断した旨を伝えた。

①生活保護を受給した場合，生活費・家賃・医療費といった費用が保障され安心して生活ができるようになる。
②福祉事務所は母子家庭の自立支援に力を入れており，ケースワーカーのほかに就労支援員からの援助も受けることができる。
③収入が少ないパートタイムの仕事から始めた場合は，生活保護費と収入の差額分を受け取ることができ，すぐに生活保護が廃止されるわけではない。

★視点2

小・中学校においてSSWrやスクールカウンセラー（以下，SC）は学校の外部から配属される形になるため，外部の機関や社会資源と学校をつなぐ役割としては最適である。ここで重要なことは利用するサービスや機関について十分な説明を行ったうえで選択してもらうことである。学校は本来教育と指導の場であるが，SSWrは福祉の理念に根ざした権利擁護と自己実現への支援を心がけなければならない。

○経過3

〈A君について〉

A君は勉強に目覚め，部活の終了後にコミュニティセンターで大学生が企画している無料の勉強会に行くようになった。

母親もA君が父親と会うことを容認するようになったため，野球の試合の観戦に父親が来ている。同居していたときよりも関係が近くなったようで，

2人でよく話もしている様子である。

〈母親について〉
　職業訓練終了後，障害者のデイサービスセンターで1日5時間のパートタイムの仕事をしている。就労が精神的につらく感じるときもあり，通院と服薬は続けているが精神科の訪問看護は必要なくなった。
　生活保護を受給しているが仕事を始め収入の申告を行っているため，受け取る金額は多くない。ケースワーカーとも相談し，時間をかけて正職員をめざしている。
　裁判所より免責の通知が届き債務整理は終了した。一度だけ取り立ての電話があったが，司法書士から指示があったとおりに債務整理をしている旨を伝え，連絡は司法書士にしてもらいたいと伝えたところ，以後電話はかかってこないとのこと。
　「いつも頭から離れなかった借金の問題がなくなり，病状も安定してきたことで子どもの将来についても考えることができるようになった。今の目標は生活保護から離れて自立し，来年中学3年になるA君を進学塾に通わせること。親として子どもの夢を応援したいと思う」（本人談）。

■まとめ
　2008（平成20）年のリーマン・ショック以降雇用環境は悪化し，働き盛りの中高年層の失業後の再雇用も困難となってきた。そのため生活保護の相談に訪れる相談者の質も大きく変化している。
　特に世帯主の失業は進学への不安をもたらすなど子どもたちの生活に直接かかわってきている。また経済的困難に端を発する家庭の崩壊，多重債務，自己破産といった課題についても福祉の専門職としてソーシャルワークの視野を広げる必要があり，学校現場からも福祉の専門性を生かしたSSWrの活躍が期待されている。

参考文献

1) 日本学校スクールソーシャルワーク学会編：スクールソーシャルワーカー養成テキスト．中央法規出版，東京，2008．
2) 門田光司・鈴木庸裕編著：ハンドブック学校ソーシャルワーク演習―実践のための手引き．ミネルヴァ書房，京都，2010．
3) 門田光司・奥村賢一：スクールソーシャルワーカーのしごと―学校ソーシャルワーク実践ガイド．中央法規出版，東京，2009．
4) 日本スクールソーシャルワーク協会編・山下英三郎・内田宏明・半羽利美佳編著：スクールソーシャルワーク論―歴史・理論・実践．学苑社，東京，2008．

②　家庭内暴力

【事　例１】
　B君の家族構成は、父親、母親、B君（中学生）の３人家族であった。父親はB君に対して関心が薄く、B君との会話がほとんどなかった。また、父親は自宅にいないことが多く、父親の存在感はほとんどなかった。
　B君は、外で夜遊びをすることが増え、昼夜逆転の生活を送るようになった。B君はしだいに不登校になった。母親はB君に学校に行くように話したが、B君は話を聞かなくなり、逆に金銭を要求するようになった。最初は母親も抵抗していたが、母親がB君に対して反論するとB君は暴力を振るうようになった。
　その後、母親から相談を受けた担任とSSWrが家庭訪問をした。ただ、自宅の中には通してもらうことができず、他の場所で面談することになった。母親の「B君を学校に行かせたい」という話にSSWrは耳を傾けた。SSWrは関係機関とケース会議を行い、情報収集をするとともに関係機関との連携を整え、B君に対する今後の支援の方向性について検討した。

● 支援
〈アセスメント〉
　B君の暴力の契機は非行が原因となっている。また、昼夜逆転の生活が現在の生活を悪化させている。
〈プランニング〉
　B君の生活リズムを改善させるため、関係機関と連携し見守り体制を構築する。母親の支援もできるように定期的な家庭訪問を行い、母親に対する暴力についても経過を観察する。SSWrの得た情報は、関係機関とのケース会議で情報を共有することとした。
〈介入〉
　B君の暴力行為について関係機関からケース会議においても情報が入るようにSSWrが橋渡し的役割を担った。
　またSSWrは、家庭環境の回復に向けて家庭訪問を重ね、関係機関とその都度具体的な役割や方針について確認を行った。

★視点

①母親との信頼関係の構築。
②SSWrと教諭との連携。
③SSWrと関係機関との連携。

【事　例２】

　Cさんの家族構成は，母親，Cさん（中学生）の2人家族であった。母子家庭であり，父親は近隣のアパートに住んでいた。父親，母親ともに生活保護を受給している。
　Cさんは，休まずに登校していたが，しだいに部活動を休むようになった。間もなく学校も休むようになり不登校となった。その後，Cさんは担任の家庭訪問等により，一時は登校するようになったが，同級生に対して暴力を振るうなどのトラブルを起こすことが増えていった。
　担任は母親との面談を行ったが，母親からは「Cさんが暴力をしたのは学校の責任だ」と言われ，そのことをSSWrに相談をした。担任とSSWrは，家庭訪問を行い母親の話に耳を傾けると，母親は泣きながらCさんとの関係について語った。

●支援

〈アセスメント〉
　Cさんは同級生とトラブルが生じてしまっている。母親は，仕事が原因で精神的に不安定となり，Cさんと会話もなくなっていた。そのため，Cさんも母親にかまってもらえていないことに対して不満があり，そのことで暴力行為をしていた様子がうかがえる。また，母子家庭で生活保護を受給しているため，家庭の経済状況の変化についても注視する必要がある。

〈プランニング〉
　Cさんの心理的なケアをSCに依頼する。母親の支援もできるように定期的な家庭訪問を行い，母親に対する暴力について経過を観察する。
　SSWrの得た情報は，関係機関とのケース会議で情報を共有することとした。

〈介入〉
　Cさんや母親のトラブルに関してすばやい対応ができるように，学内の支援体制を整えた。定期的な家庭訪問を重ね母親との信頼関係を構築し，母親の精神的なケアのため病院受診をすすめ同行することにした。受診の結果を受け，母親と今後の支援について話し合った。また，母親に家庭の経済状況についても話を聞き，経済の安定化についても話し合った。

★視点
　①SSWrと担任との連携。
　②SSWrと家庭との関係。
　③学校側の支援環境の確保。
　④母親の精神状態の確認。
　⑤母子家庭による経済状況の確認。

■まとめ
　家庭内暴力は，父親または母親との関係がうまくいっていないことが要因であることが多い。事例1および事例2ともに，家庭内の何らかのトラブルが原因で学校でトラブルを起こしていた。SSWrには家庭訪問の際，冷静な観察力が求められる。家庭内暴力を見抜くのは至難の業ではないだろうか。そのためにも，家庭訪問や本人や父親，母親との面談の時間は大切にする必要がある。SSWrのとらえ方が，支援方法や関係機関との連携に大きく作用するものと考える。
　また，SSWrは関係機関とのネットワークを構築しておくことも重要である。家庭内のデリケートな問題への対処には，SSWrだけでなく，関係諸機関の協力や支援が欠かせないものである。

3 虐　待

【事　例】
　X年3月にA市に転入してきたY家の子どもたちについてのケースが，X年9月の要保護児童対策地域協議会[*1]で検討された。母親は34歳，中学1年生の長女（Aさん），小学3年生の長男（B君），5歳の次男（C君）の4人家族で長女が不登校になっていた。

○経過1

〈ケース会議にて〉

◇主任児童委員からの報告

　X年3月に他市より転入してきたY家の次男C君がコンビニエンスストアでパンを盗んだ。店の前ですぐに食べていたため店主がとがめたが，よほど空腹な様子であったため，牛乳も与えそのまま店内でパンを食べさせた。また，右目の上が青くなり腫れていた。店主が話を聞くとC君は母親の携帯番号を知っていたため連絡をするも留守番電話になっていたとのこと。

◇小学校の地域支援担当教諭からの報告

　長男B君は快活な児童である。X年の1学期の間は遅刻もせずに登校していたが，2学期に入ってからは遅刻が増えてきている。給食を食べる量が多くなり，お代わりを繰り返す。朝食は十分にとれていないようである。

◇中学校の生徒指導担当教諭からの報告

　長女AさんはX年5月の連休までは登校していたが，その後休みが続いている。他市からの転入で友人もうまくできなかった様子で，X年の2学期は始業式の日に来ただけである。小学校5，6年のときも不登校傾向であったとの申し送りがある。電話連絡もつかないため，担任が何度か家庭を訪問しているが，呼び鈴を押しても返答がない。手紙と授業のプリントをポストに入れて帰ってきている。

※1　要保護児童対策地域協議会は児童福祉法第25条の2に定められ，各市町村に組織されている。ここでは地域のなかでの児童虐待にかかわる事例など，保護を必要としている児童の情報の交換を行い，その児童が必要とする支援の内容に関する協議等を行っている。

◇SSWrからの報告

　現状では生活の状況が断片的にしかつかめないが，食事が十分にとれていないようである。そのため早急に担任と訪問して家庭での様子を確認する。
　ネグレクトの事例とも考えられるので児童相談所にも連絡をし，家庭訪問の状況を報告することにし，ケース会議の開催に向けて準備を進める。

● 支援1
〈家庭への訪問〉

　ある日の夕方，母親と面識がある小学校のD教諭とSSWrで家庭訪問をした。
　Y家は民間のアパートだが，玄関の脇に雑誌や新聞紙が山のように積み上げられており，空き缶やペットボトルを入れたビニール袋で通路が塞がれつつあった。
　コンビニエンスストアの袋を持った母親とC君が帰宅してきたため，SSWrが自己紹介をし，学校からの依頼があり家庭訪問に来たことを告げた。AさんとB君は外出しておりどこに行ったかはわからない。その後，キッチンの食卓のテーブルで母親に話を聞いた。玄関の内側にもゴミが積まれており，シンクには洗いかけの食器が残っていた。テーブルの表面は少しべたつきお菓子の屑が残っていた。
　C君が落ち着かない様子なのでD教諭に外へ連れ出してもらい，けがのことなどについてC君から話を聞いてもらうようにした。

○ 経過2
〈母親からの聞き取り〉

　7月まで老人施設で介護の仕事をしていたが，体調が悪くなり仕事に行けなくなった。それからは寝たり起きたりの生活をしている。お金がないため通院もできていない。
　食欲がまったくないため食事をつくる気がしない。最近は1日1食だけのときもあり，夜中の12時過ぎにコンビニでおにぎりを買ってきて子どもに食べさせることもよくあるとのこと。倦怠感が続き人と話をすることもおっくうで，人が訪ねてきても出ないことが多い。夕方には少し気も晴れてくるので買い物に出かけることもあると話す。

いらいらして子どもたちにあたってしまうこともある。特にC君はB君に比べ落ち着きがないところがあり，以前通っていた保育園からも専門機関に相談したほうがよいのではないかと言われたことがある。

経済的に苦しく，両親との折り合いも悪いため生活の援助も期待できない。自分なりに頑張ってきたが，どうしたらいいのかわからない。

●支援2
〈ケース会議にて〉
◇SSWrからの報告

C君のけがについては親子でけんかしたときに母親が突き飛ばし，テーブルにぶつかってできたものであり，母親も反省していたが，母親のストレスがたまった場合，再度事故が起こる危険性のあることを指摘した。

母親は仕事をしていたころから不眠等の症状が出ており，心療内科で入眠剤を処方してもらっていた。また昔はシンナーを吸っていたとの発言もあり，薬物の使用についても注意が必要であることを報告した。

Aさんは，学校に行きたい気持ちはあるが勉強がわからないとのこと。掛け算の九九は6の段までしか言うことができず，会話の受け答えや表情は幼い感じであった。

Aさんに対し担任が適応指導教室への通級と，好きな科目である美術や体育の授業は参加することを提案した。本人も乗り気であったため母親の了承を得て，適応指導教室への体験通級を実施することにした。

さらに，経済的な問題や医療扶助の必要があるため，母親と話し合い生活保護を申請することとなった。

◇児童福祉課職員からの報告

看護師の資格をもつ家庭児童相談員が母親に同行し，総合病院の心療内科を受診，重度のうつ傾向のため加療の必要ありとの指摘があった。本人も病識があるため医師から説得をしてもらい，翌日から1週間の入院が決まった。

◇児童福祉司（児童相談所）からの報告

母親が入院中は児童相談所で子どもたちの一時保護を行い，AさんとC君に対しては生活行動の観察と知能検査の実施も予定している。

◇Aさんの担任からの報告

　体験通級後，本人が適応指導教室に行きたいと希望している。週に2回午後は中学校に行くことを約束しており，学校でも美術と体育以外の科目は個別学習を行い学力の補充を行う計画となっている。

◇主任児童委員からの報告

　Y家は近隣なので，これからは地域の行事への参加を呼びかけるなどして見守りを続けていき，経過については要保護児童対策地域協議会において報告するとのこと。

○経過3

　母親：総合病院の心療内科を受診，うつ傾向が強く加療の必要ありとの指摘があった。栄養失調気味でもあり点滴治療を施行し，病識があるため医師が説得をして内科の病棟で1週間の入院加療が行われた。

　子どもたち：児童相談所の職員より母親が入院の必要がある旨を伝え，1週間で家に帰れることを説明，承諾をもらったうえで一時保護が決定した。母親の退院後は家族4人で落ち着いた生活を取り戻している。

★視点

　児童虐待はSSWrが直面する大きな課題の1つである。登校していない児童・生徒の場合，児童相談所の職員や行政の保健師，ケースワーカー等とも協力し，なんらかのかたちで安否の確認が必要である。また幼児が繰り返し傷を負ってくるケースなどでは，写真を撮り記録として残しておくことも必要である。不登校とネグレクトのケースがつながることもあるが，緊急性が認められない場合については父母との信頼関係を築きつつ，子どもの権利擁護につながる介入や支援を行う必要がある。

　虐待が継続していることを認められる場合は，児童相談所が早急に児童を保護し親子を分離させるが，その後の再統合をどのように進めていくかが次の課題になってくる。虐待の加害者である父母も児童期に暴力を受けている例も多く，虐待を受けた子どものケアとともに父母へのケアも必要である。その場合，それぞれのケアについては各専門職が担当する必要がある。

■まとめ

　子どもの権利擁護を考える場合，さまざまな虐待行為から子どもを守ることが最優先の課題であることは間違いない。これまでは親が自分の子どもを愛し慈しむこと，適切なしつけをすることなどは自明のこととされていた。しかし，家庭でも学校や児童施設のなかでも，虐待やいじめなどそれに類する行為は特異な例とはいえなくなっており，現状では児童虐待の防止等に関する法律（以下，児童虐待防止法）等によって法的に子どもの生命や健康を守らなければならない事態となっている。

　児童虐待防止法では児童虐待を①身体的虐待（たたく，蹴る，火傷を負わすなどの身体への直接的な暴力），②心理的虐待（「産まなければよかった」など子どもの心がひどく傷つくような言動），③性的虐待（体を触る，性器を見せるなど子どもを使って自分の性的な満足を得る行為），④ネグレクト（食事を十分に与えない，不潔なまま放置する，病気やけがでも病院に連れて行かないなど保護者としての養育の義務を果たさない状態）と分類している。保護者として適切な養育の義務を果たさない状態であるネグレクトについては，周囲がその家庭環境に適切なかかわりをもたなければ子どもの生命にかかわることにもつながる。

　SSWrは虐待事例に対する積極的なかかわりを期待されている。権利擁護はソーシャルワーク業務の主たる目的であり，教員やカウンセラーといった学校にかかわる他の専門職以上に問題の解消に向けて力量を発揮する必要がある。

4 いじめ

【事 例1】

　Eさんの家族構成は，父親，母親，Eさん（中学生），妹の4人家族であった。Eさんは，小学校5年生のときに他県より転校してきた。父親と母親は口論が絶えず，父親はEさんにも言葉で威嚇することがあった。そのため，Eさんは学校で起きたことを父親には相談できず，母親にしか相談できない状況にあった。

　ある日，Eさんは学校の同級生とトラブルを起こした。その後，Eさんはその同級生から不快なあだ名で呼ばれ悪口を言われ始めた。Eさんも当初はがまんをしていたが，しだいに友達から離れていき孤立するようになった。Eさんはしだいに学校でも1人で行動することが多くなり，休み時間も誰とも会話をしなくなった。

　Eさんは孤立していることに耐えていたが，学校で出される宿題を他の同級生から押し付けられるようになる。断ることができず宿題をこなしていたが，押し付けられる宿題の量が増えていき，どうすることもできなくなり同級生と再びトラブルが起きた。

　Eさんは担任に相談し，担任に勧められてSSWrに相談に訪れた。

　SSWrは担任と一緒にEさんや母親と面談を行い，Eさんの状況について共通理解を図る場をつくった。その後，SSWrは担任と連携し，Eさんと定期的に面談ができる環境を確保し，トラブルに対応できるようにした。また，管理職の許可を得て，クラスの授業を観察し，給食や休み時間も教室で見守ることにした。

●支援

〈アセスメント〉

　Eさんはがまん強い性格ではあるが，学校での問題を母親にしか相談することができず，その後母親の仕事が忙しくなってからは，相談する相手がいなくなっている。父親に対しては，恐怖を感じているため，相談することができない様子であった。

　また，Eさんはおとなしい性格であり，クラスでの孤立が目立つように

なっていた。クラスでの居場所をつくるために，同級生の宿題も嫌な顔をせず引き受けていた。

〈プランニング〉

担任や管理職に許可を得て，SSWrがクラスにかかわることができるように配慮してもらい，クラスでの状況を観察する。また，家庭訪問をすることで，家庭の変化についても注意深く観察し，SSWrの得た情報は，校内のケース会議で共有することとした。

〈介入〉

Eさんは孤立することで友達と積極的に会話することができなかったが，担任や他の教諭，SSWrが連携して支援することで，少しずつではあったが会話ができるようになった。

また，SSWrは担任に宿題の出し方に工夫するようアドバイスを行った。そして，家庭訪問を行うことにより，父親に対しEさんの気持ちを代弁できるような支援を行った。

★視点

①SSWrと教諭との連携。
②SSWrとクラスとのかかわり。
③障害の関係を疑うこと。

【事例2】

Fさんの家族構成は，父親，母親，姉，Fさん（中学生）の4人家族であった。姉は校区内のリーダー的存在であり，Fさんは小学校のときから姉のそばで行動していた。

ある日，Fさんは同級生から嫌がらせを受け不登校になった。仲のよい友達と一緒に遊ぶことはあったが，学校には行こうとはしなかった。母親は，Fさんのことをどうすればよいか困り果て，SSWrのところに相談に訪れた。

母親の話から，Fさんはブログによる誹謗中傷を受け，ブログの内容が学校全体に知れてしまっていることで登校できないでいる。また，そのブログに書き込みを行ったのがFさんの親友であることでより傷ついているとのことであった。

SSWrは生徒指導主事と連携し，ブログについて対応を行った。また，担任と一緒に家庭訪問をし，Ｆさんや母親と面談を行い，Ｆさんの状況や変化について確認した。
　その後，SSWrがＦさんの自宅まで迎えに行き，Ｆさんと一緒に学校に登校するようになった。Ｆさんが別室登校できるように管理職から許可を得て，学校の生活に慣れさせるようにした。SSWrは担任と連携し，Ｆさんと定期的に学校で面談ができる環境を確保した。Ｆさんも，クラスに行ってみたいとの意思表示をしたので，SSWrもクラスに同行した。管理職の許可を得て，クラスの授業を観察し，給食や休み時間も教室で見守ることにした。観察や面談をとおしての状況は，定期的に開催する校内のケース会議で報告し，その都度支援体制を整えていった。

●支援

〈アセスメント〉
　Ｆさんの不登校の原因は，親友とのトラブルであった。そのことでストレスによる身体的な影響が出た。学校に対するストレスは過去にもあった。小学校時代の親友と姉のことで口論となって関係がなくなり，Ｆさんは裏切られたという思いがあり，人間不信になった経験がある。Ｆさんは，親友からブログに書き込みをされた理由がわからず，姉が原因ではないかと話している。

〈プランニング〉
　生徒指導主事と連携し，ブログについて対応を行い管理していく。家庭訪問をすることで，Ｆさんの状況や変化についてみていく。担任や管理職に許可を得て，SSWrがクラスにかかわることができるように配慮してもらい，クラスの状況をみていく。SSWrの得た情報は，校内のケース会議で共有することにする。

〈介入〉
　ブログによる書き込みも，生徒指導主事の対応や集会での呼びかけによりトラブルはなくなった。家庭訪問では，Ｆさんや母親のほかに姉についても面談を行った。
　登校の意思表示があり，SSWrも家庭から同行して登校した。すぐには教

室に入ることは困難であるため別室に登校し，担任や他の教諭と連携しながら対応した。Fさんの希望する生徒に別室に来てもらい，他の人にも徐々に信頼を回復することができるようにした。

★視点
①SSWrと教諭との連携。
②SSWrと家庭との関係。
③学校側の支援環境の確保。
④身体的な異常を疑うこと。

■まとめ
　いじめとは，強い立場にある者が弱い立場にある者を苦しめることをさすものであり，いじめの原因はいくつかの要因が複雑にかかわっている。事例1，2とも，いじめが原因で長期的な不登校になることは十分に予想される。しかし，SSWrの対応しだいでは，弱者だけではなく強者もいじめの対象にしてしまう危険性をはらんでいる。そのためにも，学校内でチームを組織することで，いじめ被害者に加え加害者に対しても支援していくことは重要である。また，いじめの背景も各々によって異なり，一人ひとりの状況を適切に把握し，それぞれの状況に応じた支援の実施が望まれる。
　そのため，SSWrは，日ごろからいじめに対応できるような校内のチームを構築しておくことが重要である。

5 不登校

【事 例】

児童A（小学校6年生12歳女子）は2学期になり登校していない。母親は「友人に悪口を言われたことを理由に学校へ行きたがらない」と言う。担任教諭が家庭訪問をするも児童Aには会えていない。心配した母親が広報でSSWrの存在を知り，担任教諭に連絡してSSWrに相談予約を入れ，相談に至る。

相談場所は学校でかまわないという母親の希望で，校内の相談室で，母親とSSWrの面談が実施された。

★視点1

相談経緯として，SSWrにはおおむね学校をとおして相談の連絡が入る場合が多い。特にSSWrの所属先が学校の場合，管理職を含め教職員との協働支援は必要不可欠である。この事例の場合，母親が即座にSSWrと直接話をしたいと言っていることから，学校へは言いにくい相談内容ということも予測される。仮に，この事例において母親が「学校へは相談することを秘密にしておいてください」という希望があったとしても，SSWrは，そのことを含め少なくとも管理職へ報告する義務は生じるだろう。そのために相談者に了承を得るには，あらかじめ，SSWrの役割を説明しておくとよい。できないことやSSWrの役割ではないことを「できる」というのはクライエントに対して不誠実であり，かつ，チームアプローチの円滑な支援を妨げることになる。「クライエントに伝わるように伝える」ための知識やスキルを精神保健福祉士はもっている。

●支援1

SSWrは児童Aの担任教諭に連絡が入った経緯を尋ね，同時に管理職にも報告するとともに，保護者とSSWrの二者で面談することの承諾を得た。

○経過1

担任教諭よりAと母親についての話を聞いた結果，次のような情報が得ら

れた。

①1学期末に同じ学級の女子数名とトラブルになり，保護者も交えての話し合いをした。トラブルの内容は悪口を言ったか言わないかといったことであったが，当事者同士で話し合った結果，納得したかたちで終結した。
②母親はAのことを心配していて，担任教諭にも相談している。

さらに，SSWrは母親との面談で次のような情報が得られた。

③1学期のトラブル時，担任教諭に対応を任せきりで，校長が対応しなかった。
④今は，担任教諭は家庭訪問してくれない。時々，プリントがポストに入っている程度である。
⑤上記に加え，担任教諭や学校の体制や行事に対する批判的な意見を言う。

★視点2

上記経過1で示した「情報」とは担任教諭，母親が述べる情報であり各々の主観が入ったものである。このような場合，第三者的立場になるSSWrはファシリテート機能を果たす。着目すべきは，「何が起こり，それに対し誰がどう感じて，何を望んでいるのか」という点である。

また，SSWrとして最も大切なことは，クライエントであるAがどのように感じ，どうしたいと思っているのか，ということである。担任教諭と保護者との共通かつ中心テーマはAについてである。したがって，A本人のニーズが明らかになれば，教職員・保護者がチームとして取り組むべき目標設定が可能となる。すると，副産物として母親の学校への不信感が解消することもありうる。

加えて，「相談したい」と言っている人の話をいったん受け止めるという作業は，情報収集のほかに，相談者をクールダウンさせるという効果が大きい。この場合も，SSWrが保護者の話に耳を傾け，受け止め（傾聴と受容），課題整理を促すことで，保護者は「学校への不満」から「子どもの不登校という課題」へ思考の中心をシフトすることができる。保護者，学校，関係機関と連携してチームで子ども支援する場合，支援者の目的を一致させる，い

表4-1 相談内容の整理

出来事	感じていること	望むこと	SSWrの対応
1学期末に女子どうしでのトラブルが生じたが、担任教諭、当事者と保護者の話し合いで終結した。	1学期のトラブル時、担任教諭に対応を任せきりで、校長が対応しなかった。	今は、校長先生にしてほしいことはない。	今後、同様の話題については傾聴にとどめる。場合によってはカウンセラーにつなぐ。
担任教諭が家庭訪問に行く。担任教諭は本人や保護者とは会えず、プリントを置いてくるのみにとどまっている。	プリントだけ置いてくる担任教諭に憤りを感じている。	顔を合わせて話をしたい。家庭訪問の際は声をかけてほしい。	担任教諭に「母親の望むこと」を伝えたうえで、担任教諭が対応可能なことを母親に伝える。

わば、初めの地ならし的作業はとても重要である。この作業は、のちの支援者チームのグループダイナミクス（グループ内での相互作用による力量）に大きな影響を与える。何の種をまくか（目標設定）を決め、土を耕す（支援のための準備をする）ことは実り（支援結果）に大きく影響するものである。

● 支援2

SSWrは、まず保護者の相談内容について面談をとおして整理し、担任教諭に伝えるべきことを伝えた（表4-1）。

○ 経過2

担任教諭に家庭訪問について母親の望むことを伝える。担任教諭は家庭訪問には頻繁に行っているため、どのようにしたらよいかを聴取するなかで、次のようなことがわかった。

①担任教諭は勤務後にA宅へ訪問しているため、夕方ごろの訪問が多い。
②母親は夕方から出勤するため、担任教諭が訪問するころは家にはいないとのこと。また、留守番している間はAには訪問者に対応しないよう言っている。
③A宅の玄関チャイムは壊れており、鳴らない。

上記の情報を踏まえ、母親と担任教諭との間にSSWrが入り、次のような方法をとることが決まった。

家庭訪問の際は、担任教諭が電話を入れてから訪問し、訪問した際は声か

けすること。
　さらに，SSWrは担任教諭が家庭訪問する際に同行してAと顔合わせすることを提案する。母親からは「よろしくお願いします」との返答がある。以後，母親は担任教諭の家庭訪問に関し，Aに担任教諭と話をするよう促したり，協力的姿勢がみられた。そこで，SSWrが家庭訪問に数回同行し，Aとも顔なじみになったころ，AとSSWrでの二者面談の実施を提案した。

★視点３

　経過２で記したように，チャイムが壊れていた等，些細と思われることが原因で支援が滞り，信頼関係に亀裂が生じていることもある。人それぞれの感じ方は違うものの，メンタル面にリスクが高い人の感じ方として，（たとえば「推測する」ということが困難な場合や，「被害的な思考になりがちである」等），些細と思われる行き違いも過敏な刺激になるということは，精神保健福祉士としては考慮したいものである。また，家庭訪問していても不在の場合，Aや母親には訪問したことがわからないために「来てくれない」と感じることも多い。そのような場合も訪問したことがわかるようにメモや手紙を残すなど，工夫を凝らして信頼関係を構築することができる。

●支援３

　AとSSWrで面談を行い，A本人の思いを聴くとともに，母親・担任教諭の話の内容に関して確認をする。また，アセスメントを行い，A本人の望むこと（ニーズ）を明らかにする。

○経過３

　Aとの面談で次のような確認がとれた。
① １学期の女子の間でのトラブルについては，当事者間で話し合い，トラブルは解決した。しかし，また同じことが起こったら嫌だと思うと，クラスに入ることが不安である。また，どうして休んでいたのか聞かれたら困る。
② 家庭訪問の方法については，特に担任教諭が来ることがストレスにはならない。

③学校への登校については，登校したいが，クラスに入るのが不安。学校の行き帰りに他の児童と会うのが気まずい。
④その他，さまざまな不安要素を訴えるが，いずれもA自身が，日常生活で生じたことだと感じていた（例：合唱のときに歌詞を間違えて以来，音楽の時間になると腹痛がする。みなが自分を見ているような気がする，など）。

さらに，SSWrよりAに支援の提案を行う。

登校について：学校に既存の別室クラスへの登校を提案する。
⇒本人は，別室クラスを活用してみたい意向である。しかし，同じクラスの生徒や他のクラスの生徒に見られたくないとのこと。登下校の時間を学校の通常の時間帯とずらすことを提案する。

対人関係の不安について：SCや医療機関の活用を提案する。
⇒カウンセリングを受けることに抵抗があるとのこと。

★視点4

まず第一に，Aの登校・学習意欲の有無を確認することはAの学習機会の保障を考えるうえで重要である。この場合，Aは登校の意思はあると言っているため，Aのもちうる力（ストレングス）ととらえられる。また，自己の不安の原因を把握できているという自己理解の力にも焦点を当てることができる（ストレングス視点）。さらに，前述同様，起こった出来事に対し，Aがどう感じ，何を望むかを聴取することで，課題整理とその実現を図ることが，Aの自己決定を支援することにつながる。また，この面談により，Aの「生きにくさ」の1つは「対人関係」であり，もう1つは「粘着的かつ被害的な思考」に起因することも予測される。精神保健福祉士として精神面の支援を行ううえで，こうした情報をとらえるセンスが求められる。

また，上記の状況においてクライエントの生きにくさを解消していくには，精神面のケアは必要不可欠だと思われる。しかし，命の危機や急を要する場合でない限り，医療やカウンセリングを推し進めることは得策ではない。クライエント自身の意思がないと治療効果が表れなかったり，クライエントの自己決定ではなく支援者の決定になりうるからである。支援者として言葉に表さなくても，口調や質問の仕方によっては，対象者が支援者の方針

表4-2 ケース会議

Aの要望・意見	支援者意見	支援内容
別室クラスを活用してみたい意向である。登校時間に他児童に会わないようにしたい。	別室対応教諭：別室での対応は登校時間を含め可能である。 養護教諭：登校して保健室に寄り，養護教諭で対応するのも可能である。 管理職：出席か欠席か，登下校時間が違うので，安否のための所在確認が必要である。	登校が別室へ直行であれば別室対応教諭が，保健室へ立ち寄るならば養護教諭が登校した旨を職員室へ知らせる。どちらに直行するかは，Aに尋ねる。
対人関係の不安感についてどうしたらいいかわからない。	SC：不安を傾聴することで，学校生活を維持できるかもしれない。被害的な思考や粘着的な思考から，精神疾患が背景にあるかもしれない。 SSWr：保護者も交えて医療機関や相談窓口の紹介をしたい。	Aと母親とSSWrで面談をもち，メンタルヘルス面での不安について話をしていく。
家庭訪問の方法については，特に担任教諭が来ることがストレスにはならない。	担任教諭：休みが続いたら，同じ方法で家庭訪問していきたい。	3日連続で欠席した場合，担任教諭やSSWrが家庭訪問する。

をくみ取って決定をする場合がある。精神保健福祉士は，対象者の自己決定を妨げないよう，自身の自己覚知に注意を払いたい。

● 支援4

Aとの面談を受け，Aに関してのケース会議を行い，支援内容を決定する（表4-2）。会議参加者は担任教諭，管理職，別室対応教諭，養護教諭，SC，SSWr。

○ 経過4

SSWrは再度，Aと面談を実施し，ケース会議での結果をAに伝えた。また，Aは登校後は別室クラスに直行したいとのことであり，その旨教職員に伝えた。

支援内容を実施し，Aは週2日それぞれ半日ほどであるが，別室クラスに登校できるようになった。しだいに，以前登校していたころを思い出したの

か，ほぼ1日を学校ですごせるようになり，日数も週3日，時には4日登校できるようになった。しかし，対人関係への不安や，生活の細かな出来事についての不安は解消されず，ストレスが溜まったのか3日続けて休むことがあった。Aに問うと，別室クラスに通う他児童Bに消しゴムを貸したら返してくれず，どうしていいかわからなくなり，別室へ行けなくなったとのことであった。そこで，担任教諭はAに，消しゴムのことをBに尋ねるようすすめた。返し忘れていれば返してもらえるだろうし，そうでない場合は担任教諭にまた相談するよう伝えた。と同時に，SSWrはAと母親に，ストレスが溜まりすぎる前に，時々話を聴いてもらったり，対人スキルを学べる場所があることを提示した。Aと母親は精神的ケアについて興味を示した様子だったが，不安な様子も見受けられた。不安に思うことがあるかと尋ねると，通院費用と周囲の見る目についてであった。SSWrは社会資源として必ずしも精神科病院が適切とは限らないと伝えたうえで，Aのニーズに合うような社会資源を探し，再度Aと母親に伝えると約束した。

★視点5

支援内容が決定したものの，医療その他の機関につなぐことは実施されていなかった。支援者の都合に合わせてプランを実施するのではなく，あくまでもクライエントのタイミングに合わせて実施していくことは，重要である。精神保健福祉士は場面に応じてクライエントに誠実に対応し，自己決定を支援したい。

また，さまざまな機関を紹介するにあたっては，その機関にどのような職員がいて，どのような対応をしているのか，日ごろからリサーチしておくとよい。特に医師や心理士に関しては，クライエントが「合わない」と感じた場合に次の支援へつなぐことが難しくなるからである。

●支援5

SSWrはAと母親に，社会生活技能訓練（social skills training；SST）を行っている心療内科，思春期のケアに力を入れている精神科病院，学校でのSCとの定期的面談，の3つの選択肢を資料とともに提示した。いずれも，不安であれば初回にSSWrが立ち会うこともできる旨も併せて伝えた。また，

医療費については診断によって自立支援医療制度が利用できることも説明した。

○経過5

Aと母親は心療内科を選択し，月2回通院することになった。初回はSSWrに付き添ってほしいとのことで，SSWrも同行する。また，心療内科とSSWrでAに関する情報を共有することの承諾もAと母親に得る。学校職員と心療内科のチームアプローチでの支援が可能となった。Aは月2回の通院日を除いては，週3日別室クラスに登校できている。休み時間は担任教諭やAと親しい児童数名が別室クラスに来るなど，別室クラス以外との交流も始まった。

■まとめ

本ケースは母親が学校に対して不信感をもっていたケースである。教職員以外の第三者的立場のSSWrが介入することで統制がとれ，本来の課題であるAの学習機会の保障に取り組むことができた。また，SSWrはAに寄り添って代弁する一方，学校や医療とのチームのなかでAの希望と可能な支援について交渉していった。権利擁護を図る点において，対峙する二者間で一方的に意見をぶつけて対立構造をつくるのではなく，対話し，交渉する視点を常に心がけたい。接点に介入するソーシャルワークならではといえよう。

6　非行

【事　例】
　中学2年生の女子Aは万引き，不純異性交遊，喫煙等の非行を繰り返していた。学校も昼ごろに登校し，保健室で過ごして帰宅するという登校状況であった。学校に在駐しているSSWrは本人の様子は知っていたが，なかなか相談に至らない状況であった。

★視点1

　学校内に在駐しているSSWrのメリットとして，アウトリーチが可能なことがあげられる。学校外に在駐している場合，教職員や保護者から相談されない限り，介入が難しい。しかし，校内に在駐しているSSWrの場合，ソーシャルワーカーとしての視点により，問題が重篤化する前に注視されていないケースに介入することが可能となる。
　しかし，本人が相談に来ることもなく，周囲からも相談に至らないケースもある。本ケースもSSWrへの相談へは至っていない。このような場合もソーシャルワークは活用することができる。この場合，目標は「Aと話をし，ニーズを引き出すこと」である。短期目標は「Aと話すこと」と設定し，どのようにしたら目標達成可能か考えればよいのである。

●支援1

　SSWrは，昼休みに相談室を生徒に開放することを提案した。管理職からは「生徒のたまり場になったら困る」という意見があったため，相談室利用についてのルールを提案した。ルールは「相談室の開放は昼休みに限り，相談については教員に承諾を得て来ることができる」とし，相談室の開放実施に至った。相談室の開放にあたっては，SSWrが在室している旨の札を掛けた。

○経過1

　SSWrはAの担任教諭と信頼関係を構築するとともに，Aが保健室に来るころ，SSWrも保健室にいるよう心がけた。しだいにAとも顔見知りになった。

Aは時々，相談室に来るようになった。Aが3度目に相談室に来た際，友人2人と来室し，「今日は帰るまで，3人でここにいる。相談があるからいいでしょ」と，にやけながら言うことがあった。SSWrは「相談室の解放は昼休みに限ること」「相談があるなら教員の許可をもらうこと」「相談はきちんと聴きたいので，一人ずつ話をしに来ること」を伝えた。Aと友人2人は「じゃあ，またにする」と言いながら，SSWrと共に相談室を出た。

★視点2

信頼関係構築の過程で，リミットテイスティング（試し行動）が現れる場合がある。「相手が自分にとってどのような存在か」を知ろうとする場合，当然の行為といえよう。たとえば，恋愛関係等において，相手にちょっとしたわがままを要求してみた経験のある人もいるのではないだろうか。

本ケースでは，SSWrは専門的視点でAの行為をとらえて対応したい。AがSSWrに対して試し行動をとっていることは，SSWrに関心を寄せているととらえることができる。そのために，AはSSWrの許容範囲や，自分にとってどんな役割かを知るために行っている行為と思われる。そこで，SSWrはそのニーズに誠実に応えるべきである。したがって，時にはSSWrは傾聴技術のみならず，SSWrとしての意見を述べることも必要な場合がある。その場合に「～したほうがよい」等，限定的な伝え方は避けたい（答えを誘導することになるため）。本ケースでは，SSWrは「私は～と思う」という「Iメッセージ」で簡潔に伝えている。また，相談室の開放についてのルール説明を行っている。このように企画を実施する際，予測可能な出来事に対して（この場合は相談室がたまり場になること），ルールや枠組みづくりをしておくことはリスクマネジメントととらえられたい。

もう1つ大切な視点として，必ずしも，「信頼関係＝仲よしになる」ではないということである。クライエントは，SSWrを友人という役割で認識しようとすることがある。SSWrという存在に初めて出会ったならば，なおさらのことであろう。あくまでも，ソーシャルワーカーはクライエントにとって「寄り添う立場」であり「権利擁護者」なのである。クライエントの声にていねいに耳を傾け，誠実に対応していきたい。

○経過2

　Aは相変わらず，昼ごろ登校し，保健室や相談室に立ち寄って過ごしていた。何度か話をするなかで，Aの両親が離婚したこと，今は父親に引き取られて父親と二人暮らしだということ，父親と暮らすことはA自身が選択したことであること等がわかった。

　そのころ，1週間続けてAが欠席することがあった。担任教諭が家庭訪問しても，家にいる様子がないとのこと。担任教諭がAの父親に連絡をとり，面談を行った。まずは担任教諭と父親で面談した。父親の帰宅はおおむね深夜で，そのころにはAは家で寝ているとのことだった。父親は万引きに関しては「いけない」と言うが，学校に行かないことや喫煙に関しては「人の家庭のことに口出ししないでください。学校では吸わないように言っています」とのことだった。

★視点3

　父親の立場としては「Aが非行行為をしたときばかり呼び出され学校から注意されている」と感じているかもしれないと，精神保健福祉士であれば察したい。そして，父親の述べた意見のなかで注視したいのは「万引きはいけない」と言っている点である。この点は父親と支援者との共通目標が設定できる機会ととらえたい。

●支援2

　SSWrは情報共有をもとに，父親との面談を行うことにした。その際，少年サポートセンターを紹介することも視野に入れたうえで面談を行うようにした。

　それと同時に，登校していないことを機会にAとの面談を行い，ニーズを聞き取ることにした。

○経過3

　父親とSSWrとの面談では父親は，「(父親も) 子どものころから喫煙しており，Aの喫煙がいけないとは思っていない」ことや，「学校は行かなくても卒業できるから，無理に行かせなくていいと思っている」こと，また「教

職員には父親の気持ちをわかってもらえないと感じている」ことなどがわかった。SSWrは父親の話を十分聞いたうえで，万引きについて触れ，支援者として父親と共にAを支援していきたい旨を述べた。父親の表情は悪くないように受け取れたので，さらに少年サポートセンターを紹介し，SSWrが同行できる旨も付け加えた。

1週間の欠席を経てAが登校してきた。この日は担任教諭の許可を得て，AとSSWrとで面談を行った。

1週間欠席したことについてSSWrが心配していた旨を述べると，Aが事情を話し始めた。Aの話によると「現在交際している男子高校生が学校を休んでいて，誘われて日中は男子高校生宅で過ごしていた」という。さらに「父親も彼女ができ，家に彼女と子どもが来る。彼女は悪い人ではないが居場所がないと感じている。前は父親は話をよく聞いてくれた」とのことだった。実母との関係について尋ねると「離婚するとき，母親は男性と家を出て行った。父親との暮らしがいい」とのことだった。

★視点4

本ケースではAの非行という表現をソーシャルワーカーの視点で「なんらかの困り感の表現」ととらえることができる。周囲の支援者が非行行為の原因を本人に求めていても，精神保健福祉士としては「どうして，そう（非行行為）せざるを得ない状況になっているのか」という視点をもつことは忘れたくない。

また，環境調整のなかで，このように二者間（この場合，Aと父親）の関係に介入する場面では，クライエントが誰であるかを明確にし，支援していく必要がある。

●支援3

SSWrはAに父親への思いを伝えることを提案した。Aと父親だけでの話し合いは難しいとのAの意見により，担任教諭や養護教諭，SSWrも話し合いに同席できることを提案し，話し合いに至った。

○経過4

　A, 父親, 担任教諭, SSWrでの面談を実施した。SSWrは,「これは, Aが安心して学校に通うための話し合いです」と提示し, 担任教諭に意見を求めた。担任教諭は「Aに学校に来てほしい。困ったことには力になりたい」と述べた。この意見に対し, Aに意見を求めると, うなずいていた。次に, SSWrはAが欠席し, 交際相手宅へ行っていた件について父親に意見を求めた。父親は怒りを抑えたような表情で「学校をサボるのはいいが, 男子高校生宅へは行ってほしくない」と意見を述べた。さらに, SSWrは父親の意見についてAに意見を求めると, Aは父親への思いを語った。父親は「休みの日など, Aの話を聞くようにする」と約束した。

　その後は, SSWrは定期的にAや担任教諭に状況を聞き, 経過を見守った。しばらくのち, 3年生へ向けて, 進路への話が話題となった。Aは, 学活のみ, 学級へ行くようになっていたが, 2年間ほとんど勉強していなかったため, 学力は小学6年生程度であった。

　Aは中学校卒業後, 就職を希望しているが, 現状での就職先は皆無に等しいのが現状であった。

★視点5

　Aの進路保障については, Aの学力や社会状況が大きな課題としてあげられる。しかし, ソーシャルワーカーは, できないこと, ではなく, できること・もちうる力, に注目したい。ここではAは「小学6年生程度の学力はある」「今は就職したいと思っている」という2点である。SSWrはまずは, 就職したいというAの思いに沿って, 目標達成を共に考えていくことになる。もちろん, 就職先が見つからないであろうことを想定し, 次にどう支援するかは見当をつけておくことになる。この場合は, 精神保健福祉士は精神保健に関する知識だけでなく, 就労関係, 家庭支援の機関, 国の福祉施策や制度, 民間または当該自治体の施策, さらには民間企業や高校・専門学校についての情報等, 幅広く収集し, 活用することが求められる。

●支援4

　SSWrはAと進路についての話をした。Aは中学校を卒業したら, アルバ

イトをすると言っている。アルバイトをする当てはないが、どこか雇ってくれるだろうと思っているとのことであった。SSWrは現在の社会状況に触れたうえで、当該自治体で行っている若者就労支援施策の一環である若者しごとセンターに相談することを提案した。その際、SSWrは、あらかじめ若者しごとセンター担当職員に施設の概要説明、就労の現状説明、いつでも相談に来ていいことなどを伝えてもらうよう依頼した。

○経過5

A、進路指導教諭、SSWrで若者しごとセンターに行く。担当職員より若者しごとセンターの活用・就職難の現状について説明を受け、「アルバイトは高校卒業を条件としているところがほとんどなので、まずは専門学校や高校等に行くことが近道だ」というアドバイスを受けた。さらに、担当職員は「いつでも相談に来てください」と付け加えた。

若者しごとセンター訪問後、しばらくして再度、進路の話をする。Aは「高校に行きたいが、勉強できないから無理だ」ということを口にした。春休みを経てAは3年生になった。

★視点6

私たちソーシャルワーカーは人と人との接点に介入し、つないでいくことを業務としている。幅広い知識をもちながら、専門の窓口につないでいく。餅は餅屋だと、考えたい。この場合も、就労支援については専門機関の役割である。ソーシャルワーカーは餅のつくり方も売り方も知ったうえで、クライエントの希望の餅を発注し、対象者と共に餅屋へ行くのである。

ソーシャルワーカーは支援者の役割を認識するとともに、自らの役割を認識し、業務を遂行したい。役割を超えた行為はクライエントの不利益を招くとともに、ソーシャルワーカー自身のかかえ込みや、場合によっては法に触れる（たとえば非弁行為等）こともあるので常に注意したい。

また、クライエントが自己決定する場合、クライエントが知りうる範囲で選択しており、他に選択肢を知らないという場合も十分に考えられる。特に、児童・生徒が対象者であるSSWrはその点を考慮して、十分な選択肢を提供したうえで自己決定を支援したい。

表 4-3 本ケースの課題と支援担当機関

	課題	支援機関
本人	中学校卒業後にも話を傾聴して一緒に考えてくれる支援者が必要。 卒業後の就労もしくは進路支援が必要。	家庭児童相談員 学校進路指導担当教諭 若者しごとセンター
父親	父親の立場を理解して，傾聴し，親子関係に介入できる第三者が必要。	少年サポートセンター

● 支援5

Aが進学についても考えているということなので，AとSSWrで進路指導教諭に相談をした。とともに，Aのエンパワメントのため，「一緒に進路について考えよう，いろいろ窓口や制度等を探すから」という旨を伝えた。

○ 経過6

A，進路指導教諭，SSWrで話し合いを行った。進路指導教諭によると，いくつかの高校は，Aの学力でも勉強すれば，おそらく合格できるだろうとの話であった。担任教諭からは「少し，頑張ってみないか。先生も協力する」という言葉が聞かれた。Aは「進学したい」と希望するようになっていた。A，父親，支援者で話し合った結果，B高校進学という目標ができた。

Aは，放課後に担任教諭と1時間勉強することから始めた。しだいに時々ではあるが，昼前から登校するようにもなった。

■まとめ
　このケースについては，卒業後の支援も含めて，たとえば**表4-3**のように支援担当を設定することができる。
　表4-3は例に過ぎないので，各現場に応じて設定する必要がある。共通して求められるのは，各支援者が共通認識をもち，情報共有しながら支援を進めることである。
　SSWは学校在学中の支援に過ぎない。そのため，卒業後の支援先や現在必要な制度施策，当該地域の特性等，幅広い情報を把握しておきたい。
　また，本ケースの場合にはタイトルどおり「非行」が課題としてあげられるが，ソーシャルワークの原理原則に基づいて，「なぜ非行行為をせざるを得ないのか」に注視し，非行行為が困り感の表現であるととらえたい。非行行為そのものが，すぐに消失するわけではないが，クライエントに向き合って支援をしていくと，副産物として，おのずと非行行為という現象も減少していくはずである。

7 発達障害

【事　例】

　生徒A（中学1年生13歳男子）は，授業中落ち着きなく粗暴行為が目立つ。学力も小学校3年生程度しかないように教員は感じている。性格が頑固でコミュニケーション能力が低いことも担任教諭は心配している。担任教諭が本人に勉強について尋ねると「わからない」とのこと。小学校のときは別室で学習支援を受けていたが，中学校に入学してからは受けていない。Aが卒業した小学校は2中学校区にまたがっているため，Aの小学校時代からの友達は少ない。現学級ではAの頑固さが，からかいの対象になることもある。保護者は特別支援については拒否的で，「卒業できればいい。勉強はできなくてもいいんです」とのこと。Aがからかいの対象になることに関しては「この子がたくましくならないと」と言っている。

　担任教諭はAには特別な支援が必要だと感じている。しかし，保護者の理解が得られないことからSSWrへの相談に至る。

★視点1

　ソーシャルワークを行っていくうえで，クライエント抜きでは支援は進まない。クライエントのニーズありきである。学校現場におけるソーシャルワークではクライエントは児童・生徒である。義務教育においてはその権利擁護は学習権の保障であることを忘れてはならない。この場合は，Aの特性に応じた適切な学習が受けられておらず，学習権が十分に保障されていない状況にある。そのため，Aのニーズを把握することから支援が始まる。クライエントはそれぞれのもちうる障害や環境により，自らの困り感に気づかないことも多い。しかし，精神保健福祉士はその知識やスキルを利用し，クライエントと共にニーズを明らかにすることができる。

　本事例の場合，相談者は担任教諭である。SSWrはまずは相談者である担任教諭の話をよく聞き，Aに関する情報を収集することができる。それは，担任教諭が教育の専門家としてみるAから，Aの家族構成といった情報まで多岐にわたる。また，ここで重要なことはAにSSWrが接触する際の配慮である。Aがすぐにでも相談したいと感じているのか，そうでないのか。そう

でないとすればどのようにして接触するのか，などである。生徒との接触をスムーズにするには，日ごろから各クラスで給食に参加するなど，日常の生活を生徒たちと共有しておくと，いざ相談があったときに役に立つ。

○経過1

担任教諭への聞き取りにより，以下のような情報が得られた。
◇担任教諭が予測する本人の困り感
（勉強がわからないこと）
- 授業中，10分程度は席に座っているが，すぐに他の生徒へちょっかいをかける。注意されては教室を出て行く。理由を問うと「勉強がわからない」との返答だったとのこと。
- Aが好きな技術，体育の時間はほとんど出て行かない。数学の時間は離席が多い。

（コミュニケーション能力の低さ。こだわりが強い）
- 机上に置くものや順序にこだわりがあり，乱されると粗暴な行為をする。それをからかう生徒がおり，教員が注意するが，Aは納得できず相手を執拗に追いかけることがある。落ち着いているときはふてくされたように教室を出て行く。
- Aが教室を出たときに行く場所はトイレか保健室である。

◇本人の家族構成（図4-1）
- 父方の祖父母が近所に居住しており，Aと弟は頻繁に祖父母宅で過ご

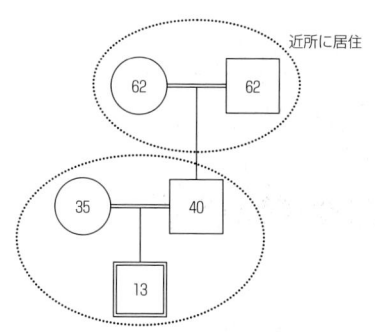

図4-1　ジェノグラム

す。父親は厳しい。
◇本人とSSWrとの顔合わせについて
　・担任教諭がSSWrに会わないか促したら，来ると思われるが，なぜ呼ばれたかは疑問に思うと予測される。
　・Aと母親との関係は，父親が厳しいぶん母親に甘えることが多い様子。母親の言うことはよくきく。
◇母親とSSWrとの顔合わせについて
　・母親は面談を促しても来ないと予測される。
　・Aの状況については無関心ではないと思われるが，特別支援に対して抵抗がある様子。

● 支援1

◇SSWrより担任教諭への提案
　・AとSSWrとの顔合わせについて：「勉強がわからない」という本人の訴えがあるので，勉強のことについて相談するよう提案してみてはどうか。
　・母親とSSWrとの面談について：来月，保護者面談があるので，その際にSSWrが同席するのはどうか。事前にその旨は母親に伝え，拒否感があればSSWrの紹介のみ行うことを提案。
◇今後の流れ
　①AとSSWrとの顔合わせ
　②母親とSSWrとの顔合わせ
　③母親・担任教諭・SSWrでの面談（SSWrはファシリテート的役割をする）
　④AとSSWrとの面談（アセスメント）
　⑤母親とSSWrとの面談（アセスメント）
　⑥プランニング
　⑦プランニングの実行
　⑧モニタリング

★視点2

経過1の担任教諭からの情報をもとにSSWrはある程度の見立てを立てたり，面談に臨む際の参考にしたりすることができる。まず，Aの「こだわりが強い」「言語化が難しく，行動化して表現する」といった情報からは，注意欠陥・多動性障害（AD/HD）や広汎性発達障害といった傾向が強いことを想定する。この見立てはAの困り感を探る際だけでなく，面談の際にも役に立つ。広汎性発達障害の傾向にある場合は，開かれた質問や言語だけの問いではAに伝わらない可能性も考えられるからである。Aに質問を伝え，自己決定を促すにはどのようにすればよいか，事前に情報があれば，SSWrは選択肢をカードに記してAに手段を選んでもらう等の配慮もできる。精神保健福祉士がもちうる知識は診断のためにもちえているのではない。着目すべきはクライエントの「生きにくさ，困り感」であり，それが障壁であるという視点である。歴史は国際傷害分類（International Classification of Impairments, Disabilities and Handicaps；ICIDH）から国際生活機能分類（International Classification of Functioning, Disabilities and Health；ICF）に変遷を遂げてきた。発達障害においては，広汎性発達障害（アスペルガー症候群を含む場合とそうでない場合があるが），AD/HD，学習障害は重複していたり，線引きをして判断できるものではないことから，「どの傾向がどの程度強いか」という圏域的な見方をすることが現在では一般的である。また，発達障害者支援法では発達障害の定義に「自閉症，アスペルガー症候群その他の広汎性発達障害，学習障害，注意欠陥多動性障害その他これに類する脳機能の障害であってその症状が通常低年齢において発現するものとして政令で定めるもの」（第2条第1項）とある。

○経過2

AとSSWrとの顔合わせが実施され，予想以上にAが話をしたため，以下のようなニーズが明らかになった。

◇Aの困り感
- 5教科の学習は簡単な漢字が書ける程度で，ほかは先生の言っている意味がわからない。
- 授業中は内容が理解できず，そのため座学が苦痛で耐えられない。

・自分の決めているルールを乱されると、イライラしてがまんできない。
・自分のことをわかってくれる先生や友達がいない。

◇困り感に対しAのもちうる力
・図解を使い、ていねいに指導されれば、少しずつだが学習内容の理解ができる。また、実技の教科は比較的参加でき、特に技術は好きである。
・ルールは守ることができる。
・理解者がいないとのことだが、担任教諭は比較的信頼でき、話しやすい。
・A自身が衝動性を収める方法として、校内では保健室かトイレをクールダウンの場とすることができている。

◇困り感に対してのニーズ
・個別の学習支援の必要性。
・個別支援を実施するための保護者理解を得ること。
・現学級のなかにおいて、Aの特性理解を求めるとともに、A自身もSST等の支援を受け、対人関係スキルを学習すること。

　また、母親との面談が、保護者面談の際に実施された。まず、SSWrは自己紹介とSSWrの役割を紹介し、今回の顔合わせに至った経緯を簡潔に伝えた。担任教諭はクラスでの対人関係と学習について心配していること、進路への心配があることを伝えた。また、クラスでの対人関係については、クラスで話し合いをもち、その場で注意するなど取り組んでいることも母親に伝えた。母親は話を黙って聞いていた。SSWrはAの進路について母親がどのように考えているか尋ねると、Aは技術が得意なので、建築や内装関係の仕事が向いているのではないかと考えているとのことだった。そこで、建築や内装の仕事であっても数学の知識は必要なため、個別の学習支援の提案を行った。母親は少し考えたあとで、「それもよいかもしれないです。けれど父親が許さないかもしれません」と回答した。

● 支援２

　A、母親、担任教諭、SSWrで今後の特別支援学級での学習について話し合うことを提案した。と同時に進路先についての資料収集と現在Aが活用で

きそうな支援機関（医療法人・行政・民間の療育機関など）についての情報収集を行った。
◇この時点での支援の流れ
　①AとSSWrとの顔合わせ→アセスメント
　②母親とSSWrとの顔合わせ→③に含む
　③母親・担任教諭・SSWrでの面談（SSWrはファシリテート的役割をする）
　④AとSSWrとの面談（アセスメント）→①で実施済み
　⑤母親とSSWrとの面談（アセスメント）→③で実施済み
　④A・母親・担任教諭・SSWrでの面談（特別支援に向けての具体策を話し合う）
　⑥プランニング
　⑦プランニングの実行
　⑧モニタリング

★視点3

　この事例では顔合わせの段階を経てアセスメント・面談という流れを予測していたが、クライエントが初回の顔合わせで予想以上に話をしたため、アセスメントも行うことができた。ただ、このように、必ずしも予想したとおりに実際の支援が進むとは限らない。本事例の逆で、アセスメントに至るまで、信頼関係の構築に時間を要するケースもある。必要以上に時間をかけることは賢明ではないが、クライエントに合わせて柔軟に対応していく細やかな支援は、精神保健福祉士がソーシャルワーカーとしてもち続けたい視点である。プランニングに対象者をあてはめるのではなく、クライエントに合わせてプランニングをするのがソーシャルワーカーである。

　また、母親・担任教諭・SSWrでの面談では、SSWrはファシリテーター的役割も担うと考え面談に臨むと、話し合いが円滑に進みやすい。この場合も話の内容に合わせ、両者の意見を擦り合わせるよう柔軟な対応を心がけたいものである。その際、「お母さんは、Aさんの進路について、どう考えておられますか」などの的確かつ簡潔な問いをタイミングよく問うのもソーシャルワーカーならではであろう。教員、保護者の立場による力の差を意識

表 4-4 話し合い結果

ニーズと課題	取り組む人	取り組む内容
数学だけ特別支援学級で受けてみたい。	担任教諭，SSWr	管理職へ実施可能かどうかの相談と，特別支援学級担任との打ち合わせ。
父親が特別支援学級で学習することへ反対している。	母親	父親に説得を試みる。難しい場合は再度，担任教諭やSSWrに相談し，方法を考える。
対人関係について	担任教諭	道徳の時間等に，学級全体で対人関係についてSST等取り入れた学習をする。
進路について	進路指導教諭，SSWr	特別支援に力を入れている高校等についての情報を収集する。また，今後，必要があれば，児童相談所の心理判定，療育手帳取得へつなぐ。

し，対等に意見を述べられるよう，SSWrの発言で調整することができる。なおかつ，一番重要なことは，SSWrは柔軟に対応しつつ，「この話し合いの場は何を話し合う場なのか」という意識をもつことである。このテーマがぶれると，話し合いはまとまらない。たとえば，この場合はSSWrは「Aの学習支援について」という中心軸を念頭においている。

○経過3

A，母親，担任教諭，SSWrで今後の特別支援学級での学習について話し合いが実施され，**表4-4**次のような方針が決まった。

Aの特別支援学級への受入れは学校でも協力体制が組まれ，まずは数学のみ特別支援学級で学習することになった。と同時にAが所属するクラスでも担任教諭が道徳の時間を使ってSSTを取り入れるなどして，Aを含むクラスメンバーの対人スキルの向上に努めた。AやAをからかっていた生徒，周囲の生徒の対人スキルが向上することで，クラス全体も落ち着き始めた。母親の説得で，父親はAの特別支援について完全に納得はしていないようだが，反対もしていない状況である。

■まとめ

　本事例は本人はもとより保護者の障害受容が難しかったケースである。発達障害は「発達」に関する障害なだけに，小学校高学年〜中学生ごろに本人や周囲が意識し始めることも少なくない。おおむね3歳児健診までに発見されることが多いが，その時点で保護者が障害をすぐに受容しているとは限らない。小学校のころまでは学習で大きな差もなくクラスにとけ込んで過ごしている場合も多いと予想される。また，本ケースのように単なる中1ギャップではなく，小学校まで一緒だった級友がほとんど同じ中学校にいない，という環境の変化は広汎性発達障害が見込まれるAにとっては大きな影響であっただろうと考えられる。環境によって，今まで適応（Aのこだわり等を理解して対応していた小学校級友の関係）できていたことが，不可能になるのである。したがって，Aが適応しうるよう環境調整を行っていくのがSSWrの支援であろう。このケースの場合は，進路について情報収集し，提示し，Aが選んだ進路に沿って，引き継ぎや，あるいは特別支援学校であれば手続きを支援していくだろう。

8 学校危機（緊急支援）

【事 例】
（A中学校の学校行事で発生した緊急支援）

　A中学校の2年生は，2泊3日の予定でB町の町営キャンプ場において野外宿泊研修をしていた。事故が発生したのは，宿泊2日目のハイキング中のことであった。事故の前日に行われたキャンプ場スタッフとの打ち合わせでは，ハイキングは当日の朝までに雨が降っていたら中止すると申し合わせていた。事故当日の朝，非常に強い雨が降っていたので，キャンプ場スタッフからは，A中学校の引率教諭に対してハイキング中止の申し入れの連絡が入っていた。ところが，ハイキングの時間になると雨は止み，時折晴れ間がのぞいていた。引率教諭からは，「雨も止んだのでハイキングをさせたい」「去年も小雨が降っていたがハイキングをした」「生徒もとても楽しみにしている」などという意見が出された。そのため，キャンプ場スタッフによる中止の申し入れには従わず，距離を半分に短縮してハイキングを実施することになった。

　ハイキングは10時半ごろから，生徒26人と引率教諭4名（校長，クラス担任，副担任，養護教諭）で出発した。生徒たちは列をつくって進み，先頭には校長とクラス担任，最後尾には養護教諭と副担任がついていた。

　列の先頭が川沿いの岸壁を通り過ぎたとき，突然，落石が発生した。午前11時ごろのことだった。2年生の男子生徒Cは列の真ん中を歩いていた。Cのすぐ後ろにいた男子生徒Dと女子生徒Eは真上から大きな岩が落ちてくるのが見えて「危ない！」と叫んだが，男子生徒Cの頭部に直撃した。すぐさま，養護教諭は地元消防署に対して救急車の出動を要請した。11時20分ごろ，救急車は現場に到着，男子生徒Cは応急手当のあと，病院に救急搬送された。また，数名の生徒は震えが止まらない，泣き出すなどの反応がみられた。結局，男子生徒Cは頭部に大きな外傷を負い，1カ月間の入院を余儀なくされた。また，男子生徒Dや女子生徒Eなども含めてその他の数名の生徒も数日間，体調不良等を訴えた。

　なお，事故後2日目から，A中学校の要請を受けて，SSWrによる緊急支援活動が開始された。

＊上記の事例は，緊急支援に至るまでをイメージ化するために筆者が作成した架空のものである。

★視点1

　この事例は，校外活動中に発生した落石事故のケースである。この事例のように多くの緊急事態はまったく予期しないときに，まったく予想もつかないかたちで突然起こり，学校現場に大きな影響を与えることになる。また，ひとたび緊急事態が生じた場合，適切な緊急支援や迅速な対応がその後の被害者や学校で生活する子どもならびに教職員の健康度の回復のためにたいへん重要になる。SSWrは緊急事態における支援活動も基本的な業務の1つであるという認識を常にもっておくことが必要である。ちなみに，同じく学校現場で活動するSCにはすでに「学校における緊急支援の手引き」を用いた緊急支援プログラムが整備されている。このプログラムでは，①適切な時期に適切な応急処置を行うことによって児童・生徒および学校にかかわる人びとの心理的回復を促進すること，②危機的な出来事による直接的な反応（一次被害）について，長期化，重篤化する可能性の高いハイリスクの児童・生徒等を発見し，専門的なケアにつなぐこと，③特定の個人への誹謗や中傷，無責任な噂などによる二次被害について，正確な情報提供と不安の解消によってその発生を予防すること[1]などが具体的な活動内容として示されている。現在，このプログラムを用いたSCの緊急支援活動の効果検証が行われ，多くの研究報告[2,3]においてその有効性が示唆されている。

●支援

　本事例でもみられるように，児童・生徒は危機的な出来事に遭遇すると身体的，心理的，行動的な側面にわたってさまざまな反応が生じる。これは「異常な」事態に直面した際の「正常な」反応であるとも理解できるが，適切な介入やサポートがなされなければ，外傷後ストレス障害（post-traumatic stress disorder；PTSD）などとなって一生涯にわたって影響を及ぼしたり，もともとかかえていた問題が顕在化して困難な事態を招くことにもなる。さらに，学校現場が機能不全に陥っている場合には，不十分で不適切な対応がなされ，その結果として二次被害の起こる可能性も高まること[4]が指摘され

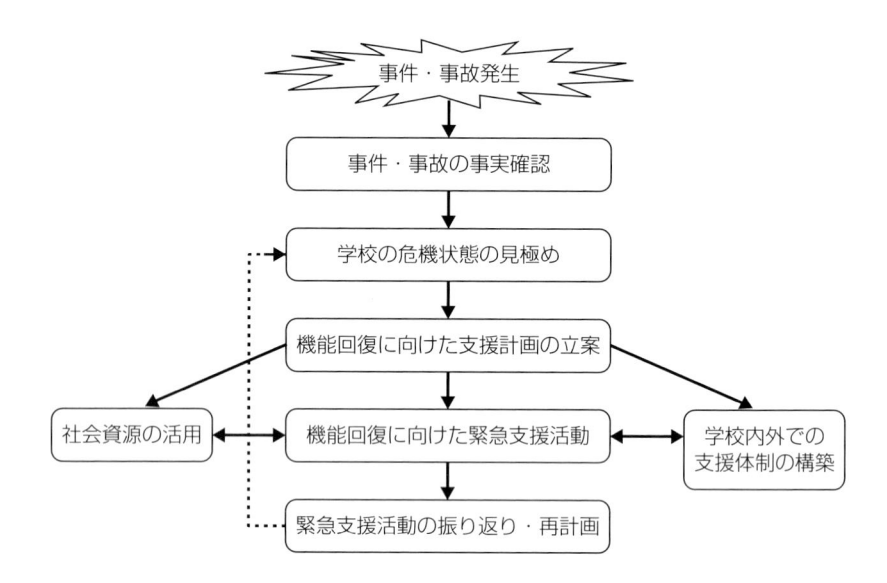

図4-2 学校現場での緊急支援活動

出典 福岡県臨床心理士会編・窪田由紀・向笠章子・林幹男・浦田英範著：学校コミュニティへの緊急支援の手引き．金剛出版，東京，2005（p.168およびp.176を参考に筆者作成）．

ており，このような事態を避けるためにもSSWrには危機的状態に陥った学校現場に対して迅速で適切な対応が求められる。特に，SSWrには，児童・生徒，あるいは教職員などの個人への支援に加え，学校全体を支援する視点が求められる。図4-2に，学校現場での緊急支援活動についての流れをフローチャートで示す。

図4-2に示すように，まず事件・事故発生後，SSWrは事件・事故に関する事実確認を行う。それを踏まえて，学校の危機状態についての見極め（たとえば，児童生徒や教職員等の混乱の程度など）を行い，機能回復に向けた支援計画を立てる。その計画に沿って，必要に応じて学校外の社会資源（たとえば，警察，医療機関など）との連携を図り，またコーディネーターとしての役割を担いながら学校内外の支援体制の構築を行うことで，機能回復に向けた緊急支援活動を実践する。その後，実際の緊急支援活動についての振り返りを実施し，必要に応じて再び学校の危機状態についての見極めを

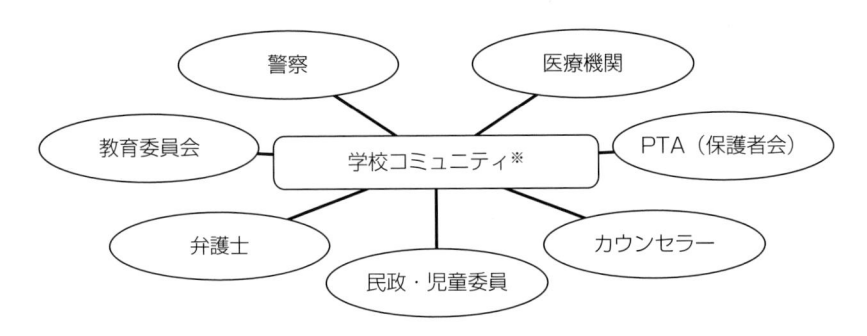

```
         警察        医療機関
教育委員会      学校コミュニティ※      PTA（保護者会）
         弁護士   民政・児童委員   カウンセラー
```

※　「学校コミュニティ」とは，学校内において危機の状況に応じて支援組織をつくることや新しい支援サービスを開発することなどの人と人との共同体としての関係性を意味する。

図4-3　本事例において予想される関係機関との連携に関するイメージ図

行うことになる。

　特に，図4-3（本事例において予想される関係機関との連携）に示すように，ソーシャルワークの専門的機能でもある"コーディネート機能"を大いに活用して，学校コミュニティ全体を支援する体制づくりがSSWrに求められる緊急支援活動であるといえる。

★視点2

　2001（平成13）年から福岡県臨床心理士会は，学校および教育委員会の依頼を受けて，臨床心理士による緊急支援チームを学校に派遣する活動を開始してきた。これは，学校への後方的な支援として，地域の臨床心理士等のSCらがチームとなって学校と共に行う緊急支援活動である。この活動では，①事例の評価とプランの作成の手助け，②急性ストレス反応への対応などの児童，生徒への応急的対応，③教職員への心理教育，④保護者への心理教育，⑤マスコミ対応や関係諸機関との連携など[5]を実施している。また2003（平成15）年から，山口県，長崎県，静岡県などでCRT（Crisis Response Team）の活動が開始されている。この活動は，県の精神保健福祉協会が主体となって，緊急支援の必要な学校へ医師，看護師，保健師，臨床心理士，社会福祉士，精神保健福祉士，家庭児童相談員等の専門職の派遣

を行うものである．現在，他都道府県においても拡充が進められている．さらに，ここ最近では，各都道府県の精神保健福祉センターが積極的に精神保健的な見立てと適切な地域関係機関や医療機関へのつなぎの役割を果たしながら，学校現場における緊急支援活動を担っている．このようにSSWr以外の専門職，あるいは専門機関による緊急支援活動は充実されていることからも，SSWrによる学校現場での緊急支援活動の本格的な実践および支援体制の整備が急がれる．なお，学校コミュニティの危機対応にかかわる資料は，さまざまな自治体でも紹介されている．適切な対応等についても提示されているため参照いただきたい[※2,3]。

■まとめ

近年，突発的な事件や事故による学校現場での緊急事態に対して，学校以外の専門職の介入によって学校の機能回復を図る活動，いわゆる緊急支援活動の必要性[6),7)]が叫ばれている．ことさら，近年では自然災害（地震，風水害など）や学校を舞台にした事件，事故が目立って発生しており，これまで以上に教育関係者や保護者からは子どもへの心のケアならびに生活に関する支援を強く求められるようになっている．

ところが，前述したように，SSWrによる緊急支援活動に関してはまだまだ発展途上の段階であり，SC等の他の専門職の先行的な取組みを参考にしながら，地域の実情に応じた緊急支援の構築を行っていくことが急務の課題である．今後，SSWrは緊急支援活動も基本的な業務の1つであるという認識をもって実践活動に取り組むとともに，緊急支援活動に関してのスキルアップに努めていく必要があると思われる．

※2　福岡県臨床心理士会編・窪田由紀・向笠章子・林幹男・他：学校コミュニティへの緊急支援の手引き．金剛出版，東京，2005．

※3　CRT（クライシスレスポンスチーム）ホームページ
　　http://www.h7.dion.ne.jp/~crt/
　　「学校の危機対応と心のケアの手引き（教職員用）」「子どもの自殺への対応の手引き（教職員用）」「学校危機　支援者ガイド」（いずれも全国CRT標準化委員会）

文　献

1) 福岡県臨床心理士会編・窪田由紀・向笠章子・林幹男・他：学校コミュニティへの緊急支援の手引き．金剛出版，東京，2005，pp.32-47．
2) 長岡利貞：私の提言 学校と緊急事態—『学校コミュニティへの緊急支援の手引き』の紹介を中心に．月刊学校教育相談，vol.21，no.4，2007，pp.66-69．
3) 命婦恭子・向笠章子・浦田英範・他：学校への緊急支援後の教師のストレス反応．久留米大学心理学研究，no.2，2003，pp.97-106．
4) 前掲書1)．pp.52-56．
5) 前掲書1)．pp.63-76．
6) 向笠章子：緊急支援システムと学校心理臨床（特集 被害者支援）．臨床心理学，vol.4，no.6，2004，p.24．
7) 大西俊江・早瀬眞知子・多久和祥司：学校における緊急支援の取り組み—生徒の転落事故に直面した学校に対する臨床心理士の援助．島根大学教育臨床総合研究紀要，no.1，2002，pp.33-47．

9 教職員のメンタルヘルス

【事　例】

　15年以上学校に勤務してきた中学校教諭（男性）で，中学3年生のクラス担任を受け持つ。3年前から精神科に通院しており，SCによるカウンセリング（来談者中心療法的カウンセリング）も受けてきた。通院時からうつ傾向とされ，精神安定剤を処方されていた。またこの3年間は，年に数回体調を崩し，1週間以上の休みをとることもあった。なお校内安全衛生委員会（校長）においても健康状態の確認等を行ってきたものの，本人判断でそのまま継続して従事するに至っていた。

　SSWrとのかかわりは，対象教師本人が学校訪問（定期に巡回を行う配置形態）をしていたSSWrに，心身の不調について相談してきたことがきっかけである。

　　＊本事例は，いくつかの事例を参考に内容を設定した。倫理的配慮として，事例活用の主旨を述べ，本人らの書面による同意，ならびに所属する学校長らにも許可を得た。

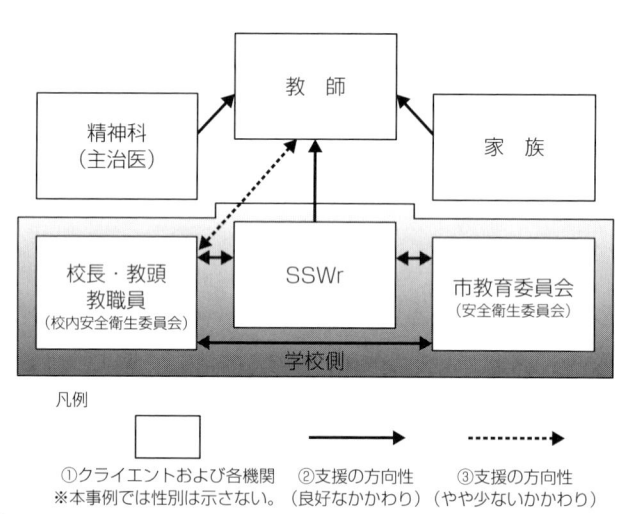

図4-4　休職前の学校関係者への働きかけ（メゾレベルの援助）

○経過および支援1

〈第1期：休職への決意と働きかけ〉

　3学期半ば，教師本人より学校活動や生徒指導を通した過度な労働状況から体調を崩しそうだという申し出があった。ただし，休職するということへの不安もあるとのことだった。SSWrは，不安を受け止めながらも本人の心身の健康を崩すことになりうるクラス運営，授業運営，学校行事活動等の状況を確認していった。そして，3度目の本人との話し合いにより，これまでにも体調不良の時期があったことから，しっかりと自分自身が教育者として活動できる健康状態になりたいという思いをもっていることを知り，その思いを尊重できるような行動をとるための方法を話し合った。このとき医学的な観点としては，それまで本人が主治医にも相談しており，休んだほうがいいことを伝えられていたとの報告があった。そのため，まず主治医の意見を確認したいことを提案し，本人を通じて情報提供書を依頼した。なお，SSWrは週1.5日の勤務のため本人の通院時に同行する余裕がなかった。これと同時に，このような動きをする許可を校長，および教育委員会内安全衛生委員会（実際には，総括県立学校安全衛生委員会等の名称で責任者が教育長）に承諾を得た。従来のSSWrがこれらの機関の了解なしに教員支援をすることは，独立的な権限を得ていない限り不可能と判断して行った。

　次に医師からの情報提供書（うつ病と診断され，休職すべき内容が記載）をもってSSWrが本人の同意を得て校内・教育委員会内の安全衛生委員会に休職の働きかけを行った。一方で休職については，確かに休職すべき状態であれば休職する方向で支援すべきではあるが，人事編成が絡み，休職中に新たな人員配置が認められないことも多いため，校長以外の本人の担当学年にかかわる教師への同意の働きかけも行った。これまでにも体調を崩すことがあったことから，ぜひ健康となるように休んでもらいたいという肯定的な意見をいただくことができた。結果として，4月以降も同学校の所属となったため，新たな人員配置はなかった。このことから，1名の教師が不在のまま担当学年が運営されることとなった。

★視点1

　休職決意の段階では，休職すること，健康維持ができないこと，一方でま

だやれるかもしれないということ等，本人の気持ちが揺れる時期であり，主治医（医師）や校長・学年主任等の客観的な意見が本人の自己理解による方向性決定には重要となる。休職には，本人が休むことに対する周囲の理解もとても大切な要素である。とくに新年度にかかわる場合は，教員の異動時期のため，校長・教育長の理解を得ながら活動していく。SSWrはさまざまな点で関係者への配慮が求められる。

○経過および支援2
〈第2期：休職初期の対応〉

休職2カ月目の本人との個別面接では，周囲が働いているにもかかわらず自分だけが休んでしまっている罪悪感，そこから生じる自分には価値がないという自分自身の存在の否定感，そして見通しのない将来に対する不安が大きな主訴となっていた。

このことからSSWrは，将来を見通した3年間の復職支援計画（自立支援計画という言葉は本人の傷心にかかわると考え"自立"を外した）を立てることを提案した。まず1年目は，自己の心身を休め，校外を中心にリハビリ

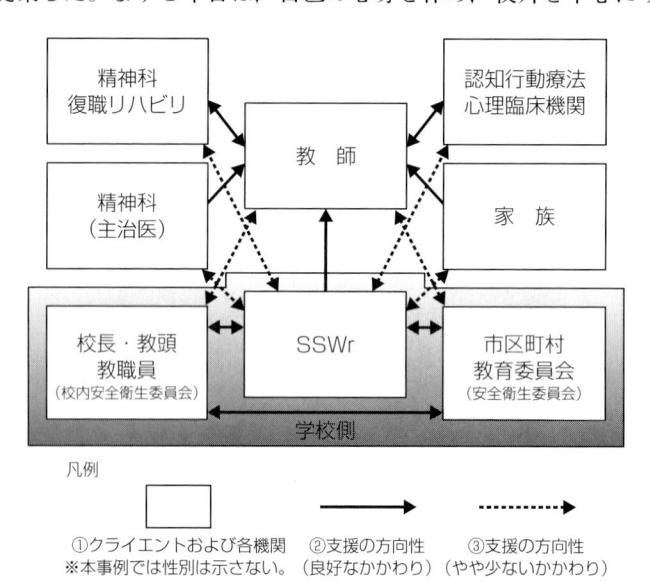

図4-5 休職中の学校関係者・地域機関への働きかけ（マクロレベルの援助）

凡例
①クライエントおよび各機関
※本事例では性別は示さない。
②支援の方向性（良好なかかわり）
③支援の方向性（やや少ないかかわり）

を行っていくこと，2年目は回復状態により校内でのリハビリを行っていくこと，そして3年目は本人の状態に合わせた職場復帰を行っていくことである。

具体的な内容としては，1年目に心身の休みができてから，必要であれば比較的うつ病への効果が立証されている認知行動療法の支援機関との連携，2年目には復職リハビリを行っている病院との連携，2年目後半からは学校内に出勤するという出勤リハビリ（実際には業務をしない），掃除等の校内業務を手伝うというリハビリ（復帰をしての業務ではなくリハビリのために割り振ってもらう作業），加えてリハビリ出勤の日数を週3日程度から5日にしていき，その結果をみて3年目は5コマ前後の授業を担当し出勤日数4日からスタートさせるという計画である。

計画内容について本人の同意を得ると同時に，「将来の見通しができることで，何をすればいいかがわかり不安が軽減した」という感想を得た。このあと，主治医，校長，教育長の許可を得ていった。議論になったのがリハビリ出勤と校内業務リハビリの実施および週5日出勤ではない勤務設定である。とくにリハビリ出勤は，復職としての出勤ではないことの認識，そして校内業務リハビリは，業務といってもリハビリの一環として行うものであり，正規労働としての業務を行うものではないため，本人および学校側の責任の担保についての認識を一致させる必要があるとの見解に至った。この点は，各自治体により見解が異なる場合もある。SSWrは，今後，本自治体内で教職員メンタルヘルス支援を永続的に行っていくことも考え，再休職をしない職場復帰のための支援体制を整える意義を訴えた。校内・教育委員会内安全衛生委員会での検討もなされることになった。結果として医師の判定を尊重しながらも校長の裁量で判断することになり，本人の同意を得たSSWrの復職支援計画を遂行することとなった。

★視点2

メンタルヘルスを回復するためには，仕事を休めばいいというものではない。過度な働きをしていた人にとって休むことは罪悪感や自己否定感を高めるものとなる。そのため休んでいるのに休んでいない状態になることがある。また将来に対する不安を大きくさせる休みにもなるものである。休み方

や将来の計画等をとらえた援助が単なる休みから計画的な健康回復への方向性を生むものとなる。支援計画作成時に医師および学校関係機関内における合意も求められる。なお安全衛生委員会の長は，学校であれば校長，教育委員会であれば教育長であるが，委員会の有無にかかわらず校長・教育長とのかかわりは不可欠である。ただし，教育長には校長から連絡してもらう場合もある。連携のあり方は自治体の風土によるところが大きい。

○経過および支援3
〈第3期：休職中期の対応〉

　休職から半年程度経った時期，休んでいることの罪悪感等の自己否定感はまだありながらも，休むということに慣れてきており，極度の希死念慮もなくなってきていた。またランニング等の運動を行うようにもしているとのことで，肯定的な活動性も出てきていた。本人との面談のなかで，2年目以降に復職前に精神科における復職リハビリを行っているところに通院することを話し合った。そして，本事例で活用予定である病院における復職リハビリ利用には，復職できる前段階であることが前提であること，さらにほぼ1度しか参加できないという制限もあることから，より復職に耐えうる心理面を整えるために認知行動療法を行う心理臨床機関への利用についてと，自分自身を疲弊させる認知の癖を理解することの必要性を話し合った。SSWrが本人の認知のあり方で最も困難に思えたのは，今の状態になったのは学校のみが原因であること，自分が価値のない人間であること，自分の質の高い教育方法が子どもにとって重要であること，という思いを強くもっていた点である。つまり柔軟でない考え方がより自分自身の生きづらさを生んでいると考えたのである。そのため，さまざまな点で自己の認知のあり方がいかにメンタル不全や体調を崩すことに結びついているかを理解するのに認知行動療法は重要なアプローチであるととらえていたのである。

　そこで，SSWrは，本人の同意を得て，主治医と三者面談を行い，認知行動療法を受けられる心理臨床機関に通うこと，そして次のステップとして他の精神科の復職リハビリに通院することの確認を行った。主治医は，自分が行う精神療法は受容的なものであるため本人が望んでいるのであればやってみたほうがいいこと，その次の復職リハビリも重要なものであることを本人

の前で伝えたことから，予定どおりSSWrが作成した復職支援計画を実行することとなった。このことから，SSWrは心理臨床機関に本人の確認のうえ情報提供書を記載し本人の面接予約の前に送付した。情報提供書には，これまでの本人の学校生活，休職に至った経緯，休職後の本人の状態，今後の復職計画の内容が記載された。

　認知行動療法が始まってすぐに本人が自分と向き合う作業が始まったようで，さまざまな指摘を受け，つらいという感想を得た。しかし一方で，自分自身が自分のことを知らなくては今後の自分の人生に偏りをもち続けてしまうという認識も得たとのことだった。実際には，どのようなときに精神的な疲労が起こるかのカレンダー作成，どのような思考パターンがあるかの確認作業（「仕事ができるか？」と聞かれて「できない」と応えると"できない教師と思われる"と思い込む点等），新しい考え方の取り込み（休むことが悪いことではなく，できないことをできると思ってしまうことが自分を疲れさせてしまうという理解や，疲れない程度にやることが健康によいという理解等）を行っていた。

★視点３

　うつ病に効果があるといわれている認知行動療法の機関等との連携は重要である。特に自己否定感の強い場合，それを肯定的な思考，または健康的な思考にするために効果がある。ただし，もちろん人により効果に差がある。また認知行動療法を行う機関は，現在の精神科診療において認められてはいるが病院で実施できるところはまだ多くないため，自費で有料の機関に頼らざるを得ない。そのため，休職期間中の給与が削減されている状態で利用することについてためらわれる場合もある。つまり，クライエントの状況を理解してSSWrは支援計画を立てているのかを疑われることもある。資源の開拓と主治医と本人の同意をもって効果の出る時期に行うことが求められる。

○経過および支援４

〈第４期：休職後期の対応〉

　認知行動療法を定期的に受けて３カ月程度が過ぎようとしていたころ，本人の考えが柔軟になってくることがわかった。特に「自分自身がなんでも自

分でやらないといけない，ではなく，SSWrのように自分のできない点は他の人（医師や認知行動療法の心理士）に頼るということが必要であることを学んだ」というような他者と自分を比較したうえからの自分に合った解釈ができるようにもなっており，以前あった他者否定・自己否定や自己の考え方中心の行動だけでは，自分の心身によくないととらえるようになりつつあった。

　このことから，次の段階へ進むときかもしれないと判断し，一度，認知行動療法の心理職との三者面談を行い，今後の方向性を話し合う場をもった。話し合いでは，まだまだ自己の心身のストレスを高めてしまう考え方（うつ病になったのは自分に体力がないから等）があるものの自己否定的な考え方がよくないことや自分の体調を不調とさせる体力の限界点のことも理解してきていることから，数カ月先に復職リハビリに通院することもよいだろうとの結論に至った。

　これを受け，SSWrは，本人の同意を得て復職リハビリ担当医にリハビリを受けるための申請用紙を本人に記載してもらい，本人の情報提供書とともに送付した。このとき，復職リハビリ通院後の学校側での復職リハビリへの同意も得た。通院先の医師による本人との面接では，リハビリ後に学校側の受入れがあることを確認できたことから復職リハビリへの通院が認められた。復職リハビリでは，週4日間毎日通院するという通勤訓練や体力づくりが1つの柱になっており（3カ月間の訓練），その結果をみて学校側での復職リハビリを行うことになっていた。

　通院が始まり1カ月程度過ぎたころ，本人が"できる自分"を周囲にみせようとしてしまうことを看護師等のリハビリスタッフが何度も指摘してくれたということ，さらに本人と同様に仕事の要因等で休職するに至った仲間ができ，新たな気づきを多く得る場になったとのことであった。

　3カ月後，順調に本人がリハビリを終了したことから，週4日間午前中のみ，学校に通勤し，校庭掃除等を行うという学校内復職リハビリを行うこととなった。さらにその3カ月後には週4日間午後までを含む8時間学校にいるというリハビリを行い，学校業務に慣れるよう労働としての本業務ではなくリハビリを前提とした範囲内で事務作業等を手伝った。周囲からは，作業をさせていいのか，また体調を崩したら自分たちの責任にならないのかという心配をする意見もあったが，さまざまな機関と連携して同意を得て行って

いるから安心してほしいこと，何かあればすぐにSSWrに連絡をほしいと伝え同意を得た。

★視点４

休職していた人を職場でリハビリさせるということは周囲に変な気疲れをしてしまいストレスとなりうる。そのためチーム支援における日々のフォローができるような体制を整えていくことが求められる。一方で，リハビリ期間であって業務期間ではないため過度な業務をさせないことを教職員側に理解してもらう働きかけも必要である。本人をフォローできるようなキーパーソンとなる人物をSSWrがとらえるということが重要でもある。休職・復職する前後の時期に，つまり環境変化・健康変化の時期に本人の精神面の不安定さが出ることもあるため，環境変化時・健康変化時には特に注意して見守る必要がある。

○経過および支援５

〈復職後の対応〉

校内の復職リハビリでも自分ができるということを見せて頑張りすぎてしまうところがあったものの，主治医，臨床心理機関とSSWrの連携によって「無理しすぎないように働く自己のペースを再度理解すること」を促し，少しずつそれができるようになってきた。そして心身の回復が順調であることから，学校長，教育長同意のもと，３学期から週４日間での復職を行うこととなった。このとき，最初から担任をせず，また多くの授業をもたずに事務的な作業中心で働けるように配慮してほしいことを伝えた。さらに授業では，教授方法について担当教科責任者に指導してほしいことを伝え，これまで本人が行う予定であった授業を担当してもらった教科責任者に３学期はスーパーバイザーとして本人の支援をしていただくように同意を得た（３コマの授業）。いきなり３学期からすべての授業で教師が変わるのではなく，一部分を本人に教授してもらうというようにして授業に入ることとなった。このような対応ができたのも教職員支援に深い理解を示す教員が担当教科責任者であったことがあげられる。

メンタルヘルスの部分は主治医，臨床心理機関，SSWrで支え，教育業務

の部分は教員が支えることで，役割分担ができ，本人には「まだまだ緊張しているが生徒との対話が本当に楽しい。仕事ができることのありがたさを感じる」「自分の教育方法が生徒に合わせていなかったことに（担当教科責任者より指摘を受けて）気づいた。すぐに理解できる生徒，何度も説明をしてから理解ができる生徒という個々の生徒のこともとらえた教育方法を再認識した」といった教育者としての感覚を取り戻し，これまでの一方的な教授方法の見解の狭さの理解を自ら深めているようであった。

次の年度は10コマの教科を受け持ち，少しずつその他の業務も自らの限界に合わせて広げていった。「他の復職リハビリで通院していたメンバーで私ほど支援をいただけた者はいない。先日，そのときの仲間と話す機会があり，実感できた。健康や仕事面でも他の仲間との違いが出ている」という感想を得ることができた。

★視点5

従来の復職は，完全復職，またはコピー専用復職というように業務内容が極端なことがある。子どもに対する教育に個別対応が必要であるように，教職員の支援においてもできる限り個別対応すべきである。それが再休職や悪い離職とならない視点の1つであろう。ただし，学校側にも限界があるためそのバランスの一致点をSSWrは常に探すことが求められる。1人ではできないチーム支援の重要性をより実感すべき職種であろう。本ケースのように週4日勤務の開始などは理想論かもしれないが，復職効果が他教員より出た事例であることはおさえる必要があるだろう。また復職後，本人のメンタルヘルスの回復に伴いサポート体制が校外機関やSSWrから学校関係者にシフトしてくる。このような状態では業務能力の回復に目を向ける必要がより出てくるのである。そのためSSWrは前述したように学校（教育）組織・学校（教育）文化をとらえながらも本人に合わせた支援体制の構築をしていく視点が必要となる。

■まとめ

　教師は，企業などの一般就労においてストレスとなりうる部下・上司・お客様の関係以上にさまざまなストレスをもちやすい。たとえば，教頭や校長以外のみなが同僚的立ち位置からなる部下・上司という概念のなさからくる同僚間のやりにくさのストレス，教育対象となる子どもたちに付随する保護者という二重の対象のストレス，子どもの学力をつけなくてはならないという学力への成果主義的ストレス，そして休日出勤（活動）等のプライベートな時間のなさからくる疲労的ストレス等さまざまである。このようなさまざまなストレスについて調査した１つの結果では，生徒指導が最も高いストレスであり，次に同僚・管理職との関係があげられている[1]。そして病気の重症度により休職するというよりは，職場における人間関係の悪さが関係しているという。これには，生徒指導の困難性に加え，保護者や同僚・管理職との複合的な人間関係の困難性の重なりが，生徒指導のみのストレスに比べ約1.5倍程度の休職率になると報告されている。つまり，教職員のメンタルヘルス支援には，単に精神的な安定性を求めるだけでなく，生徒との人間関係や同僚・管理職との人間関係の構築も考えた支援とする必要があると考えられる。これには事例のような教科教授方法の指導やクラスマネジメント指導などの再教育が重要な支援となりうる。

　なお現在では，まだまだSSWrが教職員のメンタルヘルス支援にかかわることは多くはない。しかし，特に精神保健福祉士であるならば，精神保健分野である"メンタルヘルス支援"は重要な専門性の１つである。だからこそ，その専門性を生かすようなソーシャルアクションを行っていくことも重要な使命である。教職員に対する支援が大いに子どもに対する支援となりうるからである。ただし，大学新卒でなったSSWrや社会経験やソーシャルワーカー経験の乏しい大学院卒等のSSWrの場合は，教職員の手のひらの上で転がされることもあるため，にわか仕込みの経験では太刀打ちできないこともありうることを心する必要がある。また可能なら教職員メンタルヘルスにかかわる部門，たとえば安全衛生委員会等の担当となれるよう働きかけるというアクションが求められる。

文　献

1) 中島一憲：教師のうつ―臨床統計からみた現状と課題（特集 教師のうつ）．発達，vol.27，no.106，2006，pp.2-10.

参考文献

1) 文部科学省：平成21年度教育職員に係る懲戒処分等の状況について．2010．http://www.mext.go.jp/a_menu/shotou/jinji/1300256.htm（2010年11月1日取得）
2) 福田憲明：特集 職場における心理臨床 学校教師のメンタルヘルス．臨床心理学，vol.4，no.1，2004，pp.52-57.
3) 伊藤美奈子：教師のバーンアウト―燃え尽きる教師たち（特集 教師のうつ）．発達，vol.27，no.106，，2006，pp.11-17.
4) 厚生労働省：労働者の心の健康の保持増進のための指針．2006．http://www.mhlw.go.jp/houdou/2006/03/h0331-1.html（2008年10月27日取得）
5) 岩崎久志：スクールソーシャルワークの諸業務．米川和雄編著，スクールソーシャルワーク実習・演習テキスト，北大路書房，京都，2010，pp.71-93.
6) 大西良：エコロジカルパースペクティブ―スクールソーシャルワークの人と環境の交互作用．米川和雄編著，スクールソーシャルワーク実習・演習テキスト，北大路書房，京都，2010，pp.23-31.
7) 大西良：学校環境のアセスメント―包括的アセスメントを活かした視点．米川和雄編著，スクールソーシャルワーク実習・演習テキスト，北大路書房，2010，pp.33-70.
8) 大西良：不登校事例におけるソーシャルワークの実践―エコマップを用いた役割評価を中心に．学校ソーシャルワーク研究，第5号，pp.55-67.

[巻末資料1]
社団法人日本精神保健福祉士協会倫理綱領

日本精神医学ソーシャルワーカー協会
(1988年6月16日制定／1991年7月5日改訂／1995年7月8日改訂)
日本精神保健福祉士協会（2003年5月30日改訂）
社団法人日本精神保健福祉士協会（2004年11月28日採択）

前　文
目　的
倫理原則
　1．クライエントに対する責務
　2．専門職としての責務
　3．機関に対する責務
　4．社会に対する責務
倫理基準
　1．クライエントに対する責務
　2．専門職としての責務
　3．機関に対する責務
　4．社会に対する責務

前　文

　われわれ精神保健福祉士は，個人としての尊厳を尊び，人と環境の関係を捉える視点を持ち，共生社会の実現をめざし，社会福祉学を基盤とする精神保健福祉士の価値・理論・実践をもって精神保健福祉の向上に努めるとともに，クライエントの社会的復権・権利擁護と福祉のための専門的・社会的活動を行う専門職としての資質の向上に努め，誠実に倫理綱領に基づく責務を担う。

目　的

　この倫理綱領は，精神保健福祉士の倫理の原則および基準を示すことにより，以下の点を実現することを目的とする。

1．精神保健福祉士の専門職としての価値を示す
2．専門職としての価値に基づき実践する
3．クライエントおよび社会から信頼を得る
4．精神保健福祉士としての価値，倫理原則，倫理基準を遵守する
5．他の専門職や全てのソーシャルワーカーと連携する
6．すべての人が個人として尊重され，共に生きる社会の実現をめざす

倫理原則
1．クライエントに対する責務
　（1）クライエントへの関わり
　　　　精神保健福祉士は，クライエントの基本的人権を尊重し，個人としての尊厳，法の下の平等，健康で文化的な生活を営む権利を擁護する。
　（2）自己決定の尊重
　　　　精神保健福祉士は，クライエントの自己決定を尊重し，その自己実現に向けて援助する。
　（3）プライバシーと秘密保持
　　　　精神保健福祉士は，クライエントのプライバシーを尊重し，その秘密を保持する。
　（4）クライエントの批判に対する責務
　　　　精神保健福祉士は，クライエントの批判・評価を謙虚に受けとめ，改善する。
　（5）一般的責務
　　　　精神保健福祉士は，不当な金品の授受に関与してはならない。また，クライエントの人格を傷つける行為をしてはならない。

2．専門職としての責務
　（1）専門性の向上
　　　　精神保健福祉士は，専門職としての価値に基づき，理論と実践の向上に努める。
　（2）専門職自律の責務
　　　　精神保健福祉士は同僚の業務を尊重するとともに，相互批判を通じて専門職としての自律性を高める。
　（3）地位利用の禁止
　　　　精神保健福祉士は，職務の遂行にあたり，クライエントの利益を最優先し，自己

の利益のためにその地位を利用してはならない。
　（4）批判に関する責務
　　　　精神保健福祉士は，自己の業務に対する批判・評価を謙虚に受けとめ，専門性の向上に努める。
　（5）連携の責務
　　　　精神保健福祉士は，他職種・他機関の専門性と価値を尊重し，連携・協働する。

3．機関に対する責務
　精神保健福祉士は，所属機関がクライエントの社会的復権を目指した理念・目的に添って業務が遂行できるように努める。

4．社会に対する責務
　精神保健福祉士は，人々の多様な価値を尊重し，福祉と平和のために，社会的・政治的・文化的活動を通し社会に貢献する。

倫理基準
1．クライエントに対する責務
　（1）クライエントへの関わり
　　　　精神保健福祉士は，クライエントをかけがえのない一人の人として尊重し，専門的援助関係を結び，クライエントとともに問題の解決を図る。
　（2）自己決定の尊重
　　　　a　クライエントの知る権利を尊重し，クライエントが必要とする支援，信頼のおける情報を適切な方法で説明し，クライエントが決定できるよう援助する。
　　　　b　業務遂行に関して，サービスを利用する権利および利益，不利益について説明し，疑問に十分応えた後，援助を行う。援助の開始にあたっては，所属する機関や精神保健福祉士の業務について契約関係を明確にする。
　　　　c　クライエントが決定することが困難な場合，クライエントの利益を守るため最大限の努力をする。
　（3）プライバシーと秘密保持
　　　　精神保健福祉士は，クライエントのプライバシーの権利を擁護し，業務上知り得た個人情報について秘密を保持する。なお，業務を辞めたあとでも，秘密を保持す

る義務は継続する。
- a 第三者から情報の開示の要求がある場合，クライエントの同意を得た上で開示する。クライエントに不利益を及ぼす可能性がある時には，クライエントの秘密保持を優先する。
- b 秘密を保持することにより，クライエントまたは第三者の生命，財産に緊急の被害が予測される場合は，クライエントとの協議を含め慎重に対処する。
- c 複数の機関による支援やケースカンファレンス等を行う場合には，本人の了承を得て行い，個人情報の提供は必要最小限にとどめる。また，その秘密保持に関しては，細心の注意を払う。クライエントに関係する人々の個人情報に関しても同様の配慮を行う。
- d クライエントを他機関に紹介する時には，個人情報や記録の提供についてクライエントとの協議を経て決める。
- e 研究等の目的で事例検討を行うときには，本人の了承を得るとともに，個人を特定できないように留意する。
- f クライエントから要求がある時は，クライエントの個人情報を開示する。ただし，記録の中にある第三者の秘密を保護しなければならない。
- g 電子機器等によりクライエントの情報を伝達する場合，その情報の秘密性を保証できるよう最善の方策を用い，慎重に行う。

（4）クライエントの批判に対する責務

精神保健福祉士は，自己の業務におけるクライエントからの批判・評価を受けとめ，改善に努める。

（5）一般的責務
- a 精神保健福祉士は，職業的立場を認識し，いかなる事情の下でも精神的・身体的・性的いやがらせ等人格を傷つける行為をしてはならない。
- b 精神保健福祉士は，機関が定めた契約による報酬や公的基準で定められた以外の金品の要求・授受をしてはならない。

2．専門職としての責務

（1）専門性の向上
- a 精神保健福祉士は専門職としての価値・理論に基づく実践の向上に努め，継続的に研修や教育に参加しなければならない。

b　スーパービジョンと教育指導に関する責務

　1）精神保健福祉士はスーパービジョンを行う場合，自己の限界を認識し，専門職として利用できる最新の情報と知識に基づいた指導を行う。

　2）精神保健福祉士は，専門職として利用できる最新の情報と知識に基づき学生等の教育や実習指導を積極的に行う。

　3）精神保健福祉士は，スーパービジョンや学生等の教育・実習指導を行う場合，公正で適切な指導を行い，スーパーバイジーや学生等に対して差別・酷使・精神的・身体的・性的いやがらせ等人格を傷つける行為をしてはならない。

（2）専門職自律の責務

　　a　精神保健福祉士は，適切な調査研究，論議，責任ある相互批判，専門職組織活動への参加を通じて，専門職としての自律性を高める。

　　b　精神保健福祉士は，個人的問題のためにクライエントの援助や業務の遂行に支障をきたす場合には，同僚等に速やかに相談する。また，業務の遂行に支障をきたさないよう，自らの心身の健康に留意する。

（3）地位利用の禁止

　　精神保健福祉士は業務の遂行にあたりクライエントの利益を最優先し，自己の個人的・宗教的・政治的利益のために自己の地位を利用してはならない。また，専門職の立場を利用し，不正，搾取，ごまかしに参画してはならない。

（4）批判に関する責務

　　a　精神保健福祉士は，同僚の業務を尊重する。

　　b　精神保健福祉士は，自己の業務に関する批判・評価を謙虚に受けとめ，改善に努める。

　　c　精神保健福祉士は，他の精神保健福祉士の非倫理的行動を防止し，改善するよう適切な方法をとる。

（5）連携の責務

　　a　精神保健福祉士は，クライエントや地域社会の持つ力を尊重し，協働する。

　　b　精神保健福祉士は，クライエントや地域社会の福祉向上のため，他の専門職や他機関等と協働する。

　　c　精神保健福祉士は，所属する機関のソーシャルワーカーの業務について，点検・評価し同僚と協働し改善に努める。

　　d　精神保健福祉士は，職業的関係や立場を認識し，いかなる事情の下でも同僚

または関係者への精神的・身体的・性的いやがらせ等人格を傷つける行為をしてはならない。

3．機関に対する責務
　精神保健福祉士は，所属機関等が，クライエントの人権を尊重し，業務の改善や向上が必要な際には，機関に対して適切・妥当な方法・手段によって，提言できるように努め，改善を図る。

4．社会に対する責務
　精神保健福祉士は，専門職としての価値・理論・実践をもって，地域および社会の活動に参画し，社会の変革と精神保健福祉の向上に貢献する。

[巻末資料2]
社団法人日本精神保健福祉士協会
精神保健福祉士業務指針及び業務分類第1版（抄）

2．精神保健福祉士の機能及び業務分類

　以下の項目「A．対象」「B．主要な課題」「C．主要な機能，提供されるサービス」「D．具体的な方法」「E．機能及び業務」に関する記述は，前ページの「精神保健福祉士の業務特性に関する整理（表）」を補足している。

A．対象

　精神保健福祉士はすべての住民，地域社会等を対象とする。

　そのなかでも，精神保健福祉士がかかわる対象は，特に下記の人たちが想定される。

・精神的健康の保持・増進のため，各ライフステージにおいて保健福祉サービスを必要としている人
・精神科医療サービスを必要としている人（本人，その家族，周囲の人々等）
・地域生活を送るために精神保健福祉サービスを必要としている人（本人，その家族，周囲の人々等）
・精神障害のために社会参加に制約（権利侵害，差別等）を受けている人（本人，その家族，周囲の人々等）
・精神保健福祉サービスを必要としている人を取り巻く環境，地域

B．主要な課題

　自己実現や自己決定に関するさまざまな課題に対し，ともに取り組む。

・人間関係に関する課題
・経済的な課題
・住居に関する課題
・職業上，教育上の課題
・医療に関する課題
・本人及び家族の自己実現に関する課題
・社会における精神保健福祉の課題

C．主要な機能，提供されるサービス

精神保健福祉士が果たす主要な機能としては，以下の12がある。また，それに応じた提供されるサービスとしての業務は，下記の項目がある。

・主要な機能1：本人のニーズを的確に把握する。
業務項目：インテーク，情報収集・課題の整理，スクリーニング，事前評価（アセスメント），優先課題の把握，情報提供
・主要な機能2：本人が望む暮らしと心地よい環境づくりを促進し，不安を軽減する
業務項目：受容・傾聴・共感等基本的なかかわりの原則に基づく心理社会的支援
・主要な機能3：本人が望む暮らしの実現に向けて計画をともに作成する。
業務項目：個々のニーズに応じた個別支援計画の作成（プランニング），再アセスメント後の個別計画の見直し及び計画の修正等
・主要な機能4：適切でかつ有効な具体的サービスの提供（介入）
業務項目：個別面接，電話相談，家庭等生活の場への訪問，職場等への訪問，必要に応じた同行，代理行為，グループ活動における支援等
・主要な機能5：サービス提供（介入）のプロセスにおける本人及び／あるいは家族とのプロセス評価（モニタリング）
・主要な機能6：計画にそって行われた支援内容についての実施評価（エヴァリュエーション）を行う。
・主要な機能7：本人の望む生活へ向けて必要な関係部署，関係職種，関係機関等へつなぎ，連携や調整，協力を行う。また多機関がかかわる場合には，役割分担や調整などのコーディネートをする。
業務項目：連携，調整，協力，コーディネーション，マネジメント
・主要な機能8：家族の自己実現に対する支援を行う。
業務項目：受容・傾聴・共感等基本的なかかわりの原則に基づく心理社会的支援組織化，グループワーク
・主要な機能9：さまざまなレベルにおける人間関係の不安等に対し関係の調整を行う。
業務項目：仲介，斡旋，調整
・主要な機能10：当該機関で適切なサービスの提供ができない場合は，適切なサービス機関を紹介，もしくは連携・協力をする
業務項目：紹介，仲介，リンケージ
・主要な機能11：地域内に適切なサービスがない場合は開発をする

業務項目:地域アセスメント,資源開拓
・主要な機能12:サービスの提供にあたるさまざまなプロセスに適切な対応のできる専門職としての研鑽を続ける(研鑽,教育,スーパービジョン,調査,研究)

D. 具体的な方法

精神保健福祉士がサービスを提供する具体的な方法としては主に下記の援助技術がある。

・個別援助技術(ケースワーク):本人のニーズと問題を把握して支援計画を立てることや,ソーシャルワーカーとクライエントの支援関係によって,本人及び家族の問題解決能力を高めていく
・集団援助技術(グループワーク):グループを対象とした支援活動を通して,集団過程を促進し,集団の構成員の成長を図る
・地域援助技術(コミュニティワーク):間接援助技術の一つであり,地域社会に対して支援活動を行うもので,地域生活を送るための社会資源及び支援ネットワークを開発して,本人及び家族が同じ地域で暮らす人々との相互作用を増進させていく援助の方法である。

　これらはそれぞれが個別に存在するのではなく,本人のニーズに応じて適切に組み合わせて活用する。さらにそれぞれの立場や役割に応じて下記の間接援助技術も活用する。
・社会福祉運営管理(ソーシャル・アドミニストレーション)
・社会活動法(ソーシャルアクション)
・社会福祉調査法(ソーシャルワーク・リサーチ)
・社会福祉計画法(ソーシャル・プランニング)

E．機能及び業務

目標①　人々が持っている力を発揮し，主体的に本人が望む生活を実現する

【目的】・本人，集団（グループ），地域（コミュニティ），社会の主体性を尊重し，それぞれがそれぞれなりに力をつけていくプロセス（エンパワメント）を支援する。

・本人の訴えや語り，思いに寄り添い，受容，傾聴，共感等の援助技術を活用した「かかわり」をとおして信頼関係を構築する。

・今おかれている生活の現状把握（本人の力，生活のしづらさ，周囲環境の状況など），困っていること（ニーズ）を的確に把握し，望む生き方，暮らしに近づけるための具体的な方策を共に考える。

【方法】　個別面接，電話相談，訪問，同行

機能	業務内容
受理（インテーク）	本人，家族，他機関等による電話や面接における初回相談には誠実な応対をする。
	受理面接（インテーク）においては，機関に訪れた本人及び家族等の不安や戸惑いを十分に認識したうえで，ありのままを受容する。
	安心と信頼を得られるような出会いの場とし，信頼関係構築を心がける。
	機関や社会資源，制度等の説明や見学など本人に必要な情報を適切に提供する。
	本人を理解するための適切な質問を行うことによって，本人のペースや思いに沿いながら情報の収集を行う。
	収集した情報をもとにして，一次的な課題整理を行う。
審査（スクリーニング）	受理した相談について，当該機関において対応できるニーズであるか，より適切な機関があるか，的確な審査（スクリーニング）を行う。
選別（トリアージュ）	緊急性を判断し，緊急的介入が必要であるかの優先順位を確認する。
事前評価（アセスメント）	個人，集団（グループ），地域（コミュニティ），社会のストレングズ（持ち味，強み，長所等）及び課題（問題，ニーズ）を見定める。
	本人及び集団（グループ），地域（コミュニティ），社会のストレングズ及び課題について，本人とともに整理し，共有する。

	本人の状況認識を理解するために，かかわり，本人自身による表現を助ける。
	本人の生活様式や文化，慣習に対する理解的な感性をもって本人の行動等を理解，評価する。
	本人と社会状況の関係性について理解，評価する。
	グループ場面において，グループの目的の確認，準備，グループの力等について評価するエンパワメント本人がサービスの利用に抵抗を感じている場合においては，慎重なかかわりを持ち続けるように努め，本人の困っているという思いを理解しながら，本人自身が主体的にサービスを受けていくような支援を行う。
	情報収集本人のニーズを的確に把握するための情報を収集する地域資源について，その内容や特徴等について理解・把握する。
	情報提供本人及び家族等のニーズにもとづき必要な情報（各種福祉サービスや制度等）を提供し，共有する。
	病気や薬等治療プロセスに関する説明を行う。
支援計画（プランニング）	アセスメントにもとづき，ニーズに相応しい的確な個別支援計画を本人とともに作成する。
	個別支援計画にもとづき支援及び／あるいは介入の後，モニタリング（プロセス評価）及び事後評価（エヴァリュエーション）の後に新たな個別支援計画が必要な場合は，柔軟に対応し，本人の現在の状況に応じた個別支援計画を再度本人とともに作成する。
支援	【心理社会的サポート】
	本人，家族等のリカバリーにむけて，安心できる関係を構築し，不安や揺れ，緊張等に共に向き合う。
	本人，家族の孤立化を防ぐ。
	本人や家族，集団（グループ）等を見守る。
	【居住環境の整備，維持，継続】
	住まいの確保，維持，移転等に関して，本人の不安，意向，都合，そして思いに傾聴し，具体的な支援が必要な場合は介入する。

	暮らしの仕方について相談を受け，対応する。
	【治療環境の整備，維持，継続】
	安心して医療を受け，本人自身の自然治癒力を発揮して治療にのぞめるよう，不安の軽減をはかるなどの支援を行う。
	療養にかかわる本人を取り巻く環境（家族，友人等）について不安が軽減するよう相談や支援を行う。
	【就労環境の整備，維持，継続】
	本人の働きたいという願いや思い，また働き方についてなど，面接を行い，適切なアセスメントを本人とともに行う。
	就労するための技術等を学ぶ機会を設定する。（ロールプレイやSST等を用いる場合もある）
	【人間関係調整】
	本人をめぐる人間関係の調整を行う。
	サービスの利用にともない，家族及び本人を取り巻く人々（隣近所や友人等）に対しては，状況に応じ一時的に距離を置くこともあるが，長期的視点の中では断絶することなく，維持，継続されるよう双方に支援を行う。
	【制度利用支援】
各種制度の申請，利用に関する支援	各種福祉サービス利用にあたっては本人の障害の捉え方等について吟味し，慎重にすすめる。
	申請手続きの説明，書類の作成，申請窓口への同行等を行う制度：高額療養費，生活保護，年金，精神保健福祉手帳，傷病手当金，障害者自立支援医療，障害者自立支援法介護給付及び訓練等給付における各種サービス，市区町村助成等，障害者自立支援法以外の地域支援サービスの利用，不服申し立て等
	【教育】
	病気についての理解，自身の行動パターンなど知識的側面で，情報を提供し，気づきを促す。

	【技能習得支援】 就労にむけての技能習得や日常生活を送る上でのさまざまなスキルを身につけるために個別及び集団にて家族が病気や家族システムについての正しい知識（別の見方）を提供する。
グループワーク	本人の主体性をはぐくむような場の提供とグループ成長の支援 グループメンバー同士をつなぎ，グループダイナミクスを活用しながらグループの一員として参加する。 集団（グループ）活動の運営，維持 空間というだけでなく，所属感を持ち，安心できる，癒しの場の提供
プロセス評価 （モニタリング）	個別支援計画にもとづいた支援を行うなかで，日々の様子を見守り，本人の変化やサービスとのマッチング等計画の進捗状況を確認する。 支援者のかかわり方等について検討する。 必要に応じて，個別支援計画を見直し，再確認・再検討をする。
事後評価 （エヴァリュエーション）	支援計画に基づき，支援した結果に対する全体的な評価を行う。 新たな課題や支援方針の再検討を行う。
連携／調整／ コーディネート	【同機関内の調整（同部署・他部署，同職種・他職種）】 利用者の支援／介入にあたり，機関内の同職種，同部署，他職種，他部署と協力体制をつくれるように調整をする。 【他機関との連携】 本人のニーズを満たすために必要なサービス機関及び社会資源との連携を行う。
紹介／リンケージ	【他機関への紹介／リンケージ】 他機関の援助及び制度，資源等が必要な場合は，本人のニーズを満たす機関，資源，制度を探し，場合によっては開発する。 他機関の援助及び制度，資源等が必要な場合は，本人に情報の提供及び紹介を行う（紹介）とともに，他機関及び制度，資源等と連絡を取り，他機関には依頼，調整，役割分担の確認，見学や本人の情報についての共有などを行う（リンケージ）。 他機関のサービスを利用している場合，もしくはこれから利用しようとする場合に，本人の希望や必要であると認めた場合にサービス機関へ同行する。

【他職種への紹介／リンケージ】

本人のニーズに応じ，他職種のかかわりが必要な場合は，本人に情報の提供及び紹介を行う（紹介）とともに，機関内外の他職種と連絡を取り，他職種専門家へ依頼，調整，役割分担の確認や本人の情報についての共有などを行う（リンケージ）。

【グループへの紹介／リンケージ】

本人のニーズに応じ，グループワークを希望するまたは有効であると認められた場合，本人に情報の提供及び紹介を行う（紹介）とともに，グループ活動へ連絡を取り，他職種専門家へ依頼，調整，役割分担の確認や本人の情報についての共有などを行う（リンケージ）。

【コーディネーション】

サービス利用者同士を紹介し，仲間とつながるきっかけづくりや橋渡しをする。

セルフヘルプ，ピア活動への支援	本人同士が当事者運動及び活動として，主体的・自主的な活動を行っていくための側面的な支援を行う。
	それぞれのグループの文化，持ち味，多様性を認め，損なわないように，また依存的ならないようにあえて距離をとる支援を心がける。
	当事者としての尊厳をもって，権利意識を高めていく。
	さまざまな社会資源を含めて情報提供及び紹介し，利用・活用できるよう支援する。

目標②　人々の持つ力を肯定的に評価し，主体的に生きられるような支援を行う

【目的】
・専門職としての資質を向上する。
・専門職としての行為（行動）基準，価値，倫理を共有し推進する。
・サービスの提供や共有における効率と効果の増大を図る。
・専門職として組織内及び／あるいは社会的要請に応じて各種会議等へ参加し専門的知見から意見を述べる。

機能	業務内容
自己研鑽	必要な研修についての情報を収集し，主体的に参加する。
	学会等に参加し，最新の情報をえることに努め，自己研鑽を図る。

	機関内外における個別及び／あるいはグループスーパービジョンに参加し，日々のかかわりを振り返り，支援について吟味する機会を主体的に持つ。
教育・育成 （スーパービジョン）	【新人教育】 自己覚知，気づきを与える 新任職員自身の人間性などその特性を早いうちに理解し，その個性や価値観の気づきを支援する 連携をするために必要な情報の収集し，地域資源理解を促す 同職種，他職種の職能について理解し，必要に応じて助言，指導を行う。 【実習指導】 実習生受け入れのためのコーディネートを行う。受け入れに際し，説明会等を開催する場合もある。 実習担当教員及び教育機関との連絡，調整，連携 実習生の教育，指導，評価
研修企画・開催	機関内外，一般市民向け等，それぞれのニーズに応じた研修の企画を行い，実施する。
記録	【個別記録の作成】 相談支援のプロセスを記録する（本人の変化，思い，具体的な支援内容等）を記録する。 自らのかかわりの点検についての記録 【業務記録の作成】 日々の業務について記録をする。 他機関との連絡，報告，連携，調整等に関して記録をする
調査・統計	日常実践について，記録し，統計をとることにより自らの実践を点検する。
研究	日々の実践や積み上げた調査研究について学会等において発表し，研究の精度を高め，普遍化していくことを目指す。 調査研究等で得られた結果及び考察を実践のなかに反映させる。

目標③　組織が人々の人権を尊重し，公共性を保持し，円滑な運営を促進する

【目的】
・社会的ニーズを充足するための組織運営を行う。
・サービスに関して利用者のニーズ中心の組織運営を行う。
・組織内の人権意識を高め，個別性を重視したサービス提供を促進する。

機能	業務内容
管理・運営	【組織内力動の理解】 組織内力動を理解し，組織内の各種会議の企画，開催，運営を行う。 会議の目的等を確認し，評価を行い，必要に応じ改善を行う。 利用者個々のニーズに対する評価を行い，組織運営を行う。 地域に求められているニーズに対する評価を行い，組織運営を行う。
コーディネーション	【組織内調整】 組織内各種会議等におけるコーディネーションを行い，組織内調整を行う。
協議	【交流促進】 発言・交流する場を確保し，促進する。
コンサルテーション	【組織評価】 サービスの標準化に対して認識をし，第三者評価やその他評価機関を導入に対して役割を果たす。
苦情解決	【組織内調整】 組織の危機管理体制を構築する。 苦情処理体制を構築する（人権擁護）。 意見の収集と集約及び公表の機会を設定する。 個人情報保護規定を策定する。また倫理規定を導入する。 情報公開基準を策定する。
連携／調整	【仲介及び介入】

目標④　地域の中で本人が望む暮らしを保障するための地域づくり

【目的】
- 人々が地域の中でよりよい暮らしをするための，フォーマル及びインフォーマルネットワークづくり
- 地域内に不足している社会資源を開発・開拓する。
- セルフヘルプグループ活動への支援
- 精神保健福祉の課題について地域住民と共有する。
- スティグマの克服にかかわる。

機能	業務内容
地域理解／地域アセスメント	地域ニーズを把握し地域課題について分析する。（地域アセスメント）
資源開発，開拓	地域内に，ニーズを満たすサービスが不足している場合は資源の開発，開拓へ向けて運動する。 既存のサービスや制度が利用しにくい場合は変革を促す。
組織化	グループづくり等による支援と孤立化を抑止する。
ネットワーク化	地域内のサービス機関等と顔の見えるネットワークづくり（場の設定，企画等）を行うとともに，相互理解を促進し，協働を目指す。
動員／誘導	署名活動などへの人員の招集 地域に必要な新規事業等の誘致活動
紹介／交流促進	同じ課題や悩みを持つ人々の出会いの場を設置する。 地域住民との交流の機会の設定，運営，コーディネート 日常的な町内会等に参加する
ソーシャルアクション	システムの機能不全の指摘など様々な問題提起を行う。 社会環境やシステムを改革する。
啓発	啓発の場の設定。権利擁護としての啓発等。 精神保健福祉全般への理解促進
予防	予防としての啓発。

目標⑤　本人が望む暮らしを保障するための社会施策を発展させ，改善する

【目的】
- 法令，規則を理解し，評価及び課題分析を行う。
- ニーズに応じた政策展開を提言する。
- 不適当な政策や法令の見直しまたは改善を申し入れる。
  （運用の適正化）
- 農村地域等，人的資源が不足している地域への支援
- 災害時等の支援

機能	業務内容
政策分析	新法等新しい情報についての勉強会等を開催し，それらの理解を促進する機会をつくる。
政策主張	請願，要望，陳情など現状の問題点への改善に向けた運動を行い，政策に対する誘導を行う。 ソーシャルアクション
政策展開	政策の利点や問題点を理解し，ニーズとの調整を行い，政策の具体化を図る。
啓発・企画	学会・研修会等を企画・運営し，課題の分析や問題点の共有を図る。 講演会等の企画，運営。 講演会等において，情報の提供，共有をはかる（講師等）。
予防	災害時における精神障害者への支援，被災者等のメンタルヘルスの課題の整理及び具体的な支援。災害時精神保健の研究。

[巻末資料３]
学校におけるソーシャルワークのための業務指針

まえがき
　現在，日本の教育現場は，不登校やいじめをはじめとする種々の問題が絡み合って複雑多岐化する傾向にあり，また，発達障害を持つこどもへの支援や教師のメンタルヘルスといった新たな問題も解決課題として取り上げられている。このように，学校では児童・生徒の発達と成長，さらには学校機能を阻害する諸問題が噴出しており，それらへの対応が急務となっている。そのような中，従来のカウンセリングといった個人の心理的支援に加え，人と環境に働きかける視点（エコロジカルな視点）を持つソーシャルワーカーの必要性が訴えられている。
　しかしながら，学校を基盤とした生活場面の中で，児童・生徒とその家族が抱える困難や課題に対応するソーシャルワーク実践はまだまだ発展途上の段階にあり，今後，実践の積み重ねを通じて支援の枠組みを確立していく必要がある。

目的
　学校におけるソーシャルワーカーのアプローチは，ソーシャルワークの価値観を基盤にするという意味では何ら特別なものではない。特別な点は，これまで福祉的なアプローチがまったく存在しなかった教育現場にソーシャルワークという方法を持ち込むという点である。つまり，教育現場という文化や風土に適応したソーシャルワーク実践が求められているといえる。
　現代の児童・生徒の生活上の困難は，自己の存在を肯定して成長を支えてくれる存在を得る機会が少ないことだと指摘されている。学校で実践するソーシャルワーカーは，自らが児童・生徒の支援者になるだけでなく，児童・生徒の周囲に支援のネットワークを築くことにより，児童・生徒の幸福（well-being）をもたらすことを目的としている。
　また，学校現場を基盤にしたネットワーク（つなぐ）活動は，児童・生徒だけでなく家族と学校，学校と地域との関係性の構築も含まれるものであり，それは地域社会における人々，各機関との絆の構築を意味する。つまり，学校における精神保健福祉士の役割は，家族，学校，地域など社会の相互関係の中で児童・生徒の成長を支援していくことである。

サービス対象者

　学校におけるソーシャルサービスはすべての児童・生徒とその家族に提供される。主に成長途上期にある児童・生徒の発達（人格発達とともに知的発達も含む）や心身の健康など，児童・生徒の成長や生活と密接に関わる事柄で支援が必要な者（児童・生徒やその家族，その関係者）が対象となる。さらに，児童・生徒や家族の問題に限らず，教師への支援や学校システムの改善など教育環境全般についても対象となる。

主な機能と提供されるサービス
　・教育，発達，健康に関する相談支援
　・児童・生徒の発達や健康に関する情報の提供
　・治療機関，専門の相談機関への紹介と連携
　・自殺や死亡事故などの（学校）危機的状況が発生した場合の緊急支援
　・学校内での児童・生徒と家族への支援
　・家庭訪問による児童・生徒と家族への支援
　・電話による児童・生徒と家族への支援
　・地域における社会資源の開発，継続，展開
　・日常生活に関する支援
　・心理テストの実施
　・児童・生徒，保護者，教職員へのカウンセリング
　・いじめ，不登校に関する支援
　・学級担任や養護教諭との連携
　・適応指導教室やフリースクールなど学校外の教育機関との連携
　・特別支援学級への支援
　・教職員への支援
　・教育相談や生徒指導に関する委員会への参加と運営
　・高校，中学校，小学校，保育所など他の教育機関との連携
　・お便り（学校ソーシャルワーカーのPR，心の健康情報の提供など）の発行
　・学級集団への支援（心の健康や人間関係づくり教育，自己主張トレーニングなど）
　・保護者への研修
　・教職員への研修
　・児童・生徒の健康やニーズに関する調査

・研究活動

対処する問題の主要なカテゴリー
　・発達に関する問題
　・教育に関する問題
　・進路に関する問題
　・医療に関する問題
　・生活全般に関する問題
　・非行や犯罪に関する問題
　・健康（身体面，精神面の両方）に関する問題
　・家族関係，家族機能の問題
　・人間関係に関する問題
　・経済的問題
　・虐待など生存に関わる問題
　・日常生活に関する問題
　・経済的問題

援助者，サービス提供者
　　ソーシャルワーカー（精神保健福祉士，社会福祉士等）

業務指針
　指針1　児童・生徒・保護者への個別カウンセリング
　　　　児童・生徒やその家族が抱える教育，発達，健康等の生活に関する困難や課題の解決に向けたカウンセリングを行う。
　　　―重要な視点
　　　　　アセスメント（児童・生徒，家族が抱える問題の見立て）
　　　　　支援（カウンセリング）計画
　　　　　支援（カウンセリング）評価
　　　―基本的考え方
　　　　　児童・生徒やその家族が抱える生活上の問題に対して側面的に支援を行う。
　　　　　エコロジカルな視点から支援を検討する。

―指針の意味
　　―その他の影響要因
　　　　支援（カウンセリング）を必要とする児童・生徒やその家族の発見

指針2　生徒・保護者を各種機関へとつなぐコーディネート機能
　　　　虐待や発達障害などの教育機関では対応困難なケースについては，各種専門機関（病院・クリニック，特別支援学校，適応指導教室・フリースクールなど）へと繋ぎ，適切な支援が受けられる環境調整を行う。
　　―重要な視点
　　　　アセスメント（児童・生徒，家族が抱える問題の見立て）
　　　　支援計画・評価
　　　　各種専門機関の紹介と同行
　　―基本的考え方
　　　　ケースに合致した専門機関の紹介
　　　　常日頃からの各種専門機関との連携
　　―指針の意味
　　―その他の影響要因
　　　　各種専門機関についての情報収集
　　　　各種専門機関利用の拒否

指針3　生徒・保護者への心理教育的な予防教育
　　　　児童・生徒やその家族の心身の健康を維持・向上するために心理教育的なアプローチを用いて支援を行う。例えば，児童・生徒の鬱に関する基礎知識，自尊心を高める取り組み実践の紹介などの情報提供と予防教育
　　―重要な視点
　　　　予防教育
　　　　心理教育
　　―基本的考え方
　　　　児童・生徒やその家族の心身の健康を維持・向上するため情報提供（学級通信やお便りも活用）
　　　　予防の重要性を伝え，早期発見・早期対応体制を築く。

―指針の意味
　　　―その他の影響要因

指針4　教職員への精神保健福祉に関する知識・技術の提供
　　　教職員に児童・生徒やその家族への支援に必要な精神保健福祉に関する知識や技術を提供，共有化を図る。
　　―重要な視点
　　　　精神保健福祉に関する知識・技術の情報提供
　　　　教職員の抱える課題の解決
　　―基本的考え方
　　　　精神保健福祉に関する専門的な情報を提供するとともに，教職員の抱える課題の解決を図る。
　　―指針の意味
　　―その他の影響要因
　　　　教職員との連携体制

指針5　学校危機における緊急支援
　　　児童・生徒の死，教職員の不祥事などの学校危機に対する緊急的な支援
　　―重要な視点
　　　　アセスメント（学校全体の見立て）
　　　　支援計画，評価
　　　　急性ストレスや悲嘆反応などの支援
　　―基本的考え方
　　　　学校現場で危機的状況が発生した場合，学校での冷静な判断は困難になりやすい。そのため，第三者的立場で学校危機への支援を行う。
　　―指針の意味
　　―その他の影響要因
　　　　学校，学級崩壊
　　　　保護者の協力
　　　　他のスクールソーシャルワーカーとの連携，協働

指針6　社会資源の開拓（子育て・発達支援教室の開催，放課後相談会の開催）
　　　児童・生徒やその家族，地域のニーズに合った社会資源の開拓
　―重要な視点
　　　ニーズの発見
　　　社会資源の開拓
　―基本的考え方
　　　限られた社会資源では対応が困難な場合は，精神保健福祉士自らが社会資源を開拓する。子育てや発達支援など児童・生徒の成長に関する理解を深める。
　―指針の意味
　―その他の影響要因
　　　教育現場，地域の理解
　　　継続に必要な人的，物的資源の確保

索引

●あ
ICD-10　105
アクセスの原則　136
浅賀ふさ　2
アスペルガー症候群　60
アセスメント　114, 139
アセスメントシート　80, 116, 125, 145
アメリカ精神遅滞学会　60
アンソニー, W.　12

●い
医学モデル　42
石隈利紀　99
市川宏伸　54
遺尿症　61
岩崎久志　35, 123
インスティテューショナリズム　11
インテーク　114

●う
宇都宮病院事件　4
うつ病　59

●え
AD/HD　61
エコシステム論　18
エコマップ　130
エコロジカルな視点　42, 127
SST　91
エバリュエーションシート　125
援護寮　6
エンパワメント　139

●お
小倉清　53
小澤美代子　118
音声チック　61

●か
柏木昭　11
学校・家庭・地域の連携協力推進事業　32
学校恐怖症　59
学校コーチング　102
学校保健安全法　67, 68
学校保健法　68
学校臨床心理士　34
門田光司　116
カナー型自閉症　60
カプラン, G.　99
川崎市社会復帰医療センター　5

●き
ギブ, J.G.　97
気分障害　59
基本事項用紙　125
キャプラン, G.　63
教育支援計画シート　86

●く
工藤歩　38
グループワーク　89
クレッチマー, E.　110

●け
経過観察用紙　125
経過記録用紙　141
ケーグル, J.D.　135
ケース会議　76, 79
ケースマネジメント　76

●こ
行為障害　61
公益社団法人日本医療社会福祉協会　2
ゴールドスタイン, H.　10
国際疾病分類第10版　105
国立国府台病院　1
国立精神衛生研究所　2
小嶋章吾　126
ゴスチャ, R.J.　139
コンサルタント　63
コンサルティ　63
コンサルテーション　63
コンサルテーション・リエゾン精神医療　65
コンサルテーション精神医療　62

●さ
齋藤万比古　118
札幌宣言　3

●し
ジェノグラム　130
支援過程用紙　125
支援計画用紙　125
自己決定の尊重　2
事後評価用紙　125
施設症　11
事前評価用紙　125
児童虐待　165
児童虐待の防止等に関する法律　165
児童虐待防止法　165
児童思春期精神医学　53

235

自閉症　60
下田光造　110
ジャーメイン,C.B.　42
シャイン,E.H.　65
社会事業婦　1
社会生活技能訓練　91
社会福祉士及び介護福祉士法　4
社団法人日本精神保健福祉士協会　2
社団法人日本精神保健福祉士協会倫理綱領
　　22, 136
守秘義務　93
障害者基本法　6
神経性食欲不振症　60
神経性大食症　60
心身障害者対策基本法　6

●す
スクールカウンセラー活用調査研究委託事業　33
スクールカウンセラー等活用事業　32
スクールカウンセラー等活用事業補助　33
スクールソーシャルワーカー活用事業　32, 36, 54
ストレングス視点　20, 139

●せ
生活のしづらさ　7
生活モデル　42
制限の原則　136
精神医学ソーシャル・ワーカー　1
精神医学的アセスメント　105
精神衛生相談員　2
精神衛生法　2
精神科ソーシャルワーカー業務指針　4, 21
精神科薬物療法　58
精神疾患の分類と診断の手引き第4版　105
精神障害者社会復帰施設　6
精神障害者生活訓練施設　6
精神障害者地域生活支援センター　6
精神障害者通所授産施設　6
精神障害者入所授産施設　6
精神障害者福祉工場　6
精神障害者福祉ホーム　6
精神障害者保健福祉手帳　6
精神保健及び精神障害者福祉に関する法律　6
精神保健福祉士　1, 7, 22
精神保健福祉士業務指針及び業務分類第1版
　　4, 15, 22
精神保健福祉士法　1, 4, 7
精神保健福祉法　6
精神保健法　4, 6
摂食障害　60

全国精神障害者団体連合会　6
全米障害児教育法　29
全米スクールソーシャルワーカー協会　25
全米ソーシャルワーカー協会　25
全米訪問教師委員会　26
全米訪問教師協会　26

●そ
双極性障害　59
相談記録　123

●た
多発運動性チック　61
試し行動　179

●ち
知的障害　60
チャプキン,N.F.　27
注意欠陥・多動性障害　61

●つ
ツーレット症候群　61
辻村英夫　65

●て
DSM-Ⅳ　105
ディーガン,P.E.　12
テレンバッハ,H.　110

●と
東京都世田谷リハビリテーションセンター　5
統合失調症　59
徳田仁子　35
匿名性の原則　136
独立行政法人国立精神・神経医療研究センター
　　2
とらわれ　60

●な
中島さつき　2

●に
日本児童精神医学会　54
日本児童青年期精神医学会　54
日本精神医学ソーシャル・ワーカー協会　2
日本精神医学ソーシャル・ワーカー協会倫理綱領
　　4
日本ソーシャルワーカー協会　2

●は
ハートマン, A.　130
パターナリズム　11
花田雅憲　54

●ひ
ピアサポート　20
PSW　1
人と状況の全体性の視点　18
秘密保持の原則　136

●ふ
ファシリテーション　79
フェイスシート　125
父性的保護主義　11
不登校　59
ブトゥリム, Z.T.　13
プライバシー保護　135
プランニング　114
プランニングシート　125
プレイセラピー　57
フロイト, S.　28
プロセスシート　125

●へ
ベイテル, M.　21

●ほ
訪問教師事業　26
ボーエン, M.　130
保護者　93

●ま
マクロレベル　43, 127
マサチューセッツ総合病院　1
マッピング技法　129

●み
ミクロレベル　43, 127

●む
夢中遊行障害　62

村松常雄　1
ムレイ, J.P.　21

●め
メゾレベル　43, 127
メンタルヘルス　67, 69
メンタルヘルス支援　71

●も
モニタリング　115
モニタリングシート　125

●や
夜驚症　62
谷中輝雄　5
やどかりの里　5, 20
夜尿症　61
山崎晃資　58
山下英三郎　32
山本和郎　63

●よ
要保護児童対策地域協議会　161
予防保健的ソーシャルワーク　99

●ら
ラップ, C.A.　139

●り
リエゾン精神医療　62
リカバリー　12, 139
リッチモンド, M.E　42
リミットテイスティング　179
リュムケ, H.C.　113
倫理的配慮　135

●ろ
労働安全衛生法　67, 69

●わ
Y問題　3

237

編著者紹介

大西　良（おおにし・りょう）

　久留米大学比較文化研究所　専任講師
　博士（保健福祉学），精神保健福祉士，社会福祉士，専門社会調査士

　1978年福岡県直方市に生まれる。久留米大学大学院比較文化研究科後期博士課程修了後，同大学文学部社会福祉学科助手，助教を経て，2009年より同大学比較文化研究所専任講師となり，現在に至る。
　著書に，『スクールソーシャルワーカー実習・演習テキスト』（北大路書房，2010年，分担執筆），「こころの科学」第153号『精神保健福祉士の相談記録の書き方』（日本評論社，2010年）などがある。

執筆者一覧（五十音順）

相川　章子（あいかわ・あやこ）　　　　　　　　　第1章 第1節
聖学院大学人間福祉学部人間福祉学科　准教授

岩崎　久志（いわさき・ひさし）　　　　　　　　　第1章 第2節1
流通科学大学サービス産業学部 サービスマネジメント学科　教授

大西　良（おおにし・りょう）
　　　　　　第1章 第2節2／第3節，第3章 第1節2／第2節1・2，第4章8
久留米大学比較文化研究所　専任講師

下田　学（しもだ・まなぶ）　　　　　　　　　　　第2章 第2節1
北九州市教育委員会スクールソーシャルワーカー

茶屋道拓哉（ちゃやみち・たくや）　　　　　　　　第3章 第3節
九州看護福祉大学看護福祉学部社会福祉学科　専任講師

辻丸　秀策（つじまる・しゅうさく）　　第2章 第1節1，第3章 第1節1
久留米大学文学部社会福祉学科　教授

西原　尚之（にしはら・なおゆき）　　　　　　　　第2章 第2節2
筑紫女学園大学人間科学部人間科学科人間関係専攻　教授

藤島　法仁（ふじしま・のりひと）　　　　　　　　第2章 第1節2
長崎短期大学保育学科介護福祉専攻　講師

松澤　秀樹（まつざわ・ひでき）　　　　　　　　　第4章1／3
社会福祉事務所まほろば・スクールソーシャルワーカー

末永　和也（すえなが・かずや）　　　　　　　　　第4章2／4
久留米大学大学院比較文化研究科・元スクールソーシャルワーカー

山崎千香子（やまさき・ちかこ）　　　　　　　　　第4章5／6／7
独立型ソーシャルワーカー事務所KIRARA・スクールソーシャルワーカー

米川　和雄（よねかわ・かずお）　　第2章 第1節3，第2章 第2節3，第4章9
帝京平成大学現代ライフ学部人間文化学科　講師

| JCOPY | 〈(社)出版者著作権管理機構 委託出版物〉

本書の無断複写は著作権法上での例外を除き禁じられています。
複写される場合は，そのつど事前に，下記の許諾を得てください。
(社)出版者著作権管理機構
TEL. 03-3513-6969　FAX. 03-3513-6979　e-mail：info@jcopy.or.jp

精神保健福祉士のためのスクールソーシャルワーク入門
子どもと出会い，寄り添い，共に歩むプロセスを見つめて

定価（本体価格 2,400 円＋税）

2012年6月20日　第1版第1刷発行

編　著／大西　　良
発行者／岩井　壽夫
発行所／株式会社　へるす出版

〒164-0001　東京都中野区中野 2-2-3
電話　03(3384)8035（販売）　03(3384)8177（編集）
振替　00180-7-175971

印刷所／三松堂印刷株式会社

落丁本，乱丁本はお取り替えいたします。　　　　〈検印省略〉
© 2012. Printed in Japan
ISBN 978-4-89269-776-0